做人做事做教育

——我在深圳三十年

汪继威◎著

上海教育出版社
SHANGHAI EDUCATIONAL
PUBLISHING HOUSE

践行"大先生"的"小伙子"

刘堂江　沈清华

汪继威校长的新作即将付梓，他热情地邀请我们两人为之作序，深感荣幸。尽管我们并非"好为人序"者，但为继威校长写序是十分乐意的。因为我们都是他的好朋友，又都是曾经的教育媒体人，的确是懂他的。

我(刘堂江)与继威校长首次相识，是在1998年教育部组织的一次赴欧考察期间。我们两人一见如故。此后二十多年，我去深圳，继威校长来北京，都要见见面，聊聊天，而且我曾不止一次到他的学校采访。在这本书里，有一篇文章专门写了我们两人之间的友谊。

我(沈清华)1995年从北京师范大学硕士毕业进入《深圳特区报》工作，负责教育报道十几年，其间，经常去继威校长工作的单位采访。我们两人还是安徽老乡，更多了一份见面交流、增进友谊的机会。

在我们的校长朋友圈中，继威校长是一位很特别的校长。

临近八十岁的人，前两年突然以"老顽童"的网名写起了网文，一写就是百余篇，而且浏览量很大。可见其心态之年轻，精力之充沛，所写内容之吸睛。他不仅心态年轻，身体也十分康健，如今依然头发茂密，走路带风，声若洪钟，浑身似乎有使不完的劲。所以每次见面，我们总是称呼他为"小伙子"。

"年轻"代表着朝气、活力、梦想，令人无限留恋、羡慕。永远年轻的继威校长在做人做事上，既有年长者的沉着，又始终保持着年轻人的激情，敢闯敢干，雷厉风行。

1984年，他凭借优异的教育教学和管理业绩，出任安徽省芜湖市第一中学(以下简称"芜湖一中")校长。这所安徽省重点中学有着悠久辉煌的历史，严复、陈独秀等许多名人都曾在这里学习或工作过，这样的岗位可谓万众瞩目。然而让人意想不到的是，担任校长八年后，他在天命之年竟然闯去了深圳，并在那里成就了另一番精彩人生。

深圳是改革开放的前沿，敢为人先，一切都显得生机勃勃，继威校长与这座城市十分投缘。他在深圳先后担任了三所学校的校长，其中深圳理工学校是创校校长。当年，深圳市主要领导考虑到理工人才对经济发展的重要性，决定投入巨资打造一所高标准的职业学校，汪继威被点将负责筹建。他夜以继日、加班加点工作，校舍建设仅花了半年时间，实现了当年开工当年开学，创造了学校建设的"深圳速度"。

作为安徽和深圳的名校长，继威校长办学理念先进、视野开阔、闯劲十足。在深圳这片热土上，他的很多好想法得到了落地实施。他把"绿色、数字、生本"理念引入笋岗中学的管理中，使该校成为深圳市第一所中小学国家级绿色学校。他在理工学校工作时，率先在国内职校中走出国门，与加拿大和日本的学校开展合作办学。他重视素质教育和学生特长培养，笋岗中学广播操曾成为"深圳市第一操"，理工学校足球队曾代表中国参加国际比赛获得亚军。他重视新技术在教育教学中的运用，1999年就在学校建成了校园网。

退休之后，功成名就的继威校长并没有回家养老，而是受邀担任深圳市教育学会秘书长，继续活跃在深圳教育界，一干就是十八年。这期间，他协助学会会长组织开展了一系列深受学校、老师和学生欢迎的活动。他在学会岗位上服务深圳教育发展，每天忙碌并享受着其中的快乐。

继威校长还是一位社会活动家。他为人热情真诚、爱好交友、助人为乐。自从他到深圳之后，那里的教育界几乎是无人不知晓他。即使他现在已经彻底退休，套用一句流行语，"江湖上仍有他的传说"。他的朋友不仅遍布教育界，艺术、媒体、企业等各界朋友也有很多。校长多接触和了解社会，不仅可以拥有更开放的办学视野，而且能在办学中获得更多的资源支持。继威校长庞大朋友圈中的诸多知名人士，比如著名艺术家韩美林等，就给他的办学带来了许多实实在在的帮助。

如今校长们越来越重视理论建构、经验总结、宣传推广，出书的也越来越多，这是一种好现象。继威校长这本新作与很多校长的著作相比有许多不同，内容既包括他在深圳教育界三十年的工作故事，也包括他朋友圈里的故事。其中，有很多是教育之外的人和事，正如他自己所说，这本书既谈做教育，也谈做事和做人。

四十多年前，深圳是一个寂寂无闻的边陲小镇，如今已是备受瞩目的国际化大都市；四十多年前，深圳教育在国内众多县域中无人知晓，如今已是国内大中城市教育百花园中令人惊艳的奇葩。其中发展的过程崎岖曲折、精彩纷呈，继威校长是见证者，更是积极的参与者、贡献者。这本书是一位名校长人生智慧的结晶，是透视深圳教育的窗口，也是透视深圳这座城市如何快速发展起来的一个窗口，读来饶有兴味。

　　继威校长几十年如一日，深深植根于中国教育大地，忠实践行"大先生"精神。其教育情怀、教育理想和教育智慧，可圈可点，难能可贵，值得广泛传播、大力弘扬！

　　此为序。

　　　　　　　　　　　　　　　（刘堂江系中国教育学会常务副会长、当代教育名家
　　　　　　　　　　　　　　　　沈清华系深圳资深媒体人、纪实作家）

序二

一个人的特区教育史

胡野秋

　　写汪校长很困难,因为太熟了,熟到了像家里的长者一样。

　　给汪校长的书作序,则更困难,因为他的文字难以归类。亦庄亦谐、时轻时重、又文又野。

　　在深圳的教育界,他是一个传奇性的人物,虽然他早已离开自己的岗位,但在业界,到处都有他的传说。有好几个朋友说过同样的话:不认识汪校长,你一定是新来的。很有点类似民国时很多人脱口而出的:"我的朋友胡适之。"

　　他属于特区教育的拓荒者一代,曾经担任过几所中学的校长,亲手创办过名校。除了做校长,他还跨界得厉害。从校长岗位上荣退后,又担任了深圳市教育学会的秘书长、广东省教育学会副秘书长,而且在学会一做就是十八年,比不少老师的教龄都要长。此外,他还曾担任安徽师范大学教育基金会顾问,还是各种协会、社团的顾问。而且,他是那种真顾真问的顾问,不是甩手掌柜。

　　虽然他的身份很多,但他最喜欢,或者说最受用的还是称他"汪校"。此外,一直与网络时代同步的汪校,还有一个很响亮的网名:老顽童。

　　汪校是一个喜欢热闹的人,专擅组织各种聚会。他组织聚会的神奇之处在于,经常会把毫不相干的人撮合到一起,居然毫无违和感,最终的结局大同小异,都是让各路人马开始相见恨晚,最终亲密无间,而且经过他的牵线,很多不相干的人都成了朋友。

　　只要是汪校组织的聚会,基本上人数是难以确定的,往往会越聚人越多。汪校的人格魅力与召唤力可见一斑。我觉得在一个忙人社会,大家都愿意赴汪校的聚会,其实是想去听他声如钟磬般的大笑,以及去认识各种意想不到的新人。

　　写了这么多,还没有写到他的文章,主要是因为,如果不懂汪校的聚会,就不会懂他的文章,自然也不会懂他的书。他的书从某种意义上是他不同时期聚会的结晶,他笔下的那些人,基本上是他曾经的会中人;他写的那些事,也基本上是他聚会的衍生品。

所以,要读懂汪校的书,先要懂"汪校的聚会"。

这本《做人　做事　做教育——我在深圳三十年》洋洋几十万言,从书名即可简约地归纳为:人、事、教育。

当然这其中最重要的部分还是教育,他在梳理自己的深圳教育生涯时,其实是从他的视角,书写了"一个人的特区教育史"。

他在滨河中学、笋岗中学、深圳理工学校、耀华实验学校的经历,涵盖了特区教育初期的艰辛历程。我的眼前突然浮现出二十多年前的一个场景,那也是一个聚会,聚会结束时已经很晚了,汪校意犹未尽,突然和我说,跟我去看看学校工地如何?我必须同意。他驾着一辆大吉普,带着我直奔罗湖,原来他正在筹建一所新学校,校名便很霸气:深圳理工学校。当时在那个热火朝天的工地,我听他激情四溢地谈论他的宏图大计,深深地被感染。

汪校是个热情似火的人,无论他在哪所学校,都会全情投入,都会出奇制胜。他曾率领滨河中学代表深圳参加中央电视台的奥运知识竞赛总决赛,并进入三甲;更令人称奇的是,他1991年到滨河中学当校长,1994年该校便被民政部授予"全国社区志愿服务先进集体"的称号,是全国教育系统唯一受表彰的学校;他曾领军深圳理工学校代表中国参加在荷兰举办的"可口可乐杯中学生足球赛",更斩获我国前所未有的亚军;他曾让笋岗中学成为深圳市首批创建成功的国家级绿色学校,笋岗中学的广播操也被公认为"深圳市第一操"。

有人说,汪校有点石成金的本领,经过他的运筹管理,一所所普通学校都成为响当当的金字招牌,打破了很多人对名校的"迷信",大家都好奇于点石成金背后的秘密。

其实,许多人不知道的是,汪校在来深圳前曾经是安徽省芜湖一中的校长。这所学校可是名副其实的老牌省重点中学,甚至在国内也能数得着,这里成为清华、北大等国内最顶尖高校安徽籍学子的摇篮。如果翻一下芜湖一中的校史,你会觉得培养清北的学生也算不得什么了。这所历两百多年沧桑的学校创立于清朝,深厚的底蕴非寻常学校可比。一百年前,这所学校的学监(校长)曾经是北大的首任校长(学监)严复,陈独秀曾经是这里的语文老师。

其实担任芜湖一中校长的时候,汪校也才刚刚年过四十。汪校除了把本校治理得好,还有合纵连横的本领。为了打破校际之间的高考信息封锁,倡导校际互动、共同进步,他1988年便与安徽省江南片区十所省示范高中共同发起组织了"江南十校",一度"江南十校联考"成为当时高考的风向标。

熟悉汪校的人都知道,他真正的教育底蕴来自他的家庭。汪父汪仲华,曾经是著名运动员,民国时曾经在芜湖与英国军舰上的水手踢过足球,互有胜负。20世纪20年代末,曾代表安徽省参加过全国田径运动会,并在1931年的安徽省运动会上,创造了四项田径纪录。汪老于新中国成立后即在芜湖一中担任体育老师,培养了四十几届运动健将,直至去世前,老人家仍然起早吹起哨子,叫醒孙辈甚至重孙辈的学生们起床跑步。

如今的汪校自己也已年届八十,但在我们眼里,他依然年轻,因为我们还要不断地赴他组的聚会,听他中气十足的黄钟大吕。

希望汪校的这本书也能被更多人读到,让我们重温汪校的人生以及他一个人的教育史,从这个跨界"老顽童"的人生里收获难得的营养。

是以为序。

2022年9月于深圳无为居

(胡野秋系文化学者、作家、导演)

CONTENTS 目录

【第六辑　特区缘】

〖第七辑　深圳梦〗

第一辑

滨河潮

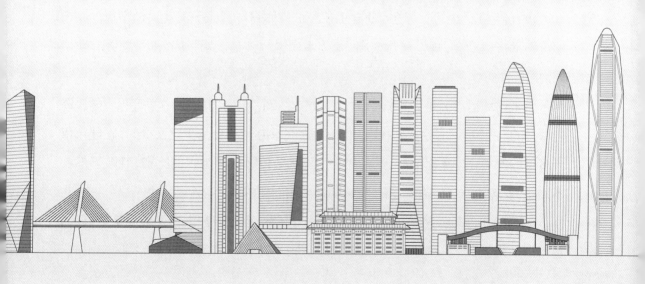

"滨河潮"之一：

举办首届校际运动会

图1-1 《1994年深圳市四校运动会》纪念封

1994年10月19日，一场运动会正在深圳市体育场紧张而又欢快地举行。在市体育场举行运动会，规格当然很高，角逐不用说应该是很紧张的，那又怎么有欢快的说法呢？

原来这场运动会是由华强中学、红岭中学、新沙中学和滨河中学等四所学校联合举办的"四校运动会"。据我所知，校际之间举办运动会是少之又少的，在建市仅十多年的深圳，这更是难得，更有意义。既然是校际自愿组织的比赛，胜败当然并不重要，友谊第一，比赛第二嘛，欢快则是自然而然的事。

自1980年深圳经济特区成立以来，深圳市委、市政府在大力发展经济的同时，也特别重视教育，明确提出"教育要和经济同步发展""教育搞不好，特区办不成"

的指导思想。于是幼儿园、中小学建设也驶上了"快车道"。1984年与1979年相比，中学从七所发展到十七所，小学从三十八所发展到六十九所，幼儿园从十五所发展到四十三所。

以我们滨河中学为例，市政府拨款两百万基建费，二十万开办费，于1984年2月填土，4月打桩，8月交付使用，体现了深圳速度。滨河中学最早一批老师永远忘不掉的是，1984年8月25日拿到钥匙，9月1日开学上课，五天时间要完成所有的开学准备工作。而当时的情况却是水电未通、道路未平、厨房未冒烟，到校的二十多位教师均在校外吃住，十分艰难。以致这段日子被早来的教师们称为"难忘的日子"。于1984年到1986年在这里主持工作的副校长张玉麟回忆这段经历时，这样写道：

> 在这难忘的日子里，谢福元、刘春秋、陈泽穆等二十多位教师发挥主人翁精神，勇挑重担，主动到工厂、商场购置开学设备、用品等，十分不易。当时学校没有车辆，通往学校的道路上尽是污水、泥泞，寸步难行；车辆不能进校，好心帮助我们的人，也最多把车驶到红岭路边的施工工地上，教师只能从几百米外把桌椅台柜等一件一件手抬肩挑搬进校园，就这样整天得干十几小时。教师们干得口干肚饿，却饮不到开水，只能到工地喝施工用的自来水，饿了就吃几个面包充饥，晚上留宿在教室改的临时宿舍就寝。然而教师们没有被困难吓倒，都在拼命干着。

每每看到这段记载，我们这些后来到深圳的人，不仅对他们充满敬意，更感到要学习他们的创业精神，有责任把他们开创的学校办好。

当时，深圳新学校的老师都来自全国各地，以广东、湖南、江西最多，有趣的是大城市上海来的人也不少。当时夫妻俩都是老师，一同调入深圳新办学校的不在少数；夫妻俩都是原来学校的校领导的也很多，他们到深圳后则常会被分配到不同的学校工作。来深圳工作的老师，大部分以前就熟悉；原来不熟悉的，由于大家际遇类似，自然很快就联络起来，因此校际之间的关系非常紧密，来往自然很多。

那时新办的学校，人员调动很频繁。别的且不说，后来因办深圳实验学校而赫赫有名的金式如校长，1984年就曾任滨河中学副校长；办深圳外国语学校，一直干到退休，为深圳教育立过大功的龚国祥校长就曾在深圳中学办过公；1991年滨河中学校长崔茂登,被调去市教育局电教馆当领导……这也使校际之间的联系更加紧密,正是在这种情况下,我们四所学校在一起筹划了别开生面的十周年庆祝活动:举办四校田径运动会。

别看只是校际运动会,一切都是按照正规的运动会要求进行的。筹备工作会议上,各校认领了分配好的工作。比如,华强中学负责秩序册的编制。在那个年代,秩序册的编制工作还真不简单。当时,没有互联网,互相联系主要靠电话或直接往来。装固定电话,在深圳又贵(当时要五千多元)又难(电话早已扩容到七位数,但赶不上人们的需求)。深圳虽有人使用手机进行联络,但那像一块砖头似的大哥大,是大老板才拥有的奢侈品,普通人只能靠刚兴起的BB机与人联络。BB机响了,就得找电话。好在深圳的商用电话很多,许多小摊贩都拉了电话线,给回电话带来方便。因此,通信不畅,给四校突然增多的联系带来不便,但华强中学硬是出色地完成任务。记得我曾去过他们编制秩序册的现场,看到他们紧张地工作,很是佩服。那当中的年轻工作人员,以后不少在福田区当上了校长或其他领导。

我们学校也领了一份工作,任务是联系场地和负责宣传工作。选哪里为比赛场地? 其他三所学校运动场都和我们滨河中学大体相仿,只有二百五十米的跑道,选为比赛场地显然都不恰当。

深圳特区只有二千多平方千米的土地,比毗邻的香港大了一点点,发展经济又是重头戏,没有办法给学校更多的用地。政府批给滨河中学的用地,只有二万三千五百平方米(1994年经努力申请,才得到一块五千平方米的追加土地),却要配置三十个班的学生所需设施,确实太小。特别是对于当时刚来到深圳的教师们,都觉得不可思议。但后来我们看到香港的学校,小到连二百五十米跑道的运动场都没有,才感觉到深圳对学校用地的配备已很不简单了!

既然如此,我们就找到深圳体育场,要求借用他们的场地。其实用他们的标准场地,我们还有个"小九九"。创校十年了,虽然各校每年都开运动会,也有成绩记载,但因为场地不规范,学校的各项体育成绩记录也不规范。在规范的体育场上举行的比赛,又是几个学校的联赛,如果放在特区成立前的宝安县,也可大言不惭地称为宝安县中学生运动会了。更何况那时宝安县哪有如此漂亮的运动场,想到这,我们当时真感到无比自豪。

运动会终于成功举办了，关于这次运动会，当时《深圳青少年报》作了报道。标题是《齐浇友谊花　同结强身果》。报道说：

10月19日下午，在一片欢腾声中，由华强中学、滨河中学、红岭中学、新沙中学联合举办的"友好运动会"在深圳体育场落下帷幕。这次运动会旨在通过体育比赛促进四校间的联系和交流。它不仅受到同学们的欢迎，市教育局，市、区有关领导、武警官兵以及体育王子李宁的母亲也出席了开幕式。在历时两天的比赛中，来自四所学校的近三百多名运动员不仅赛出了风格，也赛出了水平。红岭中学陈建国、吴登权、丁晓云，华强中学谢伟、韦惠华共打破六项市纪录。另外，四所学校的教职工的接力赛也获得同学们的一片欢呼。

滨河中学在学校举办各项活动时，常常把活动与文化"捆绑"进来，以增强活动效果。这次比赛，负责宣传工作的滨河中学，更是引进新的创意，赛后发行了一枚首日封，以示纪念。

"滨河潮"之二:

当时唯———所受民政部表扬的学校

图1-2　滨河中学代表出席民政部厅局长会,并领取奖品

　　1994年9月,《深圳商报》记者杨春云发文称:"民政部、中国社会工作者协会近日表彰全国社区志愿服务先进集体和优秀社区服务志愿者。深圳市滨河中学榜上有名。据悉,滨河中学也是被表彰的全国教育系统唯一的单位……"

　　那一年民政部在上海召开"全国厅局长座谈会暨全国社区服务经验座谈会"。我们学校作为受表彰的三十八个单位之一,受邀派人员参加这次会议,于是我随深圳市民政局的时任局长一起出席了会议。

无巧不成书，一到宾馆，居然见到原芜湖市肖尚忠市长，感到意外。我三年前从芜湖调到深圳工作，行前曾受他特意关照。这次见面才知道，他已调任安徽省民政厅厅长。见我出席会议，他感到吃惊，以为我已调到深圳市民政部门任职。当得知我是作为受表彰单位出席会议，知道我在深圳干得不错，很是高兴。

　　实话实说，参加了此次表彰会，我才对什么是社区、什么是社区服务、社区服务的意义和作用等概念真正有了一些理性认识；才开始认识到，我们在学校所开展的"献爱心、送温暖、作奉献"等志愿者活动，都属于社区服务的范畴。

　　当我们学校被民政部表彰以后，深圳各报的记者都纷纷赶来采访，我们学校鲜为人知的社区服务的情况于是被更多地挖掘出来。

　　那天，特区报一记者来到我们滨河中学，一入座便提出一个问题：你们怎么想到在滨河中学开展"献爱心、送温暖、作奉献"活动的？我清楚地记得，当时我没有直接回答他的问题，而是"风马牛不相及"地谈起我"误入"滨河中学的往事。

　　1991年3月8日借调到深圳后，没几天便被安排到罗湖区教育局中教科上班。短短的几天，我已知道，中教科负责的德育工作做得十分出色：罗湖小学的学雷锋活动在全国已经很出名，20世纪80年代末已受到全国表彰；罗湖区少先队工作在全市也走在前面，多次受到广东省乃至全国表彰，少年队负责人先后受到过当时国家领导人的接见。区教育局团委书记是个大忙人，也正说明在改革开放前沿阵地的深圳，特别重视青少年的德育工作。深圳青少年学生由于地处全国改革开放的前沿和文化的交会点，且来自全国各地，加上特区经济高速发展，故而视野开阔、思想开放、积极上进，对社会适应力较强，这就为他们发挥主体作用创造了良好条件。但另一方面，在商品经济发达的深圳，社会上存在一定的拜金主义、享乐主义，少部分青少年学生容易受其影响。面对滨河中学的学生，我们既深受鼓舞，也深感责任非常重大！

　　由于我还未正式调入，按组织安排去区属重点中学调研一些天后，仍回教育局坐班。这对干惯了学校工作的我，实在不习惯，甚至常常坐立不安。三月底的一天，周延光科长要科里的两位同事随他去滨河中学办事，我立即要求一起下学校看看。一路上，我听他们讲起滨河中学，说那里情况挺复杂，很难搞。说者无意，听者有心，我当时心想，千万不能去这所学校当校长。

　　哪知，我竟然真被安排到那儿当校长，并于4月16日走马上任。一个关系还未完全调入深圳的人被安排当校长，这是很难得的事，从这个角度看，我应该很高兴；但已经听到这所学校的复杂情况，而且失去了到重点中学当校长的机会，也确实感到遗憾。但最让我不安的是，去这所一般中学当校长，工作该怎么抓，我心里可是没有一点底。

到了滨河中学之后才知道，滨河中学的基本状况还是可以的。学校从1984年创办以来，几乎所有教师都来自外地，经过多年磨合，已经开始形成有战斗力的团队；学生主要来自有名的蔡屋村的村民家庭，还有就是来自海关、城建集团和刚建成的大型福利房社区(鹿丹村)的公职人员家庭。那时，没有就近入学的严格规定，鉴于受家门口学校的负面消息影响，有些人会舍近求远，把孩子送到其他学校上学，但这也无可厚非。总体来说，滨河中学上学的孩子和其他学校学生一样，他们也许已经开始享受到父辈在深圳打拼所带来的美好生活，也可能品尝到父辈在深圳工作生活的艰辛，加上那时家长忙于工作，无暇顾及自己的子女，因此，学校对孩子的教育作用更彰显出来。

在那个年代，素质教育与应试教育之争已有一段时间了，教育工作者加大了推行素质教育的力度。此时此刻来到滨河中学，该怎么抓，我心里已经有数了。

那时的滨河中学已成立了学校红十字会组织，领导者是校医，工作也很有起色。我们党支部从青年教师当中挑选了一位深圳当地青年教师刘岭作为团委书记。一个由政教处、团委会、校医室组织的联合体，以团委会为主，开始实施"献爱心、送温暖、作奉献"的大行动。为了便于开展工作，首先成立了一个志愿者行动队，学生踊跃参加，最后经校团委会批准，吸收了一百五十名学生成为队员。

有一天我和团委书记刘岭陪记者来到大楼外，大楼上一幅大标语显得十分耀眼："同一片蓝天，共一个太阳，伸一双手臂，托一个希望。"在标语下的墙上贴有一份名单，这是广东省希望工程基金会提供的一份请求资助的上百个贫困学生的名单。这是第二份由志愿者行动队要来的名单，后来才知道，还是"抢来"的名单，使基金会十分感动。当我们来到名单前，看到的是上面已经签满了认购人的名字。志愿队负责人之一的陈赛群同学一人就"认购"了六份。据那时统计，几次活动下来，捐助款已达两万五千元，这在那个年代，已经是不小的数字了。

当时，我们了解到广东丰顺山区由于交通不便，那里还相当贫穷。我们便通过当地政府，联系到谭镇三联小学，和他们签订了"手拉手"合作协议。当时，我们的一位副校长亲自带队,由教师和志愿者学生参加,既去三联小学签协议,也顺便让学生践行"三同(同吃、同住、同劳动)活动"。三天下来,给学生留下的最深刻印象不是签字仪式,而是贫穷地区还很落后、急需帮助的情况;还有那虽被贫穷所困,也要尽其所能照顾好我们学生的感人场面。分手时的场景更是感人之至,我们的学生至今珍藏着当时报纸上刊载的这段分手时情景的小文章,感慨万千!

除了参加希望工程的宣传和捐助工作外,志愿者行动队在团委的领导下,还积极走上街头,参加公益活动:去街头配合做形势宣传;维持交通秩序;参加清扫街道工作;还在节假日组织志愿者和其他同学到火车站帮助有困难的旅客。

到火车站服务并不是件容易的事,主要是因为深圳当时的火车站与香港邻近,港客来往甚多。那时,内地经济才起步不久,港客回来,则是大包加小包,还真的需要帮助。但即便如此,他们还是有戒心,对我们的志愿者不太相信。我们的学生硬是用自己的智慧,从老弱病残人群入手,不断赢得信任,取得成功,使志愿者行动成为一道亮丽的风景线。

凡是有关部门倡议志愿者们做的事,他们会积极参与;他们在校内,除了在各个方面严格要求自己,还会根据学校的需要,主动创办诸如班级篮球赛、集邮展等课外活动,而在学校举办活动时,他们更成了纪律检查维护者,赢得了同学们的称赞。

志愿者行动队还有一个重要的行动,那就是利用节假日去福利院、孤儿院看望老人和小孩,陪老人聊天,和小孩戏耍,很受欢迎。更有甚者,他们去自闭症中心看望病童。这可是一个极不轻松的事情,那时学校没有心理医生,与自闭症孩童的接触常使志愿者束手无策,难以为继,甚至心理上产生消极反应,但他(她)们挺住了。

令人欣慰的是,我们的志愿者把爱洒向社会,洒向贫困地区的孩子,终于也洒到他们自己——我们全体师生的心田。师生们的业余时间忙起来了,甚至还非常紧张。滨河中学师生在热心给别人服务时也使自己得到充实,生活变得更有意义,学校迅速上了档次,赢得了社会的信赖,我们的志愿者也在服务社会中得到锻炼。我们的第一任志愿者行动队的负责人林维专,1995年从滨河中学高三毕业,毕业前被批准入党,成为深圳市第一批入党的两名中学生之一,当年高考考进深圳大学;接任他的第二任志愿者行动队的负责人陈赛群也在毕业前被吸收入党,成为深圳市第二批入党的中学生之一,最后考进深圳大学。

"滨河潮"之三：

代表深圳角逐中央电视台

图1-3　滨河中学代表队在中央电视台参赛，荣获第二名

1992年中秋时节，一场竞赛正在紧张地进行。代表深圳市的三位选手，与来自北京、上海、湖南等六地中学的选手，一同在中央电视台进行角逐。只记得主持比赛的男主持人是宋世雄，担任比赛裁判长的是许海峰，为了保证竞赛的公正，北京公证处的代表也在台上入座。此外，扮演周恩来和贺龙的演员也在比赛前登台，足以说明作为举办方的中央电视台对这次活动的重视。这是一场什么竞赛呢？可能你已猜出是与重大体育项目相关的知识竞赛。

没错！正在举行的比赛是奥运知识竞赛，是为支持中国申办2000年世界奥运会而在国内举办的众多大型活动之一。

那时的情况是，自从1984年许海峰在洛杉矶奥运会上为我国夺取了首块金牌后，中国人民对奥运会的热情被大大激发出来。中国人民也做起了奥运梦，很想有一天，世界奥运会也能在中国举办。

一般来说，奥运会申办权要在举办年的前七年，由各申办国向国际奥委会提出申请。我国是第一次申办奥运会，国家非常重视，从各方面提前做准备工作，也特别注意加强申办的宣传工作。中央电视台联系地方电视台，加强申办工作的宣传，各地也纷纷开展奥运知识竞赛。后来中央电视台提出在全国部分城市举办支持北京申办奥运会知识竞赛，并最后邀请全国六个城市派中学代表队参加。

那一年，深圳市首先举办了由十八个单位（各行各业都有）参加的奥运知识竞赛活动。记得比赛最终，深大代表队获得第一名，我们滨河中学获得第二名。为了慎重起见，当然也为了加强宣传力度，深圳市初赛入围的六支中学生代表队再次举办选拔赛，获胜的队伍参加中央电视台的竞赛。

选拔赛是在深圳电视台举行的，由实验中学、深圳中学等学校参加。比赛举办那天，我们代表队三位学生、教练余兆松和我一行，乘坐一辆面包车，沿着深南路东行去赛场。车子开到粤海大厦前的人行天桥附近时，余教练突然拉着我的手，悄悄对我说："今天我们的真正竞赛对手是实验中学（市属重点中学，校长是金式如）。实验学校参赛选手是高一学生（我们是初三学生），其中一名选手是滨河中学考入实验学校的一名女同学，她太厉害了，可以过目不忘，我们不是她的……"我知道余老师要说什么，便立马打断他的话，没让他说完。

结果，还是我们赢了，获得代表深圳去参加中央电视台比赛的机会。

别以为这项比赛取得胜利只是小菜一碟啊！要知道为了参赛获胜，赛场下光是资料的收集，要费多大心血！滨河中学的教练余老师带领以体育老师为主的团队，把1992年以前的、关于奥运的资料翻了个遍。那时复印又贵又少且难找，许多资料还得靠手抄才能保存，真难为他们了。比赛对学生素质，包括心理素质的要求也是很高的。别的且不说，单是比赛抢答刚兴起，对学生有较高的要求。但令人特别欣慰的是，我们滨河中学的学生是拿得出手的。

选手之一的杜江，漂亮、聪明、睿智，个性非常鲜明，后来还荣获了首届深圳十佳中学生的殊荣；选手之二曾天，后来也获得首届深圳中学生十大主持人大奖；前面提到的那名"过目不忘"的选手刘之焱,她后来创造了许多项"第一",是深圳第一位高考全省理科状元、最年轻的状元(只有16岁,在四川读小学时成绩优秀跳级,父母在核电站工作),是深圳第一位清华大学录取生,与杜江一起被评为首届"深圳十佳中学生"。

对于这次北京之行,深圳市教育局给了很大支持,还特批了一笔经费。至今我还保留着我们学校的报告,报告上有时任教育局局长廖槎武同志的批示,这使刚到深圳不久的我感到十分亲切和温暖。

比赛那天,中央电视台进行了直播。我和滨河中学的工作人员受邀到中央电视台演播厅,现场直接体验那一个小时的"激战",终生难忘。

比赛最终由长沙的一所重点中学高中学生代表队斩获第一名,我们队获得第二名。对我们来说,由刚进入初三班的学生参赛,能取得这样的成绩,已够心满意足了。

这次竞赛,还真的发生了趣事。比赛后,当时有报道说:

"萨马南奇杯"奥运知识邀请赛的决赛,是在中央电视台演播大厅举行,杜江(滨河中学代表队成员)和其他两位队友已经端坐在竞赛席上,比赛实况将向全国播放。竞赛节目主持人之一是著名的体育节目主持人宋世雄,裁判则是许海峰等世界级体育明星和知名作家,连坐在下面的"群众",也绝非平凡之辈。置身于这样的大场面,自然有极大的勇气,才能保持冷静的头脑,才能机敏,准确地发挥自己的才智,这对每一个参赛者来说,无疑是胜负的一个极为重要的因素,不信你看看下面的一个镜头便明白了。

宋世雄:"我国第一位取得奥运金牌的游泳运动员是谁?哪个项目?成绩多少?创造了什么纪录?"

杜江:"是庄泳,100米自由泳,成绩是54秒64,创造了奥运会纪录。"

正当在场的人为杜江的失误而不甚惋惜时,这个倔强自信的小姑娘,毫不迟疑地强调,是奥运会纪录,不是世界纪录,说完又强调一遍,那是奥运会纪录。

当今体育迷的心目中,宋世雄是巨人,是权威,是全中国关于体育最有发言权的人物之一,场内绝大多数参赛者、裁判和许许多多不寻常的"观众",无不对杜江这个稚气未脱的小姑娘的勇气表示由衷钦佩!

为了慎重，宋世雄特地走向裁判席，请教裁判长许海峰。许海峰压抑不住内心的惊喜，大声宣布："是奥运会纪录，得10分。"

初战告捷，对来深圳工作不到一年的我，是很大的鼓舞。从这时开始，名不见经传的滨河中学开始引人注目。这是我到深圳工作的第二年，十分关心我的芜湖老乡，看到我们学校在中央电视台亮相，纷纷打来电话祝贺！

"滨河潮"之四:

大漫画家方成来学校了

图1-4　漫画家方成来给学校师生上课并题字留念

　　我的画家朋友绝大多数是在深圳认识的,他们对我办学的帮助不言而喻。最近在整理资料时,我突然想起一个问题,谁是我在深圳第一个结识的画家朋友?

　　是蒋连砧?蒋老师虽是在全国挺有名气的安徽籍画家,但来深圳前并不认识。有一天他来滨河中学找我,毛遂自荐,相互认识了,成为好朋友。但他是不是第一人,我没有把握,于是打电话问了他女儿,才证实他和我是1993年相识的。

　　是应天齐?我们是芜湖老乡,又曾在芜湖市的中学做过同事。他来深圳后,经常联系。但我们第一次在深圳见面,是什么时间,我已记不起来,打电话给他,他立马查了查,是在1992年12月在深圳举办他第一次画展时。

这么一查证，我才确定，在深圳第一次见到的画家有两位，一位是大名鼎鼎的漫画家方成，另一位是广东本土画家邢凤麟。与他们第一次见面是在1992年10月，地点是在我们滨河中学。有趣的是，这两位画家都是广东人。从两位广东名画家开始，我渐渐接触到来自全国各地的画家、作家和诗人。

漫画家方成1992年应邀去美国访问，从香港返回时，曾在深圳停留。这时，他在时任深圳市文化委员会(文化局)顾问、书画家邢凤麟的陪同下曾到我们滨河中学讲学。

多年后才知道，方老赴美访问回国后有一个重要安排，要在学校作一场访美报告，向学生们介绍自己访美的情况。因为方成先生是广东中山人，回国飞机又是直飞香港，所以打算在家乡休息一段时间。为此，便委托深圳市教育局安排讲学地点。对于方成先生讲学地点的安排，市教育局很重视，最后请时任深圳市文化局顾问、方成的好朋友邢凤麟出面，与罗湖区教育局商量，确定讲课学校。接到任务的罗湖区教育局局长刘运生很快决定学校选滨河中学，他陪同方成先生来我们学校。刘局长曾直白地告诉我们，让方老到我们学校讲学，是因为我们学校十分重视校园文化建设，在这方面做出了不少成绩。

方成先生在滨河中学讲学时，特别提到应该在中小学生中提倡练书法。他还为我们留下墨宝：趁年轻多练书法，免得老大出洋相。

令人高兴的是，通过这次来访，我和方成、邢凤麟两位成了好朋友。后来，每次方成来深圳，我们都会见面聊天，天南海北的什么都谈，因此对他幽默的语言也多有领教。记得1996年受命创建深圳理工学校，得知我们要印一组画家的明信片，他立即画好派人送来。在闻讯我们仅用六个月时间建成一所学校后，还打趣地说了一段话："我那有个单位，盖个小小的门房，三个月还没建成，没想到你们六个月建成一所有三万平方校舍的学校。"在座的人都哈哈大笑起来。

"滨河潮"之五:

刘人云校长又出新书啦

图1-5　从滨河中学出来的刘人云校长又出新书啦

　　刘人云,深圳市和罗湖区教育界大名鼎鼎的老前辈。1991年来深圳后,曾先后在滨河中学、实验学校工作过,随后任翠园中学副校长,是深圳市先进教育工作者、市中学语文学科首位带头人。他教育教学业绩和写作成果丰富,出版了十二本书,获二百多项国家、省、市级教研奖项,真可谓"获奖专业户"。

　　刘人云既是我中学芜湖一中、大学安徽师范大学的校友,也是我芜湖一中的同事,更是几乎同时来到深圳滨河中学工作的战友。之后我们在深圳罗湖区工作到退休。可以说,我们共同为滨河中学、罗湖区乃至深圳教育做过一些工作,也享受到深圳工作、生活的无限欢乐。特别是我们在一同为滨河中学工作期间，在德育和教学工作这两翼中，他一直是教学工作的负责人(教务主任)，凭着他在芜湖一中工作时积累的丰富的教学工作经验，把滨河中学教学工作做得井井有条且十分有创意。当时，他所写的学校教育改革经验总结获省一等奖，他所带的一个高三普通班语文高考成绩平均分排全市第三。

滨河中学在那段时间取得不少成绩，引起人们瞩目，刘人云所做的工作，功不可没。不得不说的是，他到滨河工作后，正式调动却走了一段"弯路"。为了尽快调进深圳工作，他受深圳实验中学金式如校长的邀请，去实验学校工作一段时日。在实验学校工作的不长时间里，他做了不少有创意的工作，还编印了校刊《实验路》。很快，他被实验学校正式调入。但他忘不了罗湖，忘不了滨河中学，在完成了去实验学校时许诺的任务后，便调回了滨河中学，仍旧担任教导主任，仍然默默无闻地做着很有创意的工作。特别要提的是，他回滨河中学后，也编印了校刊《滨河潮》，这份由时任全国书法家协会会长、大书法家沈鹏题写刊名的刊物，真实地记载了滨河中学从创建到1994年所取得的教育教学成果。

我两同在芜湖一中工作时，他担任校教科室负责人，同时兼教一个班的语文课。教研、教学均取得突出成绩。他组织并指导全国闻名的中学生荟萃文学社；主持编辑芜湖一中校报校刊，编辑出版了一批校本读物；还编写了影响颇大的《芜湖一中校史》，在兄弟学校中和社会上引起很大反响。他还是安徽省作协和剧协会员。同时兼顾文学创作，由他编写的两部电视剧曾在中央电视台播放。

学校的文字工作大部分都由刘人云负责。对文字把关，他是一丝不苟的。记得有一次，我在全校升旗典礼上读错一个字，把抨击的"抨(pēng)"说成pín，从台上一下来，他立即找到我，予以纠正。刘人云就是这样心直口快的人，见到别人犯错，不管是谁，总会指出。我和人云一直处得很好，无论在芜湖一中，还是后来到了深圳，不论我俩是不是在同一所学校工作。直至退休到现在，特别是在文字工作上，我还一直少不了他的帮助。

在深圳，他的写作才能大爆发，受到《深圳特区报》《深圳商报》《深圳法制报》《特区教育》《深圳青少年报》和《芜湖日报》等多家报刊的青睐和支持，他发表了大量的时评、通讯报道、文艺性散文等。同时，他也发表了多篇教育教学文章，几乎时时可见他的文章，深圳市教研员戏称他是"天下谁人不识君"。他多次被这些报刊评为优秀通讯员，并一度被《深圳法制报》和《特区教育》聘为专栏作家。他为深圳教育事业和新闻事业做出了突出的贡献。他还写了一些小小说，为转型中的社会摄下一些生动的众生相。

1997年秋，他担任怡景中学副校长。2000年以后，他担任深圳市翠园中学副校长，因为教育教学科研及管理工作太多太忙，文艺创作少了。这期间，他在教育教学科研上做出了非常突出的贡献，如高中课改、研究性学习和语文"343"教学法等，在全国产生很大影响。在2000年全国语通杯教研成果大赛中，他一举获得了优秀专著、优秀创新论文、课题实验成果和优秀编著等四项一等奖，全国罕见，为全国语文界瞩目。2006年，他担任了教育部举办的首届全国高中新课程校长研修班的业务班长，并受邀到多地讲学。这期间，他出版了《赋彩课堂》《刷新课堂》《创建语文课堂教学的系统设计》等著作，产生了很大影响。

2009年他完全退休后，婉拒了一些民办学校请他当校长的邀请，创作了历史长篇小说。该书出版后，受罗湖区教育局和教研中心聘请，他带领一批退休教师下到基层民办学校支教，一下子干了六年，在实践的基础上总结出教师培训的新模式，被《特区教育》专题报道。

2021年，他出版的散文集《长江柳》，收集了他的九十篇散文，绝大多数曾发表在各地报刊上，也有十多篇选自他以前出版的诗歌散文集《风雨花》。写作时间从20世纪80年代起，集中在90年代，一直延伸到今天。这些散文充满正能量，感情真挚，取材广泛，内容丰富新鲜，形式多姿多样，以记叙和议论为主，颇具时代感、可读性和实用性。可用两句话来赞扬：改革大潮的"快闪"，智者审世的"金睛"！读者可以跟着它们一起重温改革开放走过的光辉岁月和即时思考，并获得感动、启示和乐趣！

我先于人云退休，一退休就进入深圳市教育学会工作。在学会工作期间，我们每年都要组织深圳市的教师和学生参加丰富多彩的活动，其中有一项就是"深港澳读书随笔比赛"。深圳市教育学会从2010年起一直到2018年，作为发起单位联合香港、澳门两地组织这项活动。后来这项活动成为深圳市读书月的重点活动。送评作品的评选工作特别重要，我立即请出已退休的刘人云同志作为评选组的负责人，组织深圳作品的评选工作，他每年总是带领评选组出色地完成任务，几乎每次都出席香港举办的颁奖活动。

"滨河潮"之六：
滨河中学改名啦

图1-6　滨河中学改名为"罗湖区高级中学"后，学校各方面工作都展现新面貌

　　滨河中学改名了！改成罗湖高级中学。这使它成为罗湖区与翠园中学、罗湖外国语学校并驾齐驱的重点高中，可谓"三驾马车"中最新的"车"，而且是名字最响的车。

　　一所学校改名不是件容易的事，改的名字又这么漂亮，更加引人注目。其实，在我看来，这是一件顺理成章的事。

先得说说滨河中学名字的来历。

深圳是座新城市,原来学校很少。深圳市建市前,位于深圳特区内的中学仅有:1947年建成的深圳中学和1964年建成的翠园中学(1980年叫深圳市二中,1985年又改回现在的翠园中学)。1980年深圳市成立后,一批中学开始加紧建设,1981年建成的红岭中学(当时叫深圳市三中,1986年改成现在的名字)、1984年建成的滨河中学(建设时叫深圳市七中,建成后已叫滨河中学,"七中"从未对外使用过)以及1986年建成的罗湖中学。由此可见,深圳市中学的名字摒弃了内地城市(上海除外)常常采用的纯数字命名的做法,采用市区称呼及地名、办学特色及数字相结合的命名方法,是一种颇有时代感而又容易辨认的命名方式。

滨河中学名字的来历,我考证了一下,大概是这样的。滨河中学和罗湖中学都位于罗湖区最南边,隔深圳河与香港相望。而罗湖中学又与罗湖口岸一站之距,处于深圳市罗湖区的商业中心区。罗湖中学虽然比滨河中学晚两年建成,但由于比滨河中学有更优越的地理位置,被命名为罗湖中学是理所当然的。然而正是由于处于闹市区,校园面积不够大,最后变成初级中学。

那时,深圳城市规划中,从东到西,有三条主干道已开始建设:深南大道、笋岗大道和滨河大道。滨,指水边,近水的地方。滨河路,就是指靠近深圳河边的路。后来,滨河路向西延长,因为靠海边修建,于是那一段便被叫作滨海大道。而从罗湖出发的漫长的滨河路正好从滨河中学的教室窗前穿过,估计滨河中学由此而得名。

1991年3月8日我被借调到深圳后,4月16日就到滨河中学当校长,1996年初我被调去创办理工学校。我之所以把我在任的时间说清楚,是因为避免把之后的滨河中学成绩与我挂钩,这"贪天功为己功"的事,我真的担当不起啊!但是有一点是可以肯定的,在我做滨河中学校长的六个年头里,学校确实取得过不少成绩,这是毋庸置疑的。

还有一点要特别说明的是:当时,出于对滨河中学的感情,我们非常希望学校的等级能有所提高。那时,罗湖区仅有翠园一所区属重点高中,我们希望自己这所学校能成为罗湖区第二所重点高中。无奈当时学校的场地太小,教学设施严重不足,仅此一点就离重点还有相当的差距。正好,学校隔壁有相当大的一块闲置土地,暂时作为临时仓库,里面住了一些闲散人员。有一天,《深圳商报》某记者发表了一篇小报道,说学校隔壁这片土地上住着一些人,是导致环境不好的原因。这位记者还特别注明,这片土地在滨河中学隔壁。这一消息引起我们对那片价值不菲的土地的关心,于是我们开始向国土局打报告,为学校申请增加使用场地。经过努力,我们的愿望实现了,深圳市划拨了五千平方米的土地给我们。毫无疑问,土地面积的增加,为日后改建、改名提供了必不可少的条件。

滨河中学在我离任后,在历任校长和全体教师的共同努力下,不断取得新成绩。记得我在学会工作时,我们学会杨柏生会长就不止一次地夸奖过袁良平校长,说去滨河中学校园看看是一种享受。那时还没有创建绿色学校一说,但当时学校的绿化、美化、环境保护就非常出众,不然不会得到当时深圳市教育局领导的反复提及和赞赏。

滨河中学当年建校时,建设条件和建筑材料都不尽如人意。三十年过去了,2014年学校检查发现建筑物必须大修。再者,学校初建时校园面积小,虽然后来有增加面积,但布局不合理的状况却无法改变。

特别是随着学校发展,改成纯高中后,学生来自市内各区,需要住校,原有的宿舍已无法满足学生需要。为了更好地发挥罗湖区的位置优势,充分发挥老校作用,为师生提供更好的学习生活环境,2015年,罗湖区政府决定花大力气对滨河中学进行改造。于是,两三年内学校不再招高一新生(学校原址早就改成高中部了),原高中学生迁到附近的电大上学。2018年新校建成,罗湖区委、区政府又做出重要决策,在原有滨河中学的基础上办新校,给学校起了一个响当当的名字:罗湖高级中学。

为了办好罗湖高级中学,罗湖区大手笔引进人才,大连名校十五中的李春娥校长被引进后,随即被安排到罗湖高级中学任职。李春娥校长是研究生学历,如果从滨河中学算起,她可是学校历任校长中学历最高的,而且是第一位女校长。她还是中学高级教师、全国职业道德标兵、辽宁省十佳校长、辽宁省教育年度人物、大连市十大杰出青年。

作为一名教育专家型校长,她曾带领大连十五中创造过一年三十多个学生考上清华大学的辉煌成绩。罗湖区在2017年将她引进时,对她寄予厚望。

对滨河中学,我一直情有独钟、时刻关注。我十分关注学校的改建,关注学校的易名,关注新引进的李校长。

我清楚地知道,刚来到深圳的李校长是很不容易的。单是新校园的建设跟不上学校的发展,就够棘手的了。新校建成使用后,随着新生不断涌入,宿舍已严重不足。新招收的学生没地方住,只好安排到几千米外的湖北宾馆居住。每天晚自习后,还得送高一学生去酒店住宿。有一天晚上九点多,我正好路过学校,看到李校长和老师们在安排学生上车,非常揪心! 然而,面对各种困难,李校长和她率领的团队却勇往直前……

收获的季节终于到了! 2018年(罗湖高级中学成立的第一年)首次招生的学生,在短短的三年中,就凭借显著的"升学率"跃升为深圳教育界的一匹"黑马"。

当年,招收高一的五百六十九名学生,入学分数线仅为359分(这在深圳是相当低的录取分数)。2021年高考,高优上线一百四十三人,占比25%;本科上线四百八十三人,占比85%;艺术类高优上线四十一人,占比75%。

对为何能突破重围跃升"黑马"的问题,李春娥却只是淡淡地回应:学校通过多种途径,为每一位孩子搭建了高考的立交桥。

其实,经过长期办学实践,她认识到,在新高考的背景下,高中学校应多尺度评价教师和学生,这种增值评价很有用。她说:"高中没有分数过不了今天,但只有分数过不了明天。"她特别强调尊重教育规律,每一所高中不要办成"世界杯",要办成"奥运会"。正是这种颇有时代感的办学理念,加上不懈拼搏,把在内地的办学经验和深圳的实践相结合,终于取得深圳第一仗的胜利。

有一天,曾先后担任过滨河中学的校长们相约汇聚到罗湖高级中学。这些校长都为滨河中学做过不小的贡献,他们带着在滨河中学的实践中取得的宝贵经验,到罗湖区乃至于外区担任校长,在新的岗位不断取得新成绩,但他们仍然念念不忘滨河这块宝地。

"滨河潮"之七:

滨河中学飞出三只金凤凰

图1-7　世界动画大师邓博弘(左二)邀我们去他公司参观

世界动画大师邓博弘

《人民日报》2010年3月22日报道:中国导演入选世界动画大师。报道说,2009年全球动画大师评选尘埃落地,深圳市点石数码科技有限公司总导演邓博弘作为中国唯一代表,荣获"2009全球动画大师"称号。与他一起参选的均为好莱坞著名视效公司和影视公司的技术总监,相关作品包括《星球大战》《加勒比海盗》和《变形金刚》等。

邓博弘所在的公司"点石数码"是一家全球顶尖视效创意公司。2003年成立至今,在影视广告、数字视效、动画短片等领域的国际一线赛事中共获得一百三十五

项奖项,包括一项全场大奖及十八项金奖。而被誉为"亚洲唯一全球动画大师"的邓博弘,则在深圳市滨河中学上过六年学。于是,疫情防控结束的三个月后,我作为滨河中学曾经的老校长,便与滨河中学这位曾经的学生、如今的全球大师级人物见了面。见面的地点就在他的"点石数码"公司。

邓博弘告诉我,他在滨河中学刚开办不久就入了学。他的父亲在建设部门任职,当时随单位从北京南下深圳。母亲则是一位极优秀的小学教师,在北京学校任教时,所带的班不论原来的基础多差,一经他母亲调教,都会成为好班。邓导演小时候在北方上小学,学校抓得非常紧,他也遇到过"错一个字,罚抄一百遍"的事。不用说,小学学得好,除了学校的作用之外,他妈妈的作用也是不可低估的。在小学阶段他就学得很好、很扎实,这为他日后的成功打下了坚实的基础。

后来他们全家到了深圳,住在国贸附近,处于罗湖中学、滨河中学和深圳中学三校的中心。他父亲听说去深圳中学上学的人很多,为了避免麻烦,便让邓博弘上了滨河中学。结果他就在滨河中学读满六年,直至高中毕业。我问过邓导演,他没有去深圳中学上学,是否后悔?他回答得很巧妙,如果去读了深圳中学,学校学习抓得更紧,他就不可能像在滨河中学那么"玩"了。我理解的意思是,如果不去滨河中学,也许他现在干的就不是这一行,也不可能成为世界动画大师了……

听到这,我的第一个反应是,怎么和我一样?来到深圳,我们都到了滨河中学!第二个反应是,我觉得很欣慰。正因为邓博弘坚持在滨河中学上完中学,才使得他成为滨河中学飞出的一只金凤凰,为深圳滨河中学这所普通中学争了气,也为今后研究教育的学者留下了生动的题材。

篮球名将易建联

对于易建联而言,他关键的中学阶段也是在滨河中学度过的。知情人告诉我,易建联父亲的同事张泽培原是广东青年篮球队队员,退役后被分配到深圳邮局工作。张泽培很想把自己的孩子也往父辈走过的路上引,希望自己儿子的要好同学易建联也能一起练习。因此,下班后,他就经常领着自己的儿子和易建联一起,在新秀小学的篮球场上训练,并自愿担任新秀小学男子篮球队的助教,为易建联打下了良好的篮球基础。

一次偶然的机会使易建联受到了关注。当时罗湖区体委举办"街头三人篮球赛"，已调入区教育局体卫科任科长的原滨河中学团委书记刘岭猛然发现比赛队伍当中，有一位来自菁华中学初一的学生易建联鹤立鸡群，身高竟然达到1.91米。了解情况后，他做通了易建联家长的思想工作，马上把他转到最具篮球特色的学校滨河中学就读。时任滨河中学政教处主任、体育科组长李建军也承诺要加强学校的体育师资队伍建设，专门请校领导从南京体育学院和西安体育学院引进篮球专业的曾庆良和邓全，连同学校篮球队主教练黄立国一起抓课余训练。后来，易建联在滨河中学就读一年多后，恰逢刚刚成立的深圳市体育学校来滨河中学挑选人才，一眼就相中了易建联。而到市体校之后不久，他又被选入广东宏远青年队，就这样走上职业化篮球的道路。

　　客观地说，易建联之所以能就读滨河中学，并在滨河中学被发现，确实和多年来滨河中学打下的素质教育的坚实基础不无关系。20世纪90年代前后，滨河中学的田径和篮球特色就很明显，成绩显著。田径项目多次荣获区、市初高中团体总分冠军，篮球更加优秀，长时间和龙岗区的平岗中学在全市校际篮球赛中包揽冠军。在别的普通学校拼文化课、而高考本科率不高的时候，滨河中学的体育高考本科率却是一道亮丽的风景线。首批共四十二人，包括陈伟强、甘远华、陈海阳等都先后考入了广州体育学院、上海体育学院(现为上海体育大学)和中国人民解放军体育学院等高等体育院校。

中国象棋大师曹颜磊

　　滨河中学还有个一般人并不知晓的中国象棋大师曹颜磊(他在滨河中学时就有了大师称号)。关键时期的六年中学学业，他都是在滨河中学完成的。曹颜磊虽然出生不久就被父母抛弃，但他很有天分，象棋下得特别好，很小就有名气。收养他的曹奶奶得知滨河中学一直很有爱心，在资助贫困孩子上学方面一直走在深圳前列，便找到滨河中学。果不其然，如她所愿，滨河中学破例接收了他，为他提供了中学六年的学习机会，还特地安排一间员工宿舍，专门给曹奶奶和颜磊居住，并实行免吃、免住、免学费及各项杂费，每月还另给他400元生活补助费。此后，颜磊参加大型象棋比赛和集训的费用，也大部分由学校资助。2006年，颜磊作为特殊人才，经滨河中学推荐，被深圳市罗湖区政府批准迁入其户口，才得以在深圳读高中。在滨河中学的精心培养下，颜磊不仅棋艺大长，在国家级赛事中取得不小成绩，而且以544分考上了嘉应学院。

现在回过头来看，邓博弘入学滨河中学的那个年代，深圳建市才几年，而且滨河中学和深圳当时其他大多数中学一样，都是刚刚建成，1984年才开办。他比易建联、曹颜磊他们上滨河中学，只早了十多年时间。但就是这十多年时间，深圳的教育也像深圳其他事业一样，得到了迅猛发展。毫无疑问，易建联、曹颜磊享受到了发展的红利，而邓博弘就没有那么幸运了。

刚刚建成没几年的学校的硬件条件之差就不说了，风尘仆仆从各个地方来的教师，尽管不乏优秀者，但只能住办公室、吃食堂，生活条件之差是现在的深圳人难以想象的。办好一所学校，要有一个好校长。这并不困难，全国有的是想到深圳从事教育工作的校长。但谁都知道，教师团队的配套、整合，不是一朝一夕就能完成的事情。学生来自全国各地，家长也要忙于各自的工作，往往无暇顾及孩子，只能全部寄托于学校。不少家长都会想方设法，把孩子送进重点中学。这次我才知道，邓导演的父亲是一位很睿智的人，他选择滨河中学，是基于对孩子的了解和信任。

邓博弘和易建联他们不同，在入学前并没有显现什么特别的才干，在学校里的表现似乎也"平平"。那个时候，学校是新建的，规矩也不健全，不喜欢读书的孩子有时也会惹事，给滨河中学带来不好的影响。邓博弘倒不是喜欢惹事的人，但他也遇到过被别人骚扰的事，不过最终被他巧妙地化解了。了解他的老师告诉我，这正是他为人处世能力过人的有力证明。

和邓导演的那次聊天中，我才得知，他那时的学习成绩在班上名列前茅。有一次还获得过全市的作文竞赛一等奖，让同学们刮目相看。但因为喜欢"玩"，影响了一些课程，因此有些老师不太喜欢他。不过，也有老师对他很欣赏。他隔壁班的班主任、语文老师戴歌，还曾想把他挖到自己班上来，并为了吸引他，开出可以不交语文作业的条件。在那个年代，班主任能到外班挖一个学生，是很少见的。戴老师真的慧眼识人，看到了邓博弘身上具有别的学生所没有的气质和潜能。但是，就连戴老师也没有想到过，他喜欢的这个学生，未来竟会有如此大的成就。

有趣的是，开展对优秀人才的个别研究不仅能完善和丰富深圳改革开放的教育史，而且对我国究竟如何办好中等教育，具有很大的意义。我期待着，我们国家的专家学者能做好这件事情。

第二辑

仙湖畔

"仙湖畔"之一：

《爱国主义教育导读》出版了

图2-1 《爱国主义教育导读》一书正式出版
发行

　　1996年9月，由我担任主编，洪其华和汪开寿担任副主编的《爱国主义教育导读》一书正式出版发行了。洪其华是华东师范大学硕士研究生毕业，毕业后先分配到安徽省教育委员会任职，1995年4月调入深圳市教育局工作。他在来深圳前，安徽省教委的领导把我的联系方式告诉了他，并要他多多关心我、帮助我，这使我们得以很快在深圳相识、相知。

那年，我被调离滨河中学，去筹建一所新学校——深圳理工学校。虽说是职业学校，但这是由当时分管教育的副市长武捷思亲抓建设的学校，有事我甚至可以直接去向他汇报。说实话，那时已是五十多岁的我，在深圳特区能参与建设一所五万平方米的大型学校，并接着当校长，这让我感到特别自豪。

当时，对于面临的困难，我们不多的几个工作人员并不太担心，因为我们在深圳，又得到政府那么大力度的支持！怎么办好理工学校？最好从办学一开始就站在"制高点"，这是我们反复思考的最大难题。这时，我找到洪其华向他请教，他果真提供了一些良策。那时，他告诉我，党中央在1994年8月23日发布了《爱国主义教育实施纲要》，在安徽省教委的支持下，他们做了爱国主义教育的课题。当即，我们也成立筹备组，参加并推进爱国主义教育课题研究。《爱国主义教育导读》脱稿后，我们立马送海天出版社审阅出版。

当年9月初我们在广州军训礼堂举行了首发式。首发式上互相拉歌的热烈场面，散会后席地而坐为学生在书上签名的踊跃场景、军训的艰苦画面，都被我们的老师李大龙用录相机拍下来并制作成纪录片。十几年前，我在市教育学会工作时，大龙还帮我在电脑上备份了一份。但遗憾的是，后来他自己保存的找不到了，来找到我，不知是电脑问题还是我操作不当，我的那一份也找不到了！聊以欣慰的是，当时出版这本书的经过，被原原本本地用文字保留下来了。

爱国主义教育是对青少年进行思想政治教育的基本内容和重要因素。深圳理工学校从今年4月3日破土动工，到建成仅有五个月时间，筹建工作之紧张可以想象。即便如此，在建校的同时，已考虑到把爱国主义教育和思想政治教育当作办学的头等大事来抓，以此激发全体师生爱党、爱社会主义、爱祖国的政治热情，为社会主义现代化建设和祖国美好的未来而发奋工作和学习，并使学校一开始就确立正确的政治思想方向，为今后的迅速发展和强盛奠定了坚实的思想基础。

我们深圳理工学校是一所以培养社会主义现代化经济建设人才为宗旨的全日制中等职业技术学校，尽管刚刚开办，却已确定了要在本世纪末成为全国重点职业中学的大目标，任重而道远，需要全体师生为之而艰苦奋斗。而抓爱国主义教育对实现这一目标有决定性的意义。为此，我们编辑出版的这本书，希望能起到有力的促进作用。

这本书在编辑出版过程中，得到了有关领导的亲切关怀和专家学者的大力支持，尤其是深圳市副市长武捷思同志为本书题词，深圳市委常委、罗湖区委书记王顺生同志为本书写了序，罗湖区区长助理、罗湖区教育局局长陈永辉同志担任了本书顾问，这三位领导还为理工学校的建设倾注了许多心血，实在使本书大增光辉。在此，一并表示衷心的感谢和谢意。

深圳理工学校校长　汪继威

1996 年 9 月 1 日

这里特别要提到一个人，那就是杨克祺同志，他也是我的同乡。他读硕士研究生时的研究方向就是德育，刚到深圳市教科院工作，对我们创建理工学校非常感兴趣。他对学校的起步发展、对这本书的出版都做了很大的贡献。

值得一说的是，时任市委常委、罗湖区区委书记的王顺生，不仅对学校的建设十分关心，多次来学校了解建设情况，在闻讯我们要编写《爱国主义教育导读》一书，并在开学发行时，非常赞赏，并撰写序言。二十多年后，打开书，品读这篇序言，感觉到这篇文字仍是那么清新，特别是对于爱国主义教育意义的提法，仍让人耳目一新！

记得一位哲学家说过，平凡的是人或事，不平凡的是精神和意志。

人生需要支点，这个支点就是理想和信念，它是一个人奋发向上、积极进取的力量源泉；一个民族更需要一个精神支柱，这个支柱就是凝聚民族力量、荟萃民族精神的一面光辉旗帜。

中华民族有五千年辉煌灿烂的文明。在这悠久的历史长河中，无数志士仁人前仆后继，艰苦奋斗，用自己的热血和汗水，谱写了一曲曲抵御外侮、兴国安邦、献身真理、富民强邦的爱国主义颂歌。历史昭示我们，维系中华民族几千年，屡遭侵略而不亡，历经劫难而不衰，几经沧桑能奋飞的民族精神支柱，不是别的，正是爱国主义——这一种崇高的思想感情，表现在对祖国的无比忠诚和深情厚谊。

……

我国是一个极富有爱国主义教育传统的国家，更是一个极富有爱国主义精神的民族。古往今来，爱国主义如同黄河、长江，汇聚着中国境内各个民族，维系着每一位中华儿女，经受了兴衰存亡的考验；哺育了无数可歌可泣、为国捐躯的优秀儿女，激励着中华民族创造出灿烂的文明。从屈原的"忧国忧民"到岳飞的"精忠报国"，从戚继光的"抗倭卫国"到林则徐的"禁烟固疆以强国"，从康有为的"维新变法以复国"到孙中山的"驱逐鞑虏，恢复中华，推翻帝制，创建共和"，从中国共产党人历经28年推翻三座大山到建设有中国特色的社会主义，爱国主义的确是中华民族走向繁荣富强之魂，是每位中华儿女高擎爱国主义旗帜的结果。

……

客观地说这是一本很优秀的读物，当时海天出版社把这本书送到上海展出，居然荣获全国青少年读物二等奖。几年前，与这本书的责任编辑班固春老师相见，谈起二十多年前这本书获奖之事，他还十分激动。当时他是小青年，担任责编的书获大奖，实属难得。

那时正值香港1997年回归前后，中国人民的爱国主义热情更是日益高涨，深圳市政府因势利导，在推动爱国主义教育方面更是不遗余力，做了大量工作，取得了丰硕成果。

此时，深圳作为改革开放的经济特区，爱国主义教育以"五热爱"教育为基础，以"两情一史"教育为重点，以理想成才教育为核心，以市场经济常识教育为补充。当时，全市建起近四百个突出爱国主义教育和改革开放成就教育等德育基地；建立两条爱国主义教育长廊：蛇口赤湾炮台—虎门—广州黄埔军校、海军博览中心为西线；盐田港—三洲田—东江纵队旧址—市青少年德育基地—大亚湾核电站为东线。1995年，往两线参观的师生就达万余人次。

令人高兴的是，在爱国主义教育大旗的指引下，深圳理工学校虽然只办了五年，我只做了不到三年校长，但办学成绩令人瞩目，却是不争的事实！

"仙湖畔"之二:

由建深圳理工大学想起……

图2-2　市区领导参加深圳理工学校开学典礼

　　据报道,"中国科学院深圳理工大学"将在深圳创建。二十多年前轰轰烈烈办学,但仅存在五年的深圳理工学校的升级版诞生了,怎能不让我们兴奋?

　　那个年代,在深圳创办大学的时机还不成熟,更不要说办理工性质的大学了。但就在这时,深圳市经人大批准兴建深圳理工学校。当时既分管财经也分管教育的副市长武捷思还亲自部署建校工作,应该说市领导的意识已经够超前的了。为了表示对这所学校的期望,当时的市委书记厉有为给学校题写了校名,武市长也题了词。

　　"理工学校"首先吸引了广大学生的眼球。现场报名时,学生排着长龙,那种场面在职业学校是难以见到的。"理工学校"也吸引了深圳社会各界的关注，学校出外联系工作，大家一听这所学校，都很热情地予以帮助。记得我们找到财政局申请经费时，他们还帮我们联系废旧汽车管理部门，无偿调拨几辆旧汽车，供我们开设汽修专业使用。那时，不少职校校长都先后到我们学校参观，给予支持和帮助。我们也毫无保留地向他们介绍我们办学中的心得体会。

不仅如此，广东省省政府也对我们学校给予了很大支持。省教育厅多次派人来我们学校视察，并提供指导。对我们上报申请和加拿大、日本合作办学，也给予支持。省政府特批理工学校和加拿大、日本在中国的机构合作办学。1998年底，在我刚刚离开理工学校不久，省政府同意我们合作办学的批文送达学校（全省只有三家单位获批）。后来，已签订办学协议的加方有关代表简太中止与理工的合同，随后与福景外国语学校合作办学至今。而日本方面的代表与理工学校的合作一直持续，直到理工学校撤销办学后才中止。有趣的是，2018年在原理工学校一些老同志帮助下，经市教育局批准与日本的合作办学又在深圳第三高级中学成功重启。

"理工学校"还得到了中国科技大学的青睐。那时，我们协商好，由他们的计算机系和我们合作办学。他们还特地邀请我们去他们学校草签协议。协议中有一条提出，允许我们学校出资三十万，在中科大成立"深圳理工学校中国科技大学实验室"。当时，接待我们的系主任开了一句玩笑："你若还是在芜湖一中（我离开才几年）当校长，尽管那是一所有名的中学，但要想跟我们学校这么合作，我们是不会答应的。但现在你们在深圳办学，而且是理工学校，我们才会和你们合作。"他还告诉我们，中国科技大学校方对与我们的合作很重视，但因为我们毕竟是中学，他们只让一个系和我们合作，但只要有需要，全校都会出面支持。后来，我才知道，中国科技大学想通过和我们合作，向东南亚"进军"。很坦率地说，这次合作如果成功，中国科技大学将成为第一个进入深圳办学的知名大学。深圳理工学校会变得怎样？这是难以想象的……

那时深圳市对深圳理工学校寄予厚望，市教育局的彭坚副局长在一次小范围会议上提出要求，让我们务必在2000年办成国家级职业学校，向深圳人民交一份满意的答卷。教育部组团去欧洲考察职业教育，给了深圳五个名额，市教育局让我和另一老牌工业学校校长参加。那一次的考察，硕果累累。一是我们考察团团长刘堂江

（曾在《人民教育》上撰文推荐介绍了包括深圳实验学校金式如校长在内的一批中国名校长），成了我的良师益友。后来，他对我的工作提供了很大帮助；二是学习了欧洲，特别是德国的职业技术教育的经验，能帮助我们迅速办好较高档次的理工学校；三是我和中国在国外的专家建立了直接联系，比如和荷兰的中国花卉专家谈到引进荷兰技术到深圳的可能性，和在德国的知名画家谈起在中国和德国合作办学的可能性。

后来，我还是被调离理工学校，到笋岗中学当校长。从1996年3月份开始建校，到1998年8月底离开，仅仅两年多一点的时间。

之后，理工学校调来新人担任校长，当时听说还要把理工学校升格为大专，已在笋岗中学任职的我，还真高兴了一番。最后我们才知道，是有计划要将理工学校改成有民办性质的普通中学。

1999年9月1日，我已经在笋岗中学任职一年了。罗湖外国语学校（公办民助创新型学校）正式成立，招收了初一、高一两个年级。由于罗湖外国语学校无校园校址，当时只能借用其他学校的校园作为办学场地。高一年级放在翠园中学初中部上课，初一年级放在理工校园上课。学校领导行政人员主要是在理工校园办公，高中的老师在翠园中学初中部办公。新成立的罗湖外国语学校领导、行政每天两个校园跑，很是辛苦。当时的理工学校校园主体还是理工学校，只借出部分教学楼给罗湖外国语学校办公上课。校园的一切管理都是理工学校，每月罗湖外国语学校还要给理工交水电费呢，这种状况一直持续到2000年7月底，理工学校彻底停止办学。等理工学校学生、老师、行政、校领导全部分流安排之后，才正式把理工学校校址全部移交给罗湖外国语学校。

非常感谢继任理工学校的皮爱民校长，在这一期间，在一校两制的情况下，他不仅送走了第一届毕业生，还继续完成原来合作办学的事项。不仅如此，他坚持在国旗下讲话，而且在2000年编印了一本书：《前进的脚步——国旗下的讲话》。书中还收录了1996年11月25日至1998年6月22日，我和我的团队在国旗下的讲话稿。

在深圳教育史上，深圳理工学校留下了一个小小的痕迹，已抹不去。令人惊喜的是，在党中央的关心下，职业教育的春天到来了！深圳理工大学也要建设了。

深圳理工学校虽然已经不复存在了，但深圳市政府高瞻远瞩创建理工学校的眼光、深圳理工学校师生创建理工学校的热情和取得的成绩却是让人难以忘却的。

"仙湖畔"之三：

与海尔-波普彗星邂逅

图2-3　深圳理工学校考察团在边陲漠河看日食

1997年3月9日，据说约四千二百年才回归近日点一次、肉眼可见的海尔—波普彗星与我国日全食同时出现是极为罕见的天象。观察这次天文事件对科学研究有极重要的意义，对天文科学的普及宣传是一次极其难得的机会。国家对这次活动非常重视。事先我们得到消息，有关部门会派专列把国内外专家、学者还有天文爱好者从哈尔滨送到漠河。

策　划

当时，我们深圳理工学校刚招收第一届学生，才上了一个学期的课，学校各方面工作都还在完善之中。这个时候考虑组团参加科普活动，又是从南到北，去祖国北部边陲，似乎过早过急。说得直白一点，在常人看来，这时学校组团去考察显得有点不妥。后来才知道，整个广东省组团参加考察，只有少数重点中学给了名额。深圳市实验学校天文活动一直组织得比较好，也只是老师带一两个学生参加广东省天文爱好者协会组织的团队。而我们学校却单独组团，是全国唯一组团参加考察的学校。

其实，我们对天文活动的关心开始于建校之初。我们在设计学校时，就把要建天文台的想法告诉了设计师。后来，建设中特地建了个塔楼，预留了造天文台的空间。不记得是谁，把我们学校建天文台的想法告诉了华中师范大学天文系的教授，这位对天文事业特别热爱、特别执着、特别有水平的教授立即联系上我们，还把南京天文台的一位年轻学者拉到深圳来和我们见面，共同讨论开展天文活动的方案。整个会谈非常成功，不仅让我们下定决心在学校建好天文馆，组织好学校的天文爱好者协会，还规划组织师生去参加国内外每年都有的天文考察活动。

漠河是个很小的地方，而且这次又是国家级考察活动，所以对参加科普考察的人员是有人数限制的。这时我们又沾了理工学校品牌的光，当然也有华中师范大学教授的努力，以学校天文系和我们学校即将合作的名义申请了名额。最终，我们组织了一个以教师、学生为主体的团队，并邀请了在我们办学过程中给了我们很大帮助的记者同行。

准　备

在长期的办学过程中，无论组织什么活动，除了最重要的安全因素的考量外，那就是要考虑文化的介入。特别是到深圳学校工作以来，我都注意把文化兴校、科研兴校与学校方方面面的工作结合起来，以期提高学校的办学水准。在理工学校的开学典礼上，我们把方成、田原、韩美林等全国著名画家祝贺我们理工学校成立而专门创作的画印成一组明信片，送给支持我们办学的嘉宾。开学不久，在区教育局和市集邮协会的支持下，罗湖区集邮协会成立，办公地点放在我们理工学校。罗湖区政府的主要领导和区里不少学校，包括深圳中学的校长都加入了罗湖区集邮协

会。现在第一次组织师生参加国家级大型考察活动，我们除了其他各种安排外，还决定以罗湖区集邮协会的名义，印了纪念封，带到现场赠送给参加考察的各位人士，当然也不忘请他们签名留念。

按规矩，首日封是要在活动当天交邮局发出的。除了我们这个首日封，天文家协会也发行了首日封，比我们学校印制的要精美得多。但他们印制的首日封全国发行，发行当天就一抢而空。我们学校这个首日封，现场很是受到考察的专家、学者青睐，中国、日本的几位围棋大师，还有科学家等都在我们的首日封上题了字。

出　发

1997年3月6日，我们一行十人出发了，校车送我们师生去深圳机场。车刚开动，坐在我旁边的小邓同学突然发问：去了住什么宾馆？喝什么汤？当得知由于涌进漠河的人太多，乘专列去的人，包括部分专家都得在车上住宿时，小邓又忙问，有没有地方洗澡？小邓是本地人，父亲是我们学校所在地仙湖畔的一个村的村长。他爸爸知道学校组织这次考察，特地与我们联系，要借考察之机送没有吃过苦的孩子接受一次锻炼。在深圳这么热的地方居住的人，早就养成一个习惯，那就是每天都要冲凉。当他提出这个问题时，大家笑了。当他听到我的回答后，只是苦笑了一声，顿时，整车都安静下来。

抵达哈尔滨后，随接机而来采访的记者一看，来的是一支中学考察团，顿时感到意外，接连提出一长串问题：你们是什么学校？为什么去考察？好在我们有《深圳特区报》的马彦、《深圳晚报》的傅小燕，还有曾在吉林当过记者的人随同，便很轻松地回答了那位采访记者的各种提问。

考　察

到了漠河，我们真的住在火车上，虽然火车上条件简陋，但起码不冷。记得那时每个车厢里都有个烧水的大火炉，要是在南方，大家一定会很讨厌它的，但在这里，大家觉得它非常亲切可爱。它除了供暖供水，早上可以烤化已经结成冰块的早餐八宝粥。把冰冻食物烤化来吃，这对车上的人可能都是第一次。不过吃好早饭，就可以去市区了，午饭虽然没有南方人喜欢的靓汤，但饥肠辘辘的我们也不在乎了。

第一天的考察任务分两批，我们中的大部分人考察市容。说是考察也就是适应当地的气候环境，以免看日全食那天要早到现场时不适应。一个当时只有几条街道的小城，一下子来了这么多人，顿时热闹起来。多少年过去了，我仍然记得那个小城的小邮局，因为我们要去寄首日封，还要给未寄出的信盖上邮戳，以示纪念。

小城虽小，还是很好客的。在几个场所还安排了冰雕展，很像模像样，让我们从南方来的人大饱眼福。当时漠河气温已经很低，达到了零下30摄氏度。我们团的人又是第一次经历这样的低温，我把从芜湖带到深圳压箱底的衣服都带来了，以为还不够，心里还是很虚。谁知那天晚上不但不感到冷，还身上出汗，后来，我连大棉袄也脱下了。很快大家都适应了这里的环境，于是对9日的考察增强了信心。

另外一批去办一件和考察有关的大事。因为火车站离考察地点还有一段路程，当天早上又没有交通工具，加上还要带上观测仪器，因此我们必须在市内找到一个住处，前一天晚上让大家住过来。

我们联系到漠河二中，校长对我们师生一行千里迢迢来漠河，只为看日全食和一颗星星，先是感到好奇，后来感到佩服。他欣然安排我们中一部分人住学校，另一部分人住到他家里。当天晚上，住他家里的几个人被闹钟惊醒，凌晨两三点钟，我们披上衣服，走进天井，仰望天空。不一会儿，彗星按时进入我们的眼帘，我们终于见到了四千两百年才能见到一次的海尔-波普彗星，好不幸福！

由于事先做了充分准备，第二天早上，我们早早找到一个最好的观察点，架好设备，准备观察日全食。我们撑起的深圳理工学校的大旗吸引了中央电视台的工作人员。他们立马找到我们，把中央电视台的横幅立在我们设备的后面。中央电视台把我们拍进电视，内蒙古电视台也大力报道我们。

日全食终于出现了。看日全食并不是什么难得的事，我们在内地和深圳都看过。但这次是手扶天文望远镜，不但观看，而且拍片。事先，我们已接受过培训：在观测时，手扶天文望远镜，只能扶片刻时间，时间长了，怕手被冻得粘在望远镜上。想起那天晚上看到海尔-波普彗星，现在又观测到日全食，一股暖流涌上心头……我们终于圆满地完成了考察任务。

后　记

回来后,许多人问我,这次考察有什么收获? 我没有直接回答,而是让他们翻看那个时候的《深圳特区报》。记者马彦因严寒迟了几个小时才发出的一组照片和报道终于被报社收到了。报纸花了大半个版面刊登了那组精彩的照片,还为这我们学校的科考活动发了一篇评论。

对于我的朋友,我毫不吝惜地向他们分享那时留在我脑海里的一大堆精彩画面。相信大家都有体会。人的一生会参加许多活动,能在你脑海里留下比较多画面的活动必将影响你的一生。

参加活动的学生画面,我也同样愿意给大家介绍一些。在漠河的几天,生活是艰苦的,吃不好饭,洗不到澡……但无一人叫苦。

十几年后的一天,我突然接到一个电话,邀请我参加一个关于研学活动的研讨会,并请我在会上发言。推荐我参加这个研讨会的,正是一块去漠河参加考察活动的深圳实验学校的老师。这时,我才意识到,那次考察活动居然就是一次成功的研学活动。

"仙湖畔" 之四：

足球远征欧洲

图2-4　深圳理工学校足球队代表中国参加世界"可口可乐杯"足球比赛

1999年，这里正在举行一场隆重的庆功会，会议的举办者是罗湖区政府，为了表彰从欧洲赛场凯旋的足球队。这支队伍正是理工学校足球队。他们在深圳市市长杯(中学生参赛)上取得冠军，随后又在广东省比赛(中学生参赛)中夺魁，于是深圳市罗湖区被委派带队，代表国家参加在荷兰举办的世界"可口可乐杯"足球比赛(中学生参赛)。在这次比赛中，我们力克群雄，荣获亚军，为国争光。

深圳市在1984年新开办许多学校后，也开始重视学校的足球运动。罗湖区翠园中学早在1988年就组建业余足球队，并开展青少年足球计划，又大力引进足球教练，后来为翠园中学屡立战功的文武教练就是在20世纪90年代初引进的。

为了抓好罗湖区的足球运动，1995年罗湖区引进了足球教练，其中一位就是覃明。覃教练1984年考进广东体育学院（以下简称"体院"）足球专业；1988年于体院毕业后，又进入北京体育大学高级足球教练班参加培训，随后被罗湖区调入，成为专职教练。当时，区政府领导对罗湖区足球事业的发展做出规划，决定由罗湖体育发展中心组队，抓青少年足球。

当年，中心采用引进人才和本地人才相结合的办法，组建了一支出生于1981年的罗湖区青少年队。这支足球队刚成立时，于1996年春节前在当时的罗芳中学开始训练。不到一年，这些学生初中毕业了，上高中成了他们至关重要的事。如果上不了高中，这支队伍不能参加任何比赛，只能解散。

1996年，深圳理工学校开始筹办了。到了当年开学招生时，有人提到这些学生的事，希望我们考虑接收。我们也对这些足球队学生很感兴趣，因此积极向有关方面汇报，以期合理合法地接收他们。

说实话，接收他们还是相当有难度的。其一，他们在罗芳中学也只待了一年，进校时就没办理学籍，无法参加中考；其二，一年训练时间不算长，没有参加过什么比赛，没有出成绩，谁也不敢说他们一定会出成绩。但这是罗湖区政府组织招来的队员，怎么也得为孩子们的前途着想。于是我亲自出马，一个劲向前闯。记得当时分管体育工作的市教育局领导还好心提醒我，接收学生的事一旦做不好，会影响我这个校长的工作。最后在市领导的关心下，这些学生才正式入驻我校。

为了帮助区里抓好这支足球队，我们学校还特地从北京引进足球教练李大龙。这个从北京高校来的教练竟然骑了三天三夜摩托车从北京赶来深圳报到。我们足球队的队员得知这一情况后，对大龙教练非常佩服，对他的教练工作很是配合。

还真别说，这些孩子进到我们学校后，各方面表现都很好。他们在自己所喜欢的专业十分认真地学习，和同学们相处得也很好，不断给学校带来荣誉。

在1997年，理工学校足球队荣获了深圳市"市长杯"冠军。记得那一次在深圳中学体育场拿下冠军后，武捷思副市长亲自给获奖运动员颁奖，那场面永远定格在我们的脑海里。

这支足球队，在市、区政府的关心下，在覃教练的带领下，于1998年1月代表深圳市参加了广东省青少年足球锦标赛，这是一场多年来最高规格的比赛，比赛场地是在广东体育场。为了养护场地上的草皮，这个体育场只接收省足球队和各职业队的比赛，从来不向其他队的比赛开放。在这个地方举行比赛，更加凸显了那届广东足球锦标赛的重要性。这场比赛是受国家体委委托，选拔出代表中国参加在荷兰举办的世界"可口可乐杯"的足球队。

在广东省这场比赛中，理工学校足球队顽强拼搏，一举夺得冠军，获得去荷兰参赛的资格。仅仅成立两年多的足球队居然杀出国门，后来在四十个国家代表队的竞逐中夺得亚军，仅在初赛和决赛中各输一场，为国争光，可以说是很大的奇迹。

回国后，林进国、林小弟、陈小冬、杨鸿超四名队员先后进入省级以上专业足球队训练。其他队员回到理工学校，一边由李大龙老师负责训练，另一方面上完最后不到一年的课程，比较少参加比赛了，最后顺利从理工学校毕业。

那时，我已调离理工学校，去笋岗中学任校长，虽然最后没能参加他们的毕业典礼，但听到他们顺利毕业的消息，仍然非常高兴。

"仙湖畔"之五：
大画家范子登给学生上课

图2-5　画家范子登赠予的书画

自2020年6月从深圳市教育学会完全退休以后，我逐渐习惯于在家做事了。后来再给我安排办公室，我也拒绝了。受原安徽驻深办事处工作后又在香港任职、退休后再去澳门为乡友服务的好友崔武梅的影响(他把在深港澳工作的经历写了几本书)，我也想写一本书，回忆我在深圳从事教育工作三十年的经历，献给关爱我的朋友，所以整理材料和写作占了我在家中的大部分时间。虽真不轻松，但实在是乐意。

以前，为了更好地保存材料，我曾经从网上下载我熟悉画家的资料收集起来，存进电脑，加以保存。还在微信朋友圈中设了一个专栏：我熟悉的百名画家。那时，还不会使用美篇，在朋友圈发的画家材料过于简单，很是遗憾！

在这一百名画家中，曾给我所在学校的学生讲过课的只有三人：1992年刚从美国访问载誉归来的著名漫画家方成。他在深圳市领导陪同下，到滨河中学谈访美经历；第二位是现在客居北京的著名花鸟画家刘继武,他客居深圳时曾受邀担任过笋岗中学的美术代课老师,给几个班学生上过课;第三位就是范子登,香港回归后,他能更便捷地来往深港两地,因此有机会给理工学校的学生讲课。这次整理材料时,我忽然发现,手边只保留有几页关于范子登的资料,觉得十分遗憾,于是立即上网购买了范子登的大型画册,收到后我反复欣赏,真是爱不释手。当然也帮助我更进一步了解了这位中国大画家,萌生了更进一步介绍他的兴趣。

1996年,我有幸与范子登相识。那时我正在筹建深圳理工学校,当时市政府、市教育局对理工学校寄予厚望,要求我们建一所一流的职业学校。所以,在开始建设之际,我们在各个方面都做了精心地策划,还特别注重文化兴校。我们请来韩美林、范子登、方成等一批知名画家,为学校文化建设出谋划策,特别请范子登为学生讲课。我至今记得,温和谦虚、讲话慢条斯理的大画家范子登给学生讲课的情景。他娓娓动听的讲课风格给师生们留下了深刻的印象。1997年,范子登组织香港国际艺术家联合会,邀请全国一批著名画家加入时,还聘我入职,协助做一些事务工作。

范子登生于江苏宿迁,1949年在香港定居并先后师从徐文镜、郑石桥、庐鼎公学习书画。在1950年创办了拥翠画院,为该画院院长。1987年他加入香港作家协会;1990年创立菘殷画会,出任会长;1997年创立香港国际艺术家联合会并任会长。曾在新加坡、马来西亚等国和我国香港、台湾地区举办作品展;1997年香港回归后,多次在内地诸多城市参加并举办大型书画展及个展。曾于1990年获比利时欧洲学院颁授的“高级美术荣誉博士”学位证书。2002年作品参加“世纪风骨·中国当代艺术50家展”,2004年参加“黄宾虹国际学术研讨会暨系列展览”,2005年法中文化艺术交流中心向他颁发“中欧文化艺术特使”,2006年3月27日凌晨辞世。他一生创作了大量著作、作品集,如《范子登先生南游画展诗文专辑》《范子登画集》《大海》《大山》等。

范子登一直比较低调,但有一段轶事流传很广:范子登与比他年长三十岁的张大千亦有一段渊源。1963年两人分别在新加坡举办展览,张大千得睹范翁作品以为乃六十岁以上画家所作,见真人后便成忘年交。不过范翁一向埋首教育工作,淡泊名利,在艺术界显得相对低调,但他这种谦厚务实、求变不懈,潜心在艺术领域融古开新的精神实在值得后人学习。

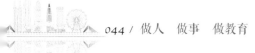

20世纪70年代，张大千先生在日本接受《朝日新闻》记者采访时，十分推重范子登先生，他评价范子登的画"功夫老辣"，并说："当代实罕有人与之抗手……此人将来必后来居上，他的画应该是当今国家级的珍宝。"

有趣的是，中央美术学院博导、著名美术评论家、画家薛永年在评论范子登的画作时，特别把范子登的泼墨作品和张大千的泼墨作品作了比较。

他说："范子登的泼墨、泼彩，最引人注目。他用墨有个性，是他自己的，很温厚，表现一种和蔼的、可以让人亲近的性格。"

"他的山水画跟张大千的不一样。看他20世纪50年代的两幅画，一幅叫《焦土》，一幅叫《沉舰》，我们不管他是从哪一种冲突里面得到的感受，他画的是他心灵的一种感受、一种震撼，通过艺术实现一种心灵的自由。他的构图已经完全不是古人的山水画的构图了，满幅的，我们现在感觉很现代。"

他又说："范子登，把赭石和墨用在一起，这不是张大千似的。张大千的泼彩呀，先泼了墨以后，上面用石青、石绿，有时候会有一点金，那实际是清代泼青泼翠的发展。而范子登的泼墨，加上淡色，这就跟张大千没有关系了。这是他自己的感受和艺术实践探索出来的。说他泼墨，在张大千之前，我相信。即使在张大千之后，他画的也是他自己的，不是简单模仿，这我完全相信。"

"仙湖畔"之六：
画家韩美林获文学奖

图2-6　画家韩美林来学校指导

　　一次，安徽芜湖连续降雨，多地严重积水。一名消防员在转移被困群众之后，发现一只小狗被困瓦房内，周围都被大水淹没。消防员一把将小狗抱入怀中，蹚着水将它送到安全地带。看到这个视频时，我不禁赞赏这位警员，而且不由自主地想起爱动物、画动物，也喜欢写动物的著名画家韩美林。

　　韩美林，1936年生于山东，中国当代极具影响力的天才造型艺术家，在绘画、书法、雕塑、陶瓷、设计乃至写作等诸多艺术领域都有很高造诣，大至气势磅礴，小到洞察精微，艺术风格独到，个性特征鲜明，尤其致力于汲取中国两汉以前文化和民间艺术精髓，并体现为具有现代审美理念和国际通行语汇的艺术作品，是一位孜孜不倦的艺术实践者和开拓者。他是国家一级美术师、清华大学美术学院教授，还是中央文史馆研究员。

1996年和韩老师在深圳相识，他对教育非常关心，这是他和我们教育工作者多有接触的原因。当年我们筹建深圳理工学校，建筑的设计、建设的规格都很高，韩老师对此十分惊叹，多次到我们学校指导。我还特别记得，他半蹲着给我们预留的花坛及周边环境拍照，研究后，对校园的布局提出指导意见。那时，韩老师为芜湖镜湖公园设计并制作了一个大型雕塑，我们也"想入非非"，想请他也为我们理工学校也设计一座……

有一次，我们开车去当时乔树德当校长的石岩公学考察，路上蹿出一只小猫，他紧张地叫我们避让。随后他讲起一个故事，说他以前很少因画画得奖，然而却因写散文而得过大奖，就是那篇题为《生命》的文章。一个画家得文学奖，难得，而且又是与生命有关，就更令人刮目相看了。

读过《生命》这篇文章，你一定会更加喜欢韩老师画的小动物。说实话，从理工学校开始，我便注重在学校大力开展环境教育，请了刚到深圳大学工作的李臣之老师、市教科院杨克祺老师在理工学校成立可持续发展研究院，方便更深入地进行研究。到笋岗中学，也积极开展创建绿色学校工作。不用说，韩老师那篇文章对我的工作是有很大影响的，所以我一直珍藏。

"仙湖畔"之七：

和良师益友在东西半球握手

图2-7　和中国职业教育考察团团长刘堂江在东西半球握手

　　有人说，人和人相识得靠缘分，以前我并不太信，但来到深圳之后，我终于相信了。不过，人们相识后，能否建立友谊、成为朋友，那就不只是缘分的问题了。

　　我和原《人民教育》杂志总编的刘堂江不但有缘相识，而且相识不几天便在英国伦敦东西半球分界线两边紧密握手留影。从此，我们开始了长达二十多年的友谊，这就不单只是靠缘分了。

　　1998年，教育部组织国内职业教育考察团到欧洲考察，给了深圳市五个名额。市里特别让我参加了考察团，和全国其他二十四人一起，利用暑假到英国及其他欧洲国家考察二十一天。刘总编正好是这个考察团的团长，就这样，我和他相识了。

大概是因为他是江西九江人，我是安徽芜湖人，同饮一江水的我俩一进团就走得很近，似乎相交是很自然的事。几十年过去了，我和刘团长一直保持联系。退休后，我去深圳市教育学会工作期间，我们的联系更是越来越多，不是北京见就是深圳见，友谊日渐升华。

那次考察回国后，我才逐渐真正认识了刘堂江。他是我国教育界了不起的、极富创新精神的"大笔杆子"。他善于在全国教育界发现优秀学校和优秀人才，发掘他们的办学特色和教育经验，并帮助他们发展成长。经他的挖掘、宣传和推广，一批批名学校、名校长、名教师脱颖而出，从各地走向全国，有力推动了我国基础教育教学改革的创新发展。

他的弟子李志强曾当面告诉我这么一件事。那是20世纪90年代中期，刘总编从深圳本地报纸上看到一则有关深圳实验中学金式如校长的简短新闻报道，他敏感地意识到这是一个好典型，符合教育现代化的大方向。于是，刘总编立马带着他和另一个青年同事，赶到深圳实验学校，住在学校、吃在食堂，精心采访了整整一个星期，访谈了大量老师，完成了《教育现代化的领先实验——深圳实验学校整体改革纪实》的长篇通讯，刊发在1994年9月的《人民教育》上。这篇三万余字的文章随后在《深圳特区报》和《深圳商报》同时连载一周，在深圳教育界和广大群众中引起了强烈反响。从那以后，全国都知道了深圳有一所名校——深圳实验学校，有一个名校长——金式如校长。

中国共产党诞生一百周年之际，刘堂江在接受"光荣在党50年"纪念章时曾撰文说："二十八岁，我进入《人民教育》杂志从事编辑、记者工作。四十多年来，我采写了一批关于教育改革发展的重头报道。拙作《手执金钥匙的人们》（1978年），催化了中国特级教师制度的诞生；《杏坛红杏任小艾》（1989年），吹来了更新教育观念的清风；《跨世纪教育工程》（1993年），树起一面素质教育的鲜艳旗帜；《教育家办学：北京十一学校的系列探索》（2012—2020年），提供了一个新时代教育现代化的样本……"

刘堂江曾经说过，他的神圣使命和不辞天职是"为教育而鼓，为教师而歌。"

他帮助一个个像金式如这样的校长成长为教育家，真正做到了呕心沥血，躬身践行。

对我来说，1998 年是非常不平常的一年。我在欧洲考察期间不慎摔伤，刘总编常常照顾我，让我十分感动。后来，我被调离深圳理工学校。再之后，我被调至笋岗中学任校长。刘总编知道这事时，我已到笋岗中学上班，他立即来电安慰我，并在我任职笋岗中学时给予诸多帮助。

退休后，我到深圳市教育学会工作，和刘总编工作上的联系反而更多了，他对我的帮助和指导也更多了。深圳市教育学会只要举办活动，需要请专家参加，我总想到他。那年在盐田举办"深圳市中小学校报校刊展览及评比活动"，我特邀他来作学术报告。他带着未写完的稿件来了，讲完课，也顾不上去盐田海边转一下，硬是熬夜写完稿发到北京。有次，他要在广州召开一个中小学校长座谈会，知道我和广州市教育局局长比较熟，请我帮助联系。会后，他在报纸上还特地把我的名字写上致谢，让我十分感动。我常常给他添麻烦，光是和他的合作就有三次，但每次结果都不理想，他却从不埋怨。在欧洲访问时，我就注意到，他每到一地，都喜欢捡当地的石子，当时不得其解。后来去他办公室，看到在盆景里的各色各样石子，我才恍然大悟。后来，我去宝岛台湾访问，在沙滩上一边捡石子，一边和远在北京的良师益友刘总编打电话。当我如数家珍地向他报告来访团员名单时，他津津有味地重复着，然后传来他的祝福和爽朗的笑声。

"仙湖畔"之八：

教育专家应俊峰教授

图2-8　应俊峰教授率我国中学校长考察团出访澳大利亚，在阿德兰德宴会上致辞

　　20世纪90年代初，调到深圳工作的我，与失去联系几年的华东师范大学教授应俊峰终于恢复了联系，使我喜出望外。

　　我和应俊峰教授大约是在1986年相识的。他是华东师范大学的教授，是研究中小学教育的专家，芜湖和上海很近，安徽师范大学和华东师范大学的关系又很好，芜湖市教育局常请华东师范大学的教授来讲课。应教授当时已是年轻有为的教育专家了，所以也常在受邀之列。那时，我从一个普通教师，到安徽省重点中学芜湖一中当校长，对业务不熟悉，许多方面需要学习，也需要多方请教，认识应教授真的很是时候，很自然他成了我的专家朋友。

第一次与应俊峰教授在我们学校见面时，他认真地参观了学校，听取了我的想法，也谈了他的意见。从这开始，他几乎成了我办学的顾问，给了我很多帮助。正是他和韦力、魏书生、徐桂生、严镇军、胡炳生等一批专家对我的帮助，使我在芜湖一中乃至于后来在深圳的教育工作中，能不断前进。

三十多年过去了，有几件事是我忘不了的。我每次去上海参观，应教授不仅事前帮助联系好学校，而且只要有时间他都陪同。印象最深的一次是去上海建平中学（1978年就被评为上海市重点中学）参观。学校校长介绍了他们办特色学校的经验，还特别介绍发挥教师特长开展课外活动的经验，能让教师既上好课又能在课外培养学生特长上大显身手，出了不少意想不到的成绩。作为省重点中学的校长，那时我就认为，重点中学不能只把眼光盯在高考升学率上，而是应该学习建平中学的办学经验！我把这个想法告诉应教授，他非常同意，也非常支持。从这以后，我在一中除了继续办项武义数学实验班外，还别具一格开办艺术、体育实验班；除支持教师开展超常教育实验，还鼓励他们利用业余时间举行各种体育比赛；还在当时仅有两台老式计算机（现在只能算儿童玩具，但能学编程）的情况下，举办教师编程培训班。我们每年举办一次面向全市的"赭山杯"足球赛，利用学校场地举办全省中学生足球赛；还在自己学校新扩建的田径场举办了全国九省一市"长江杯"中学生田径赛，也得到好评。1990年，我还向安徽省教育厅申报承办了安徽省二十五所省重点中学运动会。

1989年，国家教委在华东师范大学建立了中学校长培训中心，从事全国省级重点高中校长的培训，应教授进入中心担任领导工作。只要开班，他总会想到我，所以我参加的次数也比别的校长多。特别使我感动的是，他知道我们学校在教育教学科研上起步早，有不少成绩，还编了不少书籍，特地把我们送去的书籍放进机构的资料室，供其他校长参阅。

在深圳重新建立联系后，才知他已被深圳市教育局聘用为局长顾问，经常到深圳给校长讲课，并参加诸如规划制定和评估方面的工作。我们的联系更多了，每年他来深圳，都会相见长谈。

那时，他就告诉我，他曾向深圳市直言，认为深圳教育存在三个落差，即深圳经济发展与教育发展落差大,教育硬件投入与软件建设落差大,引进人才与培养人才落差大,这都会影响深圳教育的可持续发展。他的意见得到深圳市相关领导的认可。他对深圳教育十分关心,深圳教育界的重大活动,也都会邀请他参加,我们见面的机会也增加了不少。在深圳,我也曾去华东师范大学的校长培训中心学习,在那里受到他多番照顾。一位从校长班学习归来的深圳学校校长告诉我,应教授在给大家讲课时,称赞了深圳的教育,而在提到不多的校长时,也提到了我。

应教授现在退休了,但我们经常在网上联系,回忆往事,相谈甚欢。他听力已不比当年,但他的讲话我仍然听得很清晰!我告诉他,我仍在参与一些教育大事,比如,参与全国信息技术中小学创新与实践大赛,参与包括职业教育在内的办学活动,他听后频频点头,表示继续支持!

第三辑

笋岗桥

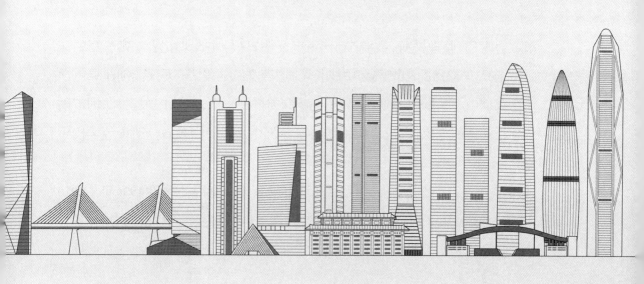

"笋岗桥"之一:
我的办学理念——绿色、数字、生本之绿色

图3-1　世界环境教育专家访问笋岗中学,与学校"绿色卫士"亲切交谈

　　闲暇之时,我整理材料,找到二十年前《光明日报》驻深圳记者站站长写的一篇文章:"在人与自然的和谐环境中成长"。这篇文章的发表,不仅让创建绿色学校工作在深圳中小学掀起一股热潮,还把我向前推进一步,成为广东省、深圳市创建绿色学校工作的专家组成员,从而参与了深圳市乃至于广东省打造绿色学校平台工作。

　　1996年10月,国家制定并发布了《全国环境宣传教育行动纲要(1996年～2010年)》。于是从2000年开始,全国环境宣传教育活动也加大了进入学校的力度,各学校开始开展绿色学校创建工作。也正是在这个机遇之下,我得以较早地参加此项工

作，取得一些成绩。笋岗中学在深圳作为普通中学，第一个创建成为国家级绿色学校，《光明日报》于2002年10月1日作了专题宣传报道。

1998年9月1日，我从开办仅仅两年半的深圳理工学校(现在的罗湖外国语学校)调到笋岗中学任职。那时，笋岗中学的创校校长与市属深圳中学初中部的校长对调，但新校长调到笋岗中学仅仅四个月，又被调到区属另一所学校当校长，于是我接替新校长履职。

我接手笋岗中学时，它还是一所完全中学。当年的高考，在前任校长吴宪章和全体老师的共同努力下，培养的陈木年同学考取了清华大学，成为罗湖区首例考取清华的学生，载入罗湖区教育史册。现在笋岗中学网站上的介绍，也把此项成绩列在第一位。但在这一轰动性的成绩出来之前，学校在参加区一级学校评估时却没有通过。

在当时，地处罗湖区二线小关口附近的笋岗中学，其地理位置和周边环境不好确是不争的事实。我去报到的当晚，开车去泥岗路对面，这段走路只需五分钟的路程，开车却用了整整一个多小时，一车人啼笑皆非。更有甚者，学校位于小山坡上，坡下却一直有一个道路公司烧沥青的小工场。沥青的味道，让小区居民和学校师生叫苦连天。

面对笋岗中学的成绩和问题，我在教师大会上，没有也不可能夸什么海口。我只是说，看到学校在前任的领导下，取得这么好的高考成绩，使我既高兴，又感到巨大的压力，能否在自己的四年的任内，使笋岗中学再创辉煌，是我必须面对的问题。要知道，再出陈木年那样的学生是几乎不可能的了。事实上没有多长时间，高中部就被撤销了。怎么办？我来校之前，这所学校区一级学校复评甚至没有过关，而从我上任到我退休，仅仅只有四年时间啊！

终于我没有让各方失望。在这四年里，我们以绿色、数字、生本为理念，终于办成了只用四年时间不太容易办成的事。九年如一日背着妈妈上医院的学生事迹还上了深圳电视台、中央电视台，故事的主角伍宝怡和罗湖区第一位考上清华的陈木年，至今并列在笋岗中学的网站上，成为笋岗中学的骄傲。

四年后，我退休了，到深圳市教育学会继续从事教育方面的工作。正好创建绿色学校工作是宣传部、环保局、教育局联合举办的活动，教育学会参与是再合适不过的事了。恰恰在这时，市教育局又发文推荐德育工作处的张光怡处长、教研室地理教研员龚湘玲老师和我去市里参加绿色学校评审工作，于是我们就开始快速进入角色。

评审组吸收已评上绿色学校的校长参加，所以随着挂牌的绿色学校越来越多，评审队伍也越来越壮大。但在职校长毕竟在岗，只能轮流参加。由于学校创建绿色学校的热情越来越高，申报评审的学校越来越多，环保中心的领导加上我们下去评审的频次也越来越高。每年6月5日世界环保日前，我们每个星期一、二、三连着三天都得参加评审，一般每天要评审三所学校，学校离市内专家集合地常常很远，三所学校之间的距离常常也很远，所以这一工作强度比较大。评审组还有宣传任务，我们常常被请到学校给师生上课，因此备课任务也很重。但是每当我们想起，创建绿色学校就是要引导学校走上可持续发展的道路，而所谓可持续发展，就是要"建立人和自然的和谐、人和人的和谐、人的内心高度平衡"，我们有幸参与这样的引导工作，又认识到确实是很值得的事。

创建绿色学校的标准是专家制定的，但各个学校对标准的领会各有不同。有的学校特别注意开展"小手拉大手"活动，把在学校学到的环保知识带回家里，对家里的环保状况进行监督，比如节约水电，垃圾分类……这样的学校如果在小区里，他们还会出墙报，派宣传队进行宣传，很是吸引小区群众的关注。

高中学校的创建工作也会有自己的特色。高中提倡研究性学习，于是学校发动学生选择环境保护的课题进行研究：靠河的研究河、靠山的研究山，什么都不靠的研究土壤保护。还真是出了一批有影响的论文，得到了专家的赞赏。

"笋岗桥"之二：

我的办学理念——绿色、数字、生本之数字

图3-2　数字学校一书出版

　　1999年10月6日，深圳市首届中国国际高新技术成果交易会在会展中心隆重开幕，同时深圳市教育局在深圳中学同步举办教育分会场，邀请深圳市各区校参展，介绍学校在信息化方面的成果，笋岗中学有幸在应邀之列。

　　我们参展的内容包括学校网站、视频资源点播系统等，受到与会专家领导的关注。当我们派去的老师用带去的电脑，摄像头，把展室的情况用刚刚建成的互联网传输到笋岗中学的电脑上，我们在校内的电脑上看到传来的信息，都高兴得跳了起

来。这表明我们在使用电脑上，上了一个层次，进入了互联网时代。为了验证我们网站的效果，那时只要有出访机会，每到一个境外机场，候机时，我总是要在机场的公用电脑上，打开笋岗中学的网站，引得同行校长的羡慕。

刚刚上任，按照以往的习惯，我总是要找到一个抓手，争取在新工作岗位打响第一炮。这是我一生中最后任职的学校，而且仅仅只有四年，如果失败了，就不会再有机会了！

把什么作为突破口呢？

当时，互联网已开始在深圳悄悄起步，引起了我的注意。互联网在学校能起什么作用，那个时候我们真的一点也不知晓，仅仅凭感觉认为会起作用。当我找学校的老师，特别是当时的办公室主任李阳等人商量，居然得到他们的一致支持。最后，我们毅然决定立即抓学校的互联网建设。

当时我们学校没有计算机专职人员。李阳在大学学的是数学专业，对计算机知道得比别人多，他很乐意地投入这一项工作中，开始学习、研究、实施工作。记得1998年寒假，他几乎放弃了放假休息，全身心地投入这一陌生领域。每天晚上，他单身宿舍的房间总是很晚才熄灯，终于在春节期间完成搭建校园网的工作，还很快拿出加入互联网的方案，并立即开始实施。功夫不负苦心人，我们终于成功了！我们在信息化方面先行一步，引起教育局领导和其他学校的关注。罗湖区教育局在我们学校举行现场会议；深圳市政府教育督导室在对这个项目进行考查后，还特地组织全市一些学校开会，让我们介绍经验；广东省计算机教育协会也邀请我们参加全省计算机教育理事扩大会，在会上介绍情况；我还应邀为全国中小学计算机类的杂志撰写了一篇文章。

我们学校建成校园网和加入互联网的相关情况，时任罗湖区教育局局长的叶子强在2002年曾撰文给予肯定。

……当今世界，人类正以惊人的速度步入知识经济和信息时代，知识革命和信息革命正以它前所未有的能量征服世界。知识创新，信息技术把人类带入到一个全新的领域；网络化，数字化正在把各个行业，各个地区，各个国家乃至于整个世界紧密地联系在一起。网络化、数字化日渐成为一股潮流，并且迅速延展到各个领域。我们欣喜地看到，中华大地网络化、信息化建设风起云涌；各地各类学校争先恐后，深圳市也制定了教育十年发展规划，一个数字化学校建设的热潮正在鹏城如火如荼地展开。

罗湖区一贯重视并积极推进教育信息化进程。近两年来，在区委、区政府的高度重视下，我区已累计投资2 000多万元，建成了数十个校园网及教育网络资源中心，涌现出一批网络应用示范学校，为我区基本实现教育现代化打下了基础。我区的宽带教育、宽带区域网率先在全国实行区域内校校通，在国内同类项目的设计、建设和应用中属领先水平，为我国教育信息化提供了新的经验。同时，在推进教育信息化过程中建立健全了教师培训制度，提高了教师运用现代教育技术的整体水平。尤其是我区从去年底正式提出申报教育强区以来，推进教育信息化更成为全区关注的重点。

应该说，笋岗中学在我区教育信息化过程中带了一个好头，他们建设数字学校动手早，步子快。1999年2月，该校建成校园网，当年11月建成笋岗中学网站。学校内部基本实现办公无纸化，并开始使用多媒体课件教学，加强了学校学科间的沟通，还充分利用互联网资源，开始了信息资源共享。随后，该校又成功地实现了校园网的升级扩容，将信息点铺设到教师办公台面、学生教室以及所有的办公室，成功地配备电子阅览室一间，并新建电子音乐教室一间。由于笋岗中学校园网特色鲜明，访问该校网站的人数已达数万人次，受到广泛重视和好评。经过多年努力，数字学校已经成为该校鲜明特色之一……

我实现了在笋岗中学站好最后一班岗的愿望后，光荣退休了。不久后，我进入教育学会工作。基于自己的认识，也由于学会工作的需要，还因为绿色、数字、生本的办学理念可以迁移到学会工作之中，更因为时代快速发展的需要，我除了继续参与创建深圳的绿色学校，还试图在更大范围参与打造深圳学校的信息化平台。

特别有意义的是，我们学会在市教育局的大力支持下，成功组织了"深港信息化论坛"。第二届论坛上，两地三百多名校长和信息化专家、IT行业总裁会聚一堂，市、区教育局领导出席，共同就"资源共享、统筹安排"进行研讨，两地学者也纷纷发表论文，助力推动两地信息化学校发展。

对于信息化高速发展所可能带来的问题，我们并没有回避。除了积极组织会员撰写论文、组织课题进行研讨外，我们还和《深圳青少年报》在2010年共同举办论文评比和研讨会，研究题目是"青少年信息素养的培养"。研讨会结束后，还编撰出版了一本书籍，以图激起更多的教师、专家参与这一研讨之中，以期得到更大的社会效应。

二十多年过去了，深圳学校的发展突飞猛进，过去起步时做过的事与现在的情况相比，几乎是不值一提了。但我以为，我们毕竟在信息化刚起步时做过一些工作，学校信息化今天的辉煌中也有我们留下的痕迹，使我们倍感欣慰。

"笋岗桥"之三：
我的办学理念——绿色、数字、生本之生本

图3-3 九年如一日背着妈妈上医院的伍宝怡同学(右)
与班主任及同学在学校大门前合影留念

提到生本教育，还得从我的学生伍宝怡同学说起。翻开当年出版的《前进的脚步——国旗下讲话》，我找到2000年的4月10日升旗典礼上的讲话稿。以《向伍宝怡同学学习》为标题，我向全校师生介绍了宝怡同学的事迹。宝怡同学的母亲患了尿毒症，已经有九年时间了，双肾萎缩。九年时间里她一边上学，一边照顾母亲看病，九年如一日，背着母亲上医院。这九年，街道虽然给了很大帮助，但那时宝怡母亲

的病情已非常严重,街道向《深圳商报》求助,报纸大版刊登了这一消息,希望得到社会帮助。宝怡同学在学校一直很阳光,"伪装"得也很好,以至于他的老师和同学都没有察觉她家的困难。报纸登出的第二天正好是周一,于是我们在国旗下的讲话中以此为主题,号召大家向宝怡同学学习。

作为一所把生本作为自己办学理念的学校,对这件事,当然不能停留在宣传上,而是立即行动,尽力帮助宝怡同学。于是,我们主动联系电视台,建议电视台拍专题节目,报道此事,以引起社会各界重视,帮助她家解脱困境。电视台派出拍摄纪录片专家专门跟踪拍摄。有时,得早上四五点钟赶到学校做准备,很是辛苦。在外景拍摄完成后,立即转入摄影棚拍摄。主持人、宝怡和我即席对话,她班级的学生、老师、家长为现场观众。居然在没有彩排的情况下,成功地完成拍摄。这台节目于6月11日成功播出,引起了极大的社会反响,捐助获得成功。广州的医院闻讯后,很快(这很难)找到配对的两个肾源,挽救了她妈妈的生命。这台节目播出后,得到中央电视台的重视,中央电视台曾多次播出这个节目。

在深圳电视台第一次播出这个节目的晚上,我是和徐桂春老师一同到宝怡家看电视的,电视台也来跟踪拍摄。在一贫如洗的宝怡家,和她、她病重的母亲一起看着一台九寸的电视。这时,我接到一些教育界领导、老师电话,他们一致称赞,说这是这些年来深圳电视台拍得最好的教育节目。第二天,6月12日正是周一,我们又作了标题为《弘扬宝怡精神,创造笋中美好明天》的国旗下的讲话。

没想到的是,电视节目的制作和播出也使笋岗中学收获满满。

首先是伍宝怡母亲发病九年的事披露的时间真有点不恰当!要知道,那年是宝怡初中毕业的时刻,披露的时间是4月份,离中考只有几个月,按常理对宝怡的中考不利。不仅如此,中考在即,我作为校长,不去抓中考,却一头扎进这样具体的事中,亲自操刀,似乎也是不明智的事。还有,后来电视台做节目,离月底中考没有几天了……但她班的学生都参加了拍摄,没有一人缺席,大家从下午开始一直忙到晚上拍摄完毕。当时,我还真有点担心,有学生、更可能有家长提出意见,让我不好处理,可这一切都没有发生。让我记忆犹新的,不是在镜头前和伍宝怡短暂的对话,也不是导演突然流下了眼泪(导演在拍电视时是不允许如此激动的),而是一位始终站在队伍左边的一位家长,最后拿出一个捐助箱,让我们大家捐款。别小看这一举动,真是更进一步一打开了为伍宝怡母亲捐助的大门……

不久，中考举行了，这个班的学生考得出奇好。这个在全年级八个班中，原本并不出众的班，却出了个全年级最高分，总平均也名列全年级第二。伍宝怡考了589分，最后录取到离她家不远的市属重点中学教苑中学。

二是，这件事发生后，更坚定了我们建设生本学校、建设绿色学校的决心。其实，作为任何一个校长和老师，都会把提高教育质量作为义不容辞的责任。谁都知道，家长最关心的是自己孩子的学习成绩。为了自己孩子成绩的提高，在那时校外培训机构还未兴起之际，不少家长会把希望寄托给学校。而学校抓得紧不紧的标志，家长眼中的标准常常只是：小孩家庭作业多不多，学校补课不补课。对于学校补课，主管的教育部门并不持支持态度，当教育部下达学校要"减负"的通知后，各校的补课便戛然而止了，当时还曾引起家长的一片哗然。

其实，对于补课，那时的学校也会有不同的看法。有识之士从来都是认为，从提高孩子们的学习成绩角度考虑，激发孩子们的学习热情，使孩子们能自觉地学习，才是根本。这时，我们加大了创建绿色学校和生本学校的力度。我们的团委和政教处在学校定期举办"梦幻舞台"；组织"绿色卫士"社团，在课后特别是午休时间进行巡逻；和边防武警部队取得联系，对问题孩子进行帮教；组织笋岗中学中学生形象大赛；积极组织学生参加刚刚在深圳兴起的读书活动，在深圳市首届读书月为深圳市青少年设计的"我们来读书""我们来藏书活动"中，全市中学生有39名学生获奖，竟有八名是笋岗中学学生；特别是在我们来读书——网上竞答活动中，笋岗中学学生荣获全部奖项……在取消补课后，我们根据自己学生的实际情况，利用双休日，组织学生练习广播操……精心设计、琳琅满目、丰富多彩的活动都使笋岗中学学生的综合素质得到很大的提高，自觉学习的热情也得到激发。

三是，这之后学校不断出现意想不到的新人新事。

就在宝怡这件事发生的同时，学校还有高三学生(最后一届)参加高考，高考后发生了一件事。

高考一结束，高三学生柯伟文陪父亲去上海看病，在广州乘飞机。飞机刚升空，伟文同学突然感觉有点不对劲，他举目透过弦窗向外一看，发现飞机上有部件正在向下掉落。他立即向乘务员报告，飞机也随即返航，一场可能发生的事故被避免了。

下机后，飞机上的乘客都向这位同学表示感谢。

那时，为安全过马路，我们的大门口修了座天桥。但桥造起来后为贪图方便，许多人还是喜欢横穿马路，甚至置危险于不顾，不惜翻越街中心的栅栏。其实，当时不仅我们这座天桥被冷遇，其他天桥也如此。为了整治这种情况，深圳市电视台发起了一项调查活动。2020年4月的一天，电视台派人到我们校门口那座天桥附近蹲了整整六个小时，特别是在上下班和上学时间，"抓"到了许多不遵守交通规则、穿行马路的人。但一查身份，却没有发现一个笋岗中学的师生，为此电视、电台和报纸都表扬了我们学校。

就在我刚退休不久，学校的另一位女同学又上了北京的电视台。事情非常简单，也十分一般，只是女儿在见到她父亲时，当着同学面喊了一声爸爸而已。

笋岗中学到市体育场，步行有一条最短的路，这条路要穿过一个桥洞。二十年前深圳的许多桥洞都有人摆摊干活，这个桥洞里有一个修自行车的人，他是笋岗中学一位女同学的父亲。

有一天，这位女同学所在班级全体同学到市体育场活动。步行穿过桥洞时，穿着笋岗中学校服的队伍，引起她父亲的注意。很快，她父亲看到自己的女儿也在队伍里，怕女儿在同学面前丢面子，立即低下了头。但孩子这时已看到自己的父亲，并毫不犹豫地喊了一声爸爸，引起周围同学的惊叹。

这么一件小事，居然引起同学家长的注意，有人立即与媒体界的朋友联系，拍了一个片子送到北京的电视台。片子播出后，还真引起了人们的关注。

当我们享受生本教育带来的喜悦时，到现在，我还常想到建立这一教育体系的郭思乐教授的辛勤付出，想起笋岗中学和全省那么多所实验学校一起为实现生本教育所做出的努力。

生本理念(又称生本教育理念)，是指"真正以学生为主人的，为学生好学而设计的教育"。什么是生本教育？生本教育是以学生为本，以生命为本的教育。人们普遍认为，"一切为了学生，高度尊重学生，全面依靠学生"是生本教育的最好诠释。而《教育走向生本》一书的作者，生本教育的积极研究者和倡导者，曾任华南师范大学研究所所长的郭思乐教授则指出，"生本教育就是为学生好学而设计的教育，区别于为教师好教而设计的教育，为教师好教而设计的教育是师本教育"。

在笋岗中学，我认识了郭教授，很快被他提出的"教育生本理念"所折服，并立即带领笋岗中学参加了他生本教育的研究课题项目。

在生本教育的实验中，课堂教学是一个主战场。几年中，笋岗中学在这方面没有少花工夫。在课堂教学中，我们做了什么？《中国教师报》上我们学校教师发表的文章片段或可做说明。

如何设计出一个鲜活的话题，在上好话题作文指导课上，教师各有千秋。但毋庸讳言，也有少数教师对此不得要领。在指导作文话题时，既无整体序列，也无统筹计划，甚至临时拼凑，想当然出个题目。这些话题大多陈旧、单调，不切学生实际，自然不能激起学生的作文兴趣。

其实，何不办个"焦点访谈"，通过各种途径引导学生围绕社会"焦点"问题命题，来激发和保持学生的作文兴趣，培养学生的写作能力和写作习惯。

再请看2002年我在国旗下讲话的摘录：

上周五，我们成功地举办了全校首届"生本学习"课例研究报告会。课例论文集汇集了39名来自几乎所有学科老师的心得体会，反映出的不只是大家的水平，而且是对于学生的一片真诚，对学校争创省一级学校、对罗湖区争创教育强区的支持。

无数事实说明，生本教育是一种成效显著、深受欢迎的教育。但毕竟形成的这一理论时间不长，研究还不够深入。但我相信，在未来，会有更多的地区、更多的学校、更多的师生加入研究行列，使生本教育结出更丰硕的果实。

"笋岗桥"之四：

深圳市第一操

图3-4 笋岗中学广播操被誉为"深圳市第一操"

近日整理材料时，翻到罗湖区教育局印刷的一本《罗湖教育强区之路1996~2002》，上面印有一张笋岗中学的大幅照片，标题是"被誉为'深圳市第一操'的笋岗中学广播操"，激起了我对往事的回忆。

做广播操，对正常上课的学校来说是非常平常的事。除了下雨天，几乎每个学校每天必做，只是当时的笋岗中学做操做出了新意。

那一年，为了贯彻教育局的要求，笋岗中学和其他学校一样，立马停止了节假日补课活动。随后，因学校要举行广播操比赛，各班利用课余时间开始练习广播操。

经过策划，我们别出心裁，提出为了抓好每天的全校广播操活动，利用节假日全校集体练广播操。谁知这一活动惊动了市教育局体卫艺处，他们因势利导，组织起全市广播操达标活动。为此，许多学校，包括市属重点学校的领导和老师们都来笋岗中学参观。学校的广播操当时一举成名，被公认为"深圳市第一操"。2002年广东省运动会开幕式在深圳举行，还特地邀请笋岗中学组织千人，在开幕式上做了表演。

实话实说，笋岗中学的广播操成名，以及后来被评上国家级绿色学校，顺利通过广东省省一级学校的评估，都和"减负"休戚相关。

2001年，深圳市教育局提出中小学要"减负"，不允许节假日在学校补课，要求学校不折不扣地执行。

关于"减负"，校长们是再熟悉不过了。

市教育局下达要求"减负"的要求后，我立马停止了学生节假日补课。不过，考虑来考虑去，觉得像我们这样办学一般的学校，要想提升办学质量，还是要想想点子的。那时，我们已在学校开展创建绿色学校活动。我知道，绿色学校说到底，就是要建立人和自然之间的和谐关系。我当时确实认为，当一个学生不热爱大自然、不热爱自己的家园、不热爱生活、不珍惜自己的生命，整天萎靡不振，怎么会喜欢学习？又怎能指望他们把学习成绩搞上去。一些专家朋友曾不止一次提醒我，现在非智力因素对孩子的影响已大过智力因素了，对这个观点我非常赞成。恰巧，这时体育教研组长找到我，谈关于举行学校广播操比赛的事，我立即意识到，机会来了，抓广播操。其实，在这之前，我曾带队到抓广播操比较好的蛇口小学考察过。蛇口小学在老校长的带领下，学校广播操一直做得比较好，学校声誉也比较好，那次参观给我留下了深刻的印象。

这时，我决定一不做二不休，要利用星期天让全校学生练习广播操，把每天全校必做的广播操做出点样子来。其时，我还有个重要想法是，抓好广播操，不仅让学生在课间活跃身心，而且通过做广播操，帮助学生提升注意力。我认为，在难以吸引孩子们注意力的大操场，如果能提升孩子们的注意力，可能会正迁移到小课堂——教室。

任何一件事，说起来容易，做起来难，特别是做一件常人不太做的事，更是如此。面对各种议论，首先是要让学校管理层心悦诚服地做这件事。为此，我立马组织一些相关同志外出考察。早就听说,魏书生所在的学校广播操做得不错,于是我立即联系他并告知原委,他欣然同意了。

他给我们的考察团传授了许多宝贵的管理经验,对我们后来办学很有帮助。后来,经他介绍,我们的人又去了大连24中参观,大家都是满载而归。有趣的是,他们校长让我们的考察团带了一件印有24中的运动衫送给我,我还常在家穿,二十多年了还没穿坏!

令人高兴的是,此行清除了我们在学校利用假期做广播操的障碍。假日的补课任务由体育老师手里转到班主任手里,假日补课不再收钱。这样做,大部分家长赞成,教师也拥护,只是有点委曲班主任。但后来,预想的正迁移居然真的成功了,学生们的精神面貌改善了,书好教了,班级也好管了,班主任也乐呵呵了。

"笋岗桥"之五：

她带着儿子去支教

图3-5　笋岗中学帮助建成贵州省绿色学校的广顺中学向笋岗中学赠送锦旗

　　深圳市一贯重视扶贫工作,对教育帮扶工作也一直抓得很紧。这使我想起二十年前深圳市在教育帮扶工作上的一个大动作。那时,罗湖区教育系统帮扶的重点是贵州省长顺县,我所在的笋岗中学便和长顺县广顺中学结成对子。我们首先去广顺中学考察,了解他们的情况和需求,找到我们帮扶工作的切入点,拟定帮扶计划。

　　我们从发动师生捐助入手,帮助一批失学学生重返校园;向对方捐助物资;派中层干部去广顺中学支教,广顺中学的老师来我们学校交流学习等。当时笋岗中学的信息化建设和绿色学校创建工作都做得不错,在深圳较早地建成校园网(1999年),较早地成功创建绿色学校(2002年创建国家级绿色学校),逐渐形成"绿色、数字、生本"的办学理念。很快,笋岗中学就把这一理念用到对广顺中学的帮扶工作中，让他们也成为贵州省较早建成校园网的学校，较早建成地区和省级绿色学校。对于笋岗中学的帮扶工作，罗湖区政府给了较高评价。提起这段过往，有一段故事必须提起。

2000年，笋岗中学与广顺中学结成帮扶对子后，随即开展工作。为了增强帮扶的效果，笋岗中学决定派出一名代表常驻广顺中学。谁去？学校正在难以决定时，张雪梅老师来报名了，她还提出，带着上初中的儿子，让他一边上学，一边当妈妈支教工作的助手。她带儿子去，还想让儿子在当时贫困的农村，吃吃苦，锻炼一下。在征得她爱人的同意后，我们接受了她的申请。张老师是四川人，是中学语文高级老师，先在罗湖怡景中学任教，1992年支援新办学校，来笋岗中学担任教务主任，同时也教书带班，对笋岗中学的发展做出了贡献，受到师生爱戴。

去广顺后，他们就住在当地老师家，生活条件与深圳相比，差了很多，但她毫不介意！作为笋中在广顺的大使，她在落实帮扶各项工作上做了大量工作；作为一位优秀的中学高级教师，她不但亲自上示范课，而且还利用节假日到辍学学生家中做家访，动员学生回来上学。我们学校还根据她的信息，组织教师和深圳社会热心人士提供捐款，资助困难学生。广顺人们对她十分感谢，对她的工作，深圳和贵州的媒体都做了报道。遗憾的是，她有一次在广顺摔了一跤，腿出了问题。后来在检查治疗中，却发现是癌症，最后离开了我们……

"笋岗桥"之六：
一段难忘的启示

图3-6 时任笋岗中学全体中层以上干部合影留念

这是发生在2002年的一段真实的故事。

那一年上半年的一天，办公室的电话铃响了。我毫不经意地拿起电话一听，才知道是市教育局督导室打来的。电话那头的信息，让我惊呆了。但我很快回过神来，给了领导一个满意的回答："好的！谢谢。"

这个使我吃惊的电话到底是什么内容？

督导室第二天将来我校检查省一级学校评估材料，这也可以说是省一级学校初评吧。这么正常的电话，怎么能让我这个在学校工作了几十年，且当了二十年校长的人惊呆呢？这里面究竟有什么隐情？

事情是这样的。我调到笋岗中学任职后不久，学校通过区一级学校复评，之后又顺利通过市一级学评估。其间，我们还成功地创建市一级绿色学校、省绿色学校，还把绿色理念用到扶贫工作上，帮助贵州长顺县广顺中学成功地创建成贵州省绿色学校。在马不停蹄做了大量准备工作后，我们开始申报省一级学校，好让学校再上一个台阶。

要评上省一级学校，要接受严格的评估。为了迎接评估，除了要做大量的实际工作外，还得按评审要求，准备好评估材料。但是，接电话时，我们的档案室里只存有市一级学校和省、市绿色学校的材料。省一级学校的评估材料，我们一份也没有。第二天领导来看，不是要出大洋相了吗？

省一级学校的评估申请报告早就送到市局了，送报告的办公室主任随后去贵州支教了，评估材料的准备工作被疏漏了，责任自然在我身上，但显然当时不是追究责任的时候。

接完电话，我立即召开紧急会议，把在紧急情况下做出的决定布置下去！

这个决定是：立即让店家送一台新复印机到学校，晚上相关人员加班，紧急按要求制作好材料。即便如此，要在一晚上，从学校的档案材料中找出符合所需项目的材料，然后复印出来，装数十盒并为每盒打印目录，这并不是件容易事啊！总之，在一个晚上要完成正常情况下数月才能完成的事，真有点天方夜谭了！

不过，我敢于做出这个决定，确实是因为我是有足够底气的！

我的底气是，当时我们学校经过严格的评审，已经成为深圳市不多的广东省档案管理特级单位。省督导评估的材料，肯定从里面找得到。

说起这事，我得感谢一个人，那就是深圳市教育局当时负责档案工作的领导、我的安徽老乡洪其华。他从安徽省教委调来深圳市教育局工作后，一直对我十分关心，经常对我的工作给予指导和帮助。有一天，他又给我出主意，让我申报广东省档案管理特级单位，并且告诉我，金式如当校长的实验学校就是省档案管理特级单位。接着，我们开始提出申请，按要求严格整理材料，经过努力后申报成功。

终于我们尝到了广东省档案管理特级单位的甜头。当天晚上，我们一鼓作气，成功地制作好省一级学校的评估材料。有趣的是，第二天督导评估组先去了另一所学校检查，我们得以对已形成的材料做了复查，这才舒了一口气！我们连班都没有加了。第三天,大家精神饱满地迎接了检查。

过了几天,检查结果反馈来了,我们笋岗中学的材料准备工作受到夸奖。后来,据说在评估组知道我们准备材料过程中遇到的惊险后,还准备把获得档案管理特级单位作为评省一级学校的一个重要条件,只是难以实施,未能如愿!

不久以后,我们笋岗中学顺利地通过省一级学校的评估。评估组对我们的创建工作和材料准备工作都给予了很高评价。

这段难忘的经历的本身,即使解危为安,也是不值得多提的!但我却对这件事总是念念不忘,大有不吐不快的感觉。为什么呢?

无论是一个国家、一个城市、一个单位,都需要建立自己的档案。古往今来,一直如此,这是不争的事实。一个单位、一所学校,也会有档案室,而且都有派人专管或兼管,这也是众所周知的事。然而据我所知,二十年前,在中学里,管档案的人极少是由上过大学的档案管理专业人士担任的。也很少有档案人员参加过档案管理机构的正规培训,因此普遍管理水平不高。于是乎,反倒是评等级学校推动了学校档案管理工作的规范化。不过那个时候的学校领导对时常遇到的检查评估,对每次要准备的受检材料感到头疼,其原因和材料的收集整理困难不无关系。而我了解的实验学校金式如校长,却不会有如此感觉,那就是因为他重视档案工作。据说,他每次讲话、每张手稿都被保存下来了。不仅如此,他早已接受广东省档案馆的评估,成了广东省档案管理特级单位,接受再多的评估和检查,他也是毫不畏惧的。而我以金校长为榜样,也让我们学校评上档案管理特级单位,终于也尝到解危为安的甜头!

提到档案管理,我相信还有一所学校做得不错,那就是现在的深圳市科学高中。我并没有参观过尚强校长的档案室,却敢这么肯定地做出如此评价,乃是因为尚校长自己从小就注意保存自己的资料。科学高中建校初期,学校食堂外的广告栏里就有他保存的资料展示。除了他十七岁开始撰写并出版的书稿外,还有他上师范时画的画稿,画稿上还有美术老师打的分数。那天和他在一起,还听他讲过一件趣事:他在师范上学时,有一次他的同学把经老师批改的一幅画不经意地扔进垃圾桶,他看见后却把它拣出来,保留下来。几十年后,这位当了领导的同学来深圳他家玩,看到自己这幅几十年前画的、被随手丢弃了的作品,感慨万千!由此可见,科学高中的档案管理工作必然是极好的了。

"笋岗桥"之七：

教授周顺彬引我走进绿色学校

图3-7　欢迎周顺彬教授给学校老师讲课

  时光荏苒,日月如梭,一直在广东省教育厅工作的周顺彬教授居然也在九年前退休了。周教授是学地理的,毫不夸张地说,他是我省地理学科的教头。他在任职期间,几乎走遍我省每一个地区的学校,抓教师培训,培养了一批专家学者型教师。20世纪90年代,我国环保和教育部门开始抓学校环境教育,他理所当然地成为广东省的领头羊,也正因为如此,我这个学数学的,本来和他难有交集,也因之和他相识并成为好朋友。我非常感谢他,是他把我引入创建绿色学校的大门,我才能把绿色、数字、生本理念引进笋岗中学,使我担任校长的最后一站圆满完成。

  周教授的退休生活仍然和地理,和他热爱的环境教育事业相关。他除了四处游览,还不忘用他的广博学识为广大教师服务。2020年6月22日,他和相关科普教育单位,举办了一次日食观测培训活动,让老师们得到了锻炼和收获。既与大自然亲密接触,又学到了实用的人文和科普知识,还为日后学生的研学活动留下了宝贵的资料。在活动结束后,他兴奋地用网络发声:这是绝对值得向朋友们推荐的活动!

与周教授的相识,我得从头说起。2000年,中宣部、教育部、环保总局等三家单位,在深圳市银湖举办了一次表彰大会,表彰全国各地推荐的一百所中小学,授予他们"全国绿色学校"的称号。至此,掀起了全国中小学创建绿色学校活动的热潮。记得当时,深圳市原来仅有一个受表彰的名额,只推荐了华侨城小学。考虑到在深圳市举办全国颁奖活动,大会提出要参观深圳市的中小学,已被推荐受表彰的华侨城小学当然在参观之列。中学呢?深圳市想到当时已有盛名的实验学校,考虑到要去参观,于是大会临时决定,也授予实验学校"全国绿色学校"称号。

当时,闻讯要举行全国表彰会,我立即申请派人旁听会议,会后还特地邀请广东省环保专家周顺彬教授到我们学校指导创建工作。这以后,周教授指导我们笋岗中学成功地创建绿色学校,让我们一步一个脚印,由市绿色学校、省绿色学校到国家级绿色学校。

在听了周教授的报告后,笋岗中学绿色学校的创建工作拉开了序幕。根据他的建议,我们认真学习了国家颁发的《全国环境宣传教育行动纲要(1996~2010)》,进一步提升了对创建工作的认识。在决定创建绿色学校后,我们更是加大了绿化、美化工作的力度。经过一段时间的努力,一个以两千平方米的楼顶花园、多物种的生物园、多功能的地理园、大片花地、塑胶跑道和绿茵操场为代表的校园绿化小区建立起来了。学校经过整治,绿化、美化程度在同类学校中已迈入先进行列,引得同行们的称赞。记得有一次,时任广东省教育厅副厅长的刘达中也来到我们学校。他在学校转了一大圈,听我介绍时,只是频频点头。多年后,他担任广东教育学会会长,我被聘为副秘书长。说起当年到我们学校的事,他告诉我,当时就对学校和我有深刻印象。

这之后,我们全体师生一直在提高自身环境意识、加强对周边环境监督、加强环保宣传工作上努力做工作。我们知道,这才是绿色学校的最重要的内涵。我们在学生中成立了绿色卫士组织,课余巡视校园,检查并解决学校环境中的问题,在校内外进行环保宣传。笋岗中学位于特区北边的边缘,这里居民区很少。由于建设特区需要,这里时不时加工对空气污染严重的沥青,后来虽限时生产,但对笋岗中学师生和周边居民的影响仍旧不小。为此,我们在创建过程中,向有关方面积极反映,经于促使搬迁工作提早实现。《春天的故事》的词作家蒋开儒,他被我们创建的热情所感动,受邀特地为我们写了一首歌词,后来我们又请著名的孟小岱老师谱了曲,请中国少儿合唱团演唱并出了光碟……

绿色学校的创建,大大促进了笋岗中学的发展。整整四年时间,学校从区一级学校复查不过关,一步一个台阶,评上市一级学校、省一级学校。在学校不给补课的年代,学校组织学生利用节假日练广播操,培养孩子们在大操场上的注意力,从而提升他们在小课堂的注意力。绿色的草地、整齐划一的广播操被记者在楼顶花园拍摄下来,成为永久的纪念。我们的广播操正式成为"深圳市第一操"后,在2002年深圳举行的全省运动会的开幕式上进行展示,一千多人的精彩表演给观众留下了深刻的印象。终于,由绿色牵头,形成的绿色、数字、生本办学理念引导了当时的笋岗中学迈上新的征程。

第四辑

竞赛路

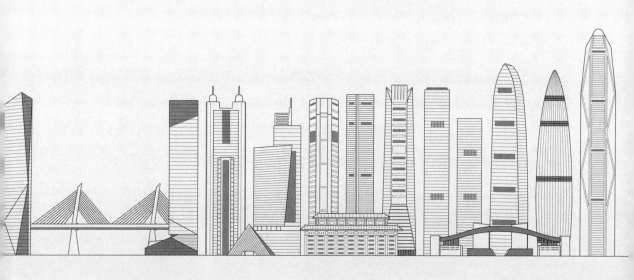

"竞赛路"之一：

奥数国家队教练尚强校长

图4-1　尚强在深圳科学高中学生会上讲话

　　有媒体在2019年这样介绍尚强和他带领的学校，"在深圳有一所神奇的高中，从无名小辈到直追深圳十大高中。五年前，她还是一所名不见经传的新学校，五年后她的排名已直追深圳十大名高中。是谁有这么大的魄力，短短五年间，使深圳科学高中从强手如林的深圳高中竞争中，脱颖而出，赢得社会和家长的口碑。"

　　自尚强2014年到深圳科学高中(以下简称"科高")任校长以来，科高在他的带领下，重点率逐年攀升，到2018年，科高的重点率更是直追深圳市民心目中的"十大名校"。

　　2014年5月4日，深圳市教育局在科高召开了全体教职员工大会，宣布了深圳市教育科学研究院院长尚强任深圳科学高中校长的决定。

尚强是深圳市教育科学研究院(以下简称"市教科院")主要创建者和首任院长,市教科院是市教育局的直属部门。在外界看来,市教科院是实现抱负的更好平台,然而身为院长的尚强却不这么想:"我还是喜欢教书。"怀着理想,尚强义无反顾地投身到科高的建设中来。当时,科高只是一所开办不到两年,名不见经传的新学校。

为什么愿意放弃院长的身份,从教科院来到一所普通高中任校长?

回想当年的情景,尚强说:"作为一名数学教师出身的教育工作者,我希望能继续在教学一线、教学实践上做些贡献。主持全市教研工作多年,我也希望把科研成果应用到教学和管理中去。校长的岗位很神圣,我想在这做思想的引领者。"

尚强自小酷爱数学,尤其喜爱平面几何。十七岁,当他还是一个安徽芜湖教育学院的学生时,他就以惊人的毅力,将梁绍鸿先生《初等数学复习与研究(平面几何)》一书的习题全部做完。1981年,他出版了名叫《初等数学复习及研究(平面几何)习题解答》的图书,该书于2009年再版。

南京师范大学教授,我国著名数学家单墫曾夸奖尚强说,"他对于几何证明的理解,显然高人一等"。

尚强刚去科高当校长时,在2014年的某一天,我第一次去科高看望他。他带我在学校转了一圈。在学生食堂的宣传栏上,我看到他出版的这本书的书稿的部分复印件,还有他上师范时的美术作业。我认真看起来,边看边问,尚强则不停地回答。当我看到,他保存的那本几何习题集答案的插图时,被一张九点共圆的图所吸引。我知道,那时穷学生一个的尚强是不可能拥有高档的绘图仪器的。我正想问他这样精密的图形,用过去两角钱的圆规是怎么画出来的时,他已抢先告诉我,用筷子捆绑在圆规上画。听到这,我都傻了……

作为一个数学系毕业,并且成绩还是比较优秀的我,在上大学时,才从图书馆借过梁绍鸿翻译的那本世界权威几何学家的习题集。原书的作者不自己出习题集答案,只是想给喜欢几何的学生以很大的思考空间,去品味自己解出难题的乐趣。不过,这本书上的题目个个都很难,那时,我觉得太难,没敢去解。但是,当时还没有上大学的尚强却把它们一个不漏地解了出来,简直不可思议!

尚强从芜湖教育学院毕业后,一步一步攀登上数学领域的更高的山峰。这不,他在马鞍山当老师,当教研员时,曾组织和辅导学生参加数学竞赛,屡屡获奖,引起

安徽省教育厅的关注；他曾为我国数学奥林匹克竞赛队出过几何题，为此受过国家表彰；他当过我国奥林匹克数学竞赛代表队教练，那次全国一共只聘了十位教练，其中九位都是大学教授，唯有他是数学教研员。

当尚强还在马鞍山工作时，他曾受深圳中学的邀请，来深圳举办数学竞赛讲座。调入深圳中学工作后没几年，他亲自培养的学生韩嘉睿，通过层层选拔进入奥林匹克数学竞赛中国国家队，在当年的世界数学奥林匹克竞赛中荣获金牌，为国也为深圳争了光。这是深圳创市以来第一次获得这样的殊荣。据说当时市里的主要领导还亲自到机场迎接他和他的学生，从机场回来时，他们还享受了警车开道的礼遇。

我也是学数学的，对数学和数学竞赛情有独钟，在多年前也开始发表论文，还出过书。但与尚强相比，我深感不如。著作的含金量不如他，辅导的学生参加竞赛也未跨出过省门，在1985年，我被聘为第一批全国奥林匹克数学竞赛国家级教练员，这样的教练员全国有一百多名，而他是全国只有十名的国家队教练。

我俩在无意中还"比试"过。我清楚地记得那是他在深圳中学工作时，我和他同车去参加一个活动。车开到滨河大道正转弯到滨河中学时，不知车上谁向我问起一个二次型难题，我想了一会，给出了解答，而在一旁的他却给出了我意想不到的、更灵巧的解法，这让我不能不佩服。

正是努力，使他在进入深圳后很快成为深圳教育界的名人。1995年尚强才调入深圳，但在2001年深圳市档案局编撰的《深圳创业者肖像摄影集》中，作为教育名人，他名列榜首。其他两名是名校长金式如、龚国祥。

尚强当了科高校长后，主动建了好几个和家长联系的微信群，家长有问题提出，他总能及时回答。尽管每天要巡视课堂，走一趟就是好几千米，一天常常要巡视两三次；尽管常常找学生聊天；尽管还要写美篇，他有多少粉丝我不知道，但我知道，他的美篇已有百万人点赞(是他教会我使用美篇的)……他真的忙得不可开交！但他仍然不忘继续研究数学问题，仍然不忘继续写书。他还和胡炳生教授、季志焯教授合作出版了又一本新书——《数学文化和文化数学》。他在这本书上写道：

安徽师大胡炳生教授，是我四十多年来的恩师，他已经八十三岁仍然活跃在数学教育战线。我们兴趣相投，什么样的师傅带出什么样的徒弟，我们都喜欢写点文章和书，其实我们写书"没有意义"，不评职称什么的，也没有"利"，因为三年写出来的一本书的稿费不及我们半天的讲课费。但是为什么还要挖空脑筋写？我们一致认为，人活着要尽量努力做一点有意义的事情。因为很多青少年怕数学，导致不喜欢数学，恶性循环。我们想通过大量事实告诉青少年，数学是很美的，进去了就不难！

听了尚强这番话，你就不难理解他不想在深圳市教育科学研究院继续当院长，而主动要求到学校搞教育的初衷了。原来，他是要用他的超级数学头脑，直接为学生服务！

尚强在科高当校长已有八个年头了，正如媒体在2019年所报道的那样，科高在他的带领下，从第一届参加高考就实现了"低进高出"（这是了不起的事）。目前，科高已稳居深圳新十大名校行列。是什么原因，让尚强取得这么骄人的成绩？我想无非是，他有一颗非同一般的数学头脑，正是在这颗大脑的指挥下，他用惊人的毅力，战胜一个又一个常人难以想象的困难，取得一个又一个成功。现在他又以办好科学高中，再解一个如何把科高办成一所深圳了不起的学校的难题，谱写自己人生又一壮丽的诗篇。他已经获得成功，必将获得更大成功！

"竞赛路"之二：
信息学教练江涛

图4-2　江涛在会上发言

江涛真是一个传奇人物。一个小时候在一次发射土火箭而失去双手的人，克服难以想象的困难，读完了初中、高中、大学，分配到芜湖一中当了一名计算机教师。然后，又努力拼搏，创造了常人都难以实现的奇迹，还留下了一串串生动的人生故事，这不能不让人佩服！

青少年信息学(计算机)奥林匹克竞赛是经国家教委批准，中国科协具体领导中国计算机学会主办的比赛，与数学、物理、化学和生物并称中学五大学科竞赛。在全国信息学竞赛中获得较好的名次，将有机会保送北大、清华等一流名校。

江涛老师是全国先进工作者，曾获国务院政府特殊津贴、全国五一劳动奖章，先后任芜湖一中、石门中学信息学特长生培养教练，获中国十佳信息学教练、全国优秀科技工作者,教育科研优秀成果一等奖;并在佛山南海任总教练,打造小-初-高人才培养通道。2013年,他开始独创图形化、游戏化编程教学课程,成效显著,为国家输送了大量人才:在芜湖一中任教期间,由他担任专职教练的校队,十多次蝉联省团体冠军,并代表安徽省队两次获全国赛(NOI)团体冠军、三次获亚军、两次获季军。他的学生有三十多人获全国赛(NOI)一等奖,两百多人获全国分区联赛(NOIP)一等奖,二十人次进入国家集训队,七人次代表中国参加国际信息学奥林匹克(IOI)比赛,并获两金四银一铜的好成绩。这些学生中有近三十人进入清华大学深造,其中九人入选清华"姚班"(清华学堂计算机科学实验班)。

到佛山市南海区石门中学之后,江涛老师在南海区倡导并构建了信息技术教育中小学"共同体",破解了学校孤立、学段封闭对学生衔接发展的限制,让佛山南海区信息学特长生最大限度地共享全区优质师资和学习资源。2007年至今,南海区信息学奥赛成绩长期保持全省前三甲;近六百人获全国信息学联赛一等奖,超过广东全省获奖人数的四分之一,五人入选国家集训队,并获一枚国际信息学奥赛银牌。近五年,在江涛老师的培养下,共有近两百名信息学特长生获全国多所名牌大学自主招生报考资格并顺利入读全国"双一流"高校。

回 归

2021年,芜湖一中知名校友、全国知名信息学教练江涛老师从佛山南海回到他读书和工作过的母校了。芜湖一中"江涛名师工作室"也正式启动了。

芜湖一中党委书记、校长李平同志在工作室启动仪式上致欢迎词,他对江涛老师在信息技术竞赛方面所取得的辉煌成绩作了高度评价,并表示引进高端技术人才、提高教师队伍综合素质既是教育发展的客观要求,也是芜湖一中发展的迫切需要。为此,芜湖一中对工作室的活动一定鼎力支持,并提供有力保障。

相 遇

我来深圳后,和在芜湖一中工作的江涛一直没有联系过。他来广东工作后,我去佛山和安师大校友聚会,在得到他的电话后与之通话,除问候,也想见他,但他太忙,未能相见。后来,芜湖一中离休干部、老教师罗照平在广州病故。按国家规定,离休干部故去,单位领导应有人参加告别仪式,但那时正值春运高峰,交通不畅,当时的校领导和我商量,请我这个芜湖一中老领导做代表,我答应了。江涛是罗老师女儿的同学,也去了,我们在那里相遇,匆匆之间,才简单了解他来广东工作的情况,佩服之心,更是油然而生。我为芜湖一中、安徽师范大学培养出这样的优秀人才而高兴。

知　恩

一个人的成长离不开伯乐,更何况一个从小就严重残疾了的人。江涛之所以有今天,离不开一个人,那就是管德明主任。当江涛进入一中读书时,管主任(时任芜湖市教委主任)就特别关注他,帮助他。在他高考考出优秀成绩,忧心于没有学校录取时,又是管主任从填写志愿到找录取学校,都亲力亲为给予帮助。这也难怪,当时,大学还包分配,一个几乎不能自理的孩子上学,学校就够麻烦的了,要是毕业后无单位接受,岂不更麻烦? 这些问题,管主任都一一帮助解决了。1986年,江涛大学毕业,芜湖接受了他,并把他分配到我们芜湖一中任教。

故　事

年少气盛

十五岁制土火箭时遇爆炸失去双手。

20世纪70年代末,科技活动风靡全国的大中小学校园。当时,正在上初中的江涛也不例外地成为科技实验迷。一次,江涛和他的老师一起,做起了造火箭的实验,没想在实验时发生意外,火箭爆炸,江涛也从此失去了双手。那时他只有十五岁。

重燃信心

"人到了那一步,总会要想办法适应。"

失去双手后,江涛曾经彷徨过,也犹豫过,身边的亲戚也曾劝他放弃学习。"那段时间,老师和同学给了我很大帮助。"自身的求知热情,也让他坚定了继续学习的信念。这时,他面临的最大挑战是中考。江涛的学习基础十分扎实,因此文化课的考试对他而言不算难事,困难的是如何将答案写到试卷上去。

"刚开始时,我以为自己一辈子都写不了字了。"为了迎战中考,江涛随家长特

意到上海配假肢。"那时候是夏天,安上假肢后,写一个小时的字,可以盛一碗汗水。"江涛说,即使很辛苦,但是终于能够再次提笔写字,还是挺庆幸的。在假肢的帮助下,江涛顺利完成了中考,并考上了当地重点中学芜湖一中。

上了大学后,已经习惯了无手生活的江涛,开始训练不用假肢写字。如今,江涛已经能灵活地用手臂使用键盘、打手机、写板书,其灵活度跟常人无异。

回忆起这些往事,江涛一脸的平静:"其实没什么,人到了那一步,总会想方设法地去适应,求生存。"

"竞赛路"之三：

一所值得称颂的学校

图4-3　深圳耀华学校的校长肖甜和她的学生曹原

2021年，在距离中高考还有两个月时，深圳市福田区耀华实验学校一名十四岁的初三学生，却不用再为中考、高考备战了，因为他已经被清华大学破格提前录取。

事情是这样的。清华大学于2021年首次开展丘成桐数学科学领军人才培养计划。耀华实验学校初三的十四岁少年程大拙成功入选，全国共有两名初中生入选，广东省只有程大拙一人。

据耀华实验学校介绍，祖籍湖北，在深圳南山出生与成长，在小学时数学就很优秀的程大拙同学，于2018年9月1日入读深圳市耀华实验学校数理学院的全球华人数学班。初一开学前的暑假，在这个班，经过两周的预科集训营培训，他以优秀的成绩脱颖而出,被选为代表参加了2018年的华罗庚金杯数学大会。

这以后,他初二拿到信息学奥赛的省二等奖,初三获得数学高联三等奖,并开始自学大学课程。

耀华实验学校确实不简单:2010年,一位初三学生参加高考,以669分被中科大少年班录取。这以后,这位同学成为记者追踪报道的热点人物。他就是耀华实验学校培养出来的曹原同学。

关于曹原,那时在媒体上刮起了一股强烈的"旋风",媒体的报道接踵而来。

当时的《深圳晚报》报道:

年仅二十五岁就在《自然》上发表了七篇论文的曹原又来了!北京时间4月16日,曹原又以第一兼通讯作者的身份在《科学》上发表了一篇论文。

而此前,他已经在《自然》上发表了7篇论文。最近的一次仅仅在九天前,他于4月7日发表了第七篇《自然》论文。3月31日,曹原以共同一作兼通讯作者的身份,在《自然》发表了第六篇论文。……

在约半个月的时间里,连发两篇《自然》论文,一篇《科学》论文,这股"曹原旋风"已经势不可挡。

曹原出生在四川成都,三岁时跟随父母来到深圳。2007年9月进入耀华实验学校。在耀华实验学校(以下简称"耀华"),曹原度过了自己的"非主流青少年时期"。学校组建了最优秀的教师团队,免除了一切学费,对曹原等几位学生进行"超常教育"。

就这样,曹原的探究精神在耀华得到"加倍呵护"。他用三年的时间完成了小学六年级、初中和高中的课程。

2010年,曹原提前参加高考,以669分的高考成绩考入蜚声中外的中国科学技术大学(以下简称"中科大")少年班,并入选"严济慈物理英才班"。

2014年,曹原从中科大毕业时获得该校本科生最高荣誉奖——郭沫若奖学金。之后,他前往美国攻读博士学位,师从石墨烯领域的大师——帕布罗·埃雷罗教授。从此,开始了他的"开挂人生"。

一所民办学校居然培养出一个又一个国家的栋梁,惊动了深圳,惊动了广东,甚至惊动了中国。这无可辩驳地说明,耀华是一所值得称颂的学校。使我感到高兴的是,我居然在这所学校刚刚开办不久,就建立了联系,从而有机会开始近距离接触到这所学校,见证了这所学校的成长过程。

我与耀华邂逅纯属偶然。记得那年,我们深圳市教育学会要举办活动,需要借用一所交通方便、条件好的学校。正在一筹莫展时,当时的深圳市教育局艺术委员会的秘书长,我们学会体卫艺专委会的主任徐沛然告诉我们:"有个学校叫耀华,不错,可以去看看。"去了一看,我们的会长非常满意,耀华也很热情,非常欢迎我们,于是我们很快成功地举办了这次活动。

打这以后,学会加强了和耀华的联系。那时,开办没几年的耀华和"华杯赛"组委会关系很密切,并迅速地成为"华杯赛"在深圳的骨干。正在那时,"华杯赛"组委会批准我们教育学会负责"华杯赛"深圳赛区的初赛和决赛工作。这时,耀华实验学校又主动为深圳赛区提供全部资金、场地、人员支持(这可不是一般学校愿意做的事),我们便一起开始组织全市的公益性赛事,一起开始组队参加"华杯赛",一做就是十一届。围绕着数学竞赛,耀华又思路大开,在数学上乃至在学校发展上又大做文章:实验班、双语教育、超常教育、华人数学班、国际教育……加上严格的管理,一个高层次、立体化的育人环境逐渐形成,从而大大推动了耀华的发展,使其迅速上了一个大台阶。如此下来,培养出高层次人才岂不是顺理成章的事。

2017年11月24日下午4时,中国华文教育基金会与深圳市耀华实验学校在人民大会堂重庆厅签署八千零九十万元的五年项目合作协议,共同开展全球华人青少年数学大赛和设立全球华人耀华少年数学班。深圳市耀华实验学校董事长田贵联与全国政协港澳台侨委员会副主任、中国华文教育基金会理事长赵阳签署了合作协议,并向中国华文教育基金会秘书长邱立国递交了捐赠牌。

中国华文教育基金会与深圳耀华实验学校的合作始于2011年,首次合作的项目是设立中国华文教育基金会"耀华奖学金"国际班,旨在培养今后能够服务于海外华社的高素质人才。该项目由中国华文教育基金会面向全球招收优秀的海外华裔初中毕业生,由深圳耀华实验学校出资完成三年的高中教育,并进入中国重点大学深造。第一期一百名学生已全部录取，进入中国前八名的大学深造。

开展中国华文教育基金会全球华人青少年数学大赛，设立全球华人耀华少年数学班，是参与"一带一路"建设的新举措，是促进海内外华人青少年友好交流的新模式，是弘扬中华文化、传承华夏文明、展示新时代中国风采的新平台，也是为构建人类命运共同体而做的一点新探索。

"竞赛路"之四：

学校科技节

图4-4 深圳市高级中学南校区科技文化节开幕

深圳市高级中学南校区举办科技文化节，具体负责这项工作的丁辉老师邀请我去参加其中的一项活动，我很高兴地接受了邀请。

这次科技文化节是学校精心设计的活动，报社的记者正好作了报道，全部摘录于下：

无人机模拟飞行、VEX竞赛体验、炫酷魔方竞技……4月19日，深圳高级中学（集团）南校区"科技文化节·2021嘉年华"如期举行。

活动以"科创点亮生活 文化润养生命"为主题，不仅有学校各科组亮出学生学科作品，还有诸多企业携公司新科技产品公益入校园，为学生们带来一场科技盛宴。

现场,三十一个展位花式出招,不同的体验更是让学生直呼"玩儿得过瘾"。

作为当天的热门项目之一,科技节开始不久,深大STEM创客中心的FEG智能车体验就排起了队,在这里学生们可以坐上小车开动起来,领略竞速的快乐。据介绍,通过该智能车,学生可用机械类搭建展现多种样态,在以赛促学中给学生自由发挥创意的空间。

除了公益进校园的企业,深圳高级中学(集团)南校区的各个科组也带来他们的创意。学校物理科组带来的空气炮、双轨怪坡、简易电动机等体验,将学生学习的日常知识变成可操作的实物;而学校地理科组带来的"创意地理 手工地图模具"同样让人耳目一新,云贵高原、内蒙古高原、北京地形图、贵州地形图……学生们自主创作的手工地图也引起不少围观。

看到眼前的一切,我想起我的青少年时代(五六十年代)流行一句口头禅:学会数理化,走遍天下都不怕! 那时学习好的青年学生最向往的事就是,长大当一名科学家。然而,科技却离我们很遥远,当时国家的科技水平不高,学校就更不用说了,50年代,即便是重点中学,科技活动也很少,即使有,水平也很低。

我还算是幸运儿,当过航模运动员。好在高中,还有物理、化学、生物实验课,也可算是科技项目,学生都可参加,那时在实验室用显微镜看一下标本也是十分奢侈的事。姑且把数学竞赛活动也算作科技活动吧,成本很低,只要有纸有笔就行,如果学校举行,参加的人会很多,场面也会很热闹。但在我的记忆中,搜肠刮肚,觉得中学六年,只参加过一次,虽然那次比赛得了奖,但其他什么印象也没留下。

我在芜湖一中的高中部上学时,学校体育组不知从哪弄来一台小摩托车,因为沾父亲是学校体育老师的光,允许我在学校操场上骑了半圈,也初步接触到离合器什么的,兴奋得一夜没有睡好觉……学校有座科学馆,在那时学生的眼里,可算是雄伟得不得了,别的学校的学生,对此非常羡慕,作为芜湖一中的学生也感到无比的自豪! 科学馆进门处放了一只大海鱼的标本,足有五六米长,一直放在那,时间长了,也就无人问津了。

60年代末至70年代末的中学,连正常的教育教学活动都难以维系,科技活动就更不用说了。

80年代，国家迎来了改革开放的大潮，学校也恢复了生机。我在这时，已先进入芜湖市重点中学十二中任教，随后于1985年调入芜湖一中任职。那时，真不要以为，学校只抓高考，其实我们也做其他事。

1983年，我在十二中被任命为教务副主任，上任后我带领一些同事做了一件事：组织一场小发明、小创造的展览活动。本以为在升学压力很重的市重点学校，学生的积极性很难被调动起来，一开始也确实如此，制作展品的人很少。后来，在我们做班主任的工作后，居然获得成功。当我们看到琳琅满目的展品时，都会心地笑了。本来以为高三学生要参加高考，无暇参加活动，谁知就有一些高三学生以很高的热情制作展品参展。这时，我才意识到，热爱科技是青少年的天性啊！活动虽说还算成功，但据我回忆，在十二中的六年中，这样的活动仅搞过一次，在当时未成也不可能成气候。

在那时，像现在高级中学那样引进几十个高科技展台，是不可能的事。但我们还是做了一件事：走出去！那时，计算机在国内已经开始进入科研机构和各个大学了。当我得知安徽师范大学已有可供学生使用的计算机时，便组织学生去安师大上机，这还算是比较超前吧！

80年代，我去一中任职后，在芜湖市科委的支持下，在学生中开展过一些科技活动，特别是发动学生撰写科技论文，并编写出《芜湖一中学生获奖科技论文选》，记得当时有个叫刘爱东的学生撰写的论文获了奖，后来她还被复旦大学邀请参加暑期夏令营。对于一所省级重点中学，组织学生参加科技论文撰写，无疑提高了科技活动的档次，在以后的岁月中，这也成为众多学校科技活动的常态。那时市里组织科技展览，芜湖一中总是积极参加，在芜湖市的一次展览中，第一次展示台式电脑应用。

90年代初，我调到深圳的学校工作。能在改革开放前沿的深圳的教育第一线工作是幸福的：既能享受改革开放的丰硕成果，又能投身教育改革之中。特别是参加过、关注过许多科技教育活动，每每想起来，都会在我内心激起一圈圈的涟漪。

一个又一个学校自主举办科学考察活动：到北部边陲漠河考察天象、到西部考察江河水源……一个又一个区举办科技创新活动：罗湖区的大创客活动、福田区的科技节……一项又一项国内国际的发明大奖被深圳中小学生夺得；一个又一个学校的科学院办了起来；一所又一所与科技相关的学校办了起来，深圳科学高中、福田科技中学……真是数不胜数。至于学校中，举办像深圳市高级中学这样的科技节更是成为常态。

令人高兴的是，在改革开放前沿，深圳拥有全国、全世界闻名的高新科技企业，学校的科技教育也经历了从只有少数学校问津到各个学校都重视，从只有少数学生参加到几乎全校学生都兴趣盎然，从只有学校单干到区、市教育科研部门直接部署，从只获得档次比较低的成果到拥有国内乃至国际大奖，从只有学校自己关心到企事业单位都热心支持的过程。深圳学校的科技教育已经发生了深刻的变化。

"竞赛路"之五:

从装矿石收音机说起

图4-5 深圳市罗湖区科创节正在进行中

　　生活在这个世界上的任何一个人,无论何时何地,无论是工作还是生活,都得做事。所以在我国,"找工作",有时也叫"找事做",即便是家庭妇女在家做饭,也常被称为"在做事"。而有的事却离不开别人的参与和帮助。因此,你做任何工作,不管做得是否有意义、不管做大事还是小事、不管做得好坏,都离不开人和事!

　　现在已进入信息化时代,但信息化的物质基础却是小小的芯片,芯片又离不开半导体。

　　从20世纪60年代以来,国家已经开始研究半导体技术,这在世界上起步是比较早的,研究的成果也是很不错的。各种原因使研究中断,到70年代后期又重新开始。改革开放的80年代,研究开始加速,开始追赶世界先进水平。就是说,国家高瞻远瞩,早就开始下一盘大棋,做一件大事。

就在那个时期,闲极无聊的我也在业余时间开始做一件事,那就是围绕与半导体相关的事,学习、跟踪、实践,从芜湖做到深圳,一做就快六十年。

1968年,我们这群1964年毕业,从农村参加锻炼归来的大学生,终于被分配到学校工作,我被分到名不见经传的芜湖十四中任教。那段时间,学校里的一切都不正常,血气方刚、浑身使不完劲的我却爱上了还买不起的收音机。怎么办?正好后来当上科学家丁肇中研究生的韦培生(我中学物理老师的儿子)喜欢捣鼓收音机,我们在一起玩时,培生便教我装矿石收音机。迷上以后,愈发不可收拾,以后又开始组装半导体收音机,拆了装,装了拆,忙得不亦乐乎。来深圳后,知道培生早已从国外回来了,在搞卫星转播。十几年前,我去北京开会,还特地去了他在中央电视台的办公室,谈起几十年前第一次和半导体打交道的往事,大家会心地笑了。

70年代初,我在东方红中学工作时,曾在学校抓过校办企业。学校老师周惠芬是从中国科学院生物研究所调来的,获批后我们便生产920激素。

920激素本来是农业上用的,后来不知谁把它用来治胃病,我们也学着做,一些人用过,觉得不错,于是我们又想生产空心胶囊,用来装药。后来,我真的把这个厂建起来了,可以用胶囊装920激素出售。我这个厂长当时最开心的是,每天亲自一粒粒数成品。

但产品愈来愈多,于是想到装一台计数器。正好我儿时的伙伴朱安平当时在景德镇电子厂当技术副厂长,于是我特地去那里学习,设计了一台计数器,并制作出来,在厂里使用的效果还挺不错,当时特别高兴。

1982年,安徽省办了一个计算机比赛,已在芜湖十二中工作、不知深浅的我,派了几个学生去安徽师范大学学习上机,参加比赛,结果自然是名落孙山。就在那时,我的一位大学数学系同班同学调到北京去从事计算机工作,让我好生羡慕。正好我的另一位同学在安徽省计算中心工作,他邀请我共事,我还真向学校申请调去工作了,但未批准。

机会终于来了,1984年春节后,芜湖市科学技术协会举办计算机培训班,学编程和实操,我也去参加学习。

但就在那一年的5月1日我被调到芜湖一中当校长,没能继续学下去,失去了在当时学习计算机编程的机会。只是1984年在拿到省里拨给我们的TP801-Z80单扳机并组织学校老师学习时，我也参加了学习，也学了计算机Basic语言。

就在当年，学校配备了电脑室，也成立了计算机教研室，教研组长是巴健全，他在这个岗位上干到退休，对芜湖一中信息化有很大贡献。综观过去，那时的我，只能算半导体收音机的爱好者，但基本上是个计算机盲！

1991年调入深圳工作时，改革开放的春风已吹遍全国，国家的电子行业迅猛发展，市场上电子产品的变化由慢变快，让人应接不暇。作为一个教育工作者，更是首当其冲地感受到这种变化。

1991年刚到深圳时，我去滨河中学任职，学校虽然配有电脑室，但由于配置太低，只能用来教学生打字。

1996年创建理工学校，这所当年开工当年建成开学的职业性质的学校设立了计算机专业，引进了计算机专业老师。记得当时，学校按照市集邮协会的安排，在罗湖区政府的支持下，成立了罗湖区集邮协会，我校是这个协会的主办单位。在印发的集邮协会手册上，除了区委领导的题字、深圳中学及罗湖区一批学校的校长名单外，就数上面漂亮的彩色图案吸引人眼球了。当时在电脑上设计的这些图案受到各方面的夸奖。后来，这位电脑老师受到重视，被调到区政府，至今还在负责全区的信息化工作。

1998年9月，我被调入笋岗中学。学校当时仅有一台386计算机，但这在当时算是高配置的机型了。数学老师李阳捣鼓着，在1995年就把各处室的电脑联上网，实现校内共享了。我到学校后，我们支持李阳主任（当时已是办公室主任）进一步研究，终于在1999年2月自行采购网络设备，自行布线建成笋岗中学的校园网并成功连接互联网。1997年互联网才正式进入深圳，我们已经算很超前的了。

别小看李阳主任，这位广东本地人，在深中上的中学。要好同学中有一位大人物，那就是腾讯公司的马化腾，但李阳至今仍留在教育岗位，辛勤耕耘。2011年3月他被借调到教育局负责信息化工程第二阶段的升级改造，以后担任罗湖区教科院信息中心主任，负责罗湖区教育系统的信息化工作。

1999年10月，首届中国国际高新技术成果交易会在深圳中学设立教育分会场，笋岗中学展示的网站、视频点播服务器（流媒体，早期抖音）和音乐电脑室系统引起上级领导的关注。1999年12月，罗湖区教育局在笋岗中学举办首届校园网建设现场会，提出"建网、建库、建队伍，队伍先行；分层、分步、讲效益，效益第一"，开启了罗湖规模化建设校园网的序幕。

不久，深圳市教育督导室在南山召开校长会，请我介绍了创建网站的经验。我还亲自动手写了一篇五六千字的文章，在《全国中小学计算机杂志》上发表。

那十几年，琳琅满目的计算机软件的蓬勃发展，围绕电脑硬件的大踏步进步，为计算机在学校的应用带来了巨大的生机。盛行于学校的计算机教学、微课……让人应接不暇。机器人也开始进入学校，受到幼儿、中小学生乃至大学生的青睐……

近二十年来，各个区经常举行科技节活动，给学生们提供自己展示才华的机会。特别是罗湖区，为提高中小学生学习信息技术兴趣，展示罗湖区教育信息化成果，该区于2002年12月举办了首届广东深圳罗湖区教育科技信息节。现在已成功举办十九届，每届活动，内容翔实：开幕式、电子作品大赛、网页高手大赛、计算机和网络知识答题竞赛、多媒体教学开放周、专家讲课等，现在还加上了科创教育和创新教育的内容。参加者都受益匪浅。从最近报纸上的报道片段，不难看出，这项活动受到了师生的热烈欢迎！

2021年的11月21日，"罗湖区中小学第四届大创客节"（第十九届科技信息节）开幕式在翠园实验学校举行，来自全区中小学三千多名师生参加了活动，场面十分壮观。

开幕式上，无数只彩色气球腾空而起，六只近二十米长的"七彩凤凰风筝"在天空飞舞，像梦想插上翅膀，在湛蓝的天空翱翔，现场所有师生为创意风筝表演欢呼雀跃。

据介绍，表演现场创意风筝的"矢量电机座"技术将中国传统风筝技艺与现代科技结合，实现风筝飞行的升、降、转向。炫酷的大三角翼"纸飞机"、苏30战机等航空模型表演，也向大家科普了舵面无线控制飞行的知识。

对我来说，近二十年，我的注意力已转向组织学生参加与之相关的各项竞赛活动了。"全国中小学信息技术创新与实践大赛"（简称NOC大赛）自2002年在北京人民大会堂启动以来，已经成功举办了二十一届，先后在北京、广州、西安、深圳、重庆、武汉举办决赛，得到了当地省、市人民政府的大力支持。目前全国有两千多万名老师，超过八千万学生参加了活动。2006年，深圳举办了第四届比赛，当时三千多人汇聚鹏城参赛。深圳参加的人也特别多，但罗湖几乎占获奖的一半。我的母校笋岗中学每次都参赛，每次都能获较多的奖。

NOC大赛的开展，对推动信息技术教育在中小学的普及，提高广大师生的创新实践能力，改进教育教学方法，开拓创新思维，加强信息技术交流，向世界展示中国多元化教育与积极创新进步的内蕴活力，有着极其深远的意义。NOC大赛已逐步成为中国信息技术教育领域一年一度的盛事。

2007年，国家科学技术奖励工作室还正式批准设立"恩欧希教育信息化发明创新奖"（以活动英文"NOC"的中文发音为奖项名称），这是根据《国家科学技术奖励条例》而设立的第一个面向中小学师生的、以促进"自主创新"为目的的大奖。这更是为中小学师生带来福音。

现在，早已退休的我还能参与组织深圳的学生参加这些高规格的比赛，真是一件幸事。更有甚者，我有幸经历并参与我国从零开始发展到如今发达的信息化时代，有幸在这么漫长的岁月里得到这么多了不起的专家、学者的帮助，真感到无比的幸福。

"竞赛路"之六:

我的安徽师范大学老师胡炳生教授

图4-6　尚强的老师来深圳科学高中指导工作

　　胡炳生是安徽师范大学的老师,他在1959年大学毕业后,留校当了老师。当然,现在的他早已是大学正教授,而且享受国务院政府特殊津贴,更重要的是,他也成为数学界公认的著名学者。

　　那时,和我曾经中学同班的同学胡礼祥与他同时留校当助教,而且两人都是数学专业毕业。而我1960年考入安徽师范大学(后简称"安师大"),学的也是数学,胡老师虽从没有教过我,也没有当过我的辅导员,但因为有这层关系,我们就走得近一些。实话实说,那时刚当老师的他,和刚当大学生的我之间并没有太多的交往,互相之间,没有也不可能有多少帮助。

　　我从安师大毕业后,因为种种原因,到1978年才在芜湖市重点中学十二中真正教书,而且连续教了好几届高考班,同时也抓数学竞赛。

也正是从这个时候开始,芜湖市数学会恢复活动,胡老师积极参加了数学会的筹建工作,并在其中任职。这时,他除了参与芜湖市数学竞赛的组织工作,还为芜湖的中学教师开办了系列讲座。之后,他还整理了自己的讲稿,在刚刚创刊的《中学数学教学》上发表,从而开始在全省乃至全国数学界产生影响。

从1978年发表第一篇文章,1981年出版第一本著作,截至2014年,他已出版著作四十余部,论文二百多篇,科普、教学随笔一百二十余篇,散文、短论、序跋等九十七篇,发表千余首诗词。此外还编写大学数学教学讲义十种,创办和编辑杂志四种,出版百余期。他的作品中有不少是与中学数学教学相关的。

一般来说,即使是师范大学的老师,他和中学的交往也不一定很多。但胡老师不然,他热心于中学教育。但和他更多的交往,还是我1984年担任芜湖一中校长之后。作为省重点中学,芜湖一中对数学的重视是毋庸置疑的,安师大又和我们学校只有"一步之遥",我们学校自然成为芜湖数学会的"据点"。1985年3月23日,第二届芜湖市数学会代表大会在我们学校召开,胡老师被选为秘书长,我们学校的数学老师张晓林(也是1959年安师大毕业)担任理事成员,他从此成为胡老师的助手,我们芜湖一中也担负起学会的许多工作。

为了提升芜湖的数学水平,胡老师和他的团队做了大量工作。正好中国科技大学在安徽,胡老师又担任了安徽省乃至于全国相应学会的工作。从而,他除了省、市数学会的日常工作,还不断地把中科大乃至全国的数学家如严镇军、苏淳……请到芜湖,给师生上课,让我们芜湖一中受益不小。芜湖一中在全省数学界的地位更是高人一等,各级数学竞赛,我校总是名列前茅,这和他的帮助是分不开的。我是数学教师出身,虽然当了校长,但没有离开数学本行,除了上课,撰写论文,还写过两本专著。在这个时期,我得到过胡老师的指导和帮助。1987年我还被聘为全国首批奥林匹克高级教练员。

即便如此,那时和胡老师的关系仅限于工作关系,我对他,他对我了解都很少。这也符合那个时代的情况,"君子之交淡如水",大家都去忙于事业了!

和胡老师的交往还是在深圳才真正开始的,而且和尚强有关。尚强,这位在深圳名气不输深圳外国语学校龚国祥、深圳实验中学金式如校长的成长居然和胡老师密不可分。

尚强，凭借自己的聪明才智和顽强拼搏，在年轻时就非常出众。他在十七岁就写出难度极大、水平很高的数学专业书，引起数学家的关注，并得到他们的无私帮助。但是，给予他帮助最大，而且始终关心、支持、帮助的要数胡炳生教授。

尚强最近又和胡炳生教授合作撰写了一本新书——《漫话数学美》。只要读一读他们二人分别写的序言和后记，安徽师范大学老师们，特别是胡教授对尚强的恩情便一目了然了。

尚强在书的前言中写道，"安徽师大胡炳生教授，是我四十多年来的恩师，他已经八十五岁仍然活跃在数学教育战线。基于以上原因，我和胡老师合作编写了新书《漫话数学美》，在完成之际，胡老师谦让，要我写《前言》。我想了一下，写点什么好呢？正好前不久《南方教育时报》把我写的《回味》一文用两个整版发表出来。那既是我对少年时代艰难求学之路的回味，更是我对数学美追寻的回味。如果没有单墫老师、王忠汉老师、胡炳生老师等对我的帮助，就没有我的今天。如果不是数学之美叩击我的心灵、引发我的兴趣；如果不是我对数学美的入迷和追寻，我是不会一路坎坷，栉风沐雨，不畏坎壈，坚持走到今天，坚持从一个穷乡僻壤走到我国改革开放的前沿——深圳。"

胡教授在后记中写道，"尚强同志是我四十年前的学生，没有上大学，自学成才。我们在数学教育的轨道上，亦师亦友，互相交流，互相帮助。在尚强少年时期，当他在艰难求学的泥泞小道上跋涉时，我们就已经认识。他那对数学执着追求，尤其是对几何难题求解的迫切心情和坚持不懈的精神，记忆犹新，令我感动不已。他家住在当涂县与芜湖县交界的黄池农村，距离安徽师范大学有五十多里的小路，不通汽车。正常来安师大，要先坐汽车到当涂县城，再坐火车到芜湖火车站，超过百里。不仅费时费力，还需要路费一元钱。但是，就这一元钱他也拿不出来，所以他来安师大，经常是步行一整天走小路。那时每周六要上课，只有周日休息。而他就只能利用这一天的休息日，天不亮就起身，怀揣几张小纸片，其上写几个数学问题，步行五十多里路，于中午赶到安师大我家，问几个问题，有时扒几口饭，就急急忙忙往回赶，不然就赶不回家，因为回家的路途中有一条河，那个年代靠渡船过河，晚上九点就停止摆渡。等他赶回家时，一定是满天星斗了。就是这样艰苦，这样困难，他从来没有说过一个"难"字,没有叫过一声"苦"。他对数学学习的渴望,对学习执着的精神不仅仅感动了我,也感动着我身边的其他老师。如他经常提到的王忠汉老师、李梦樵老师(注:都是安徽师范大学教授)等人。不少热心人都给他想过各种办法,想成全他的大学梦想,成就他的数学之梦。虽然工作没有做成功。但是苍天不负有心人,终于在他的不懈坚持下,在他对学习的努力追求下,在一些有识之士的帮助下,尚强终于走出了贫困农村,闯出了属于他自己的一片几何新天地,成为中国数学竞赛集训队的教练,并受到国家表彰,进而调到马鞍山二中和深圳中学这样的全国名校。后来他做过深圳教育科学研究院院长,现担任深圳科学高中校长,为深圳教育做出了突出的贡献,并晋升为教授级特级教师,获得多项荣誉。"

2010年元月,已经退休的胡老师接受深圳教育科学研究院的聘请,担任"特聘教授",负责教科院的院刊编辑任务,并参与一些重要深圳课题的研究。此时,他和时任深圳市教科院院长尚强,合作申报研究课题"深圳市中学数学教师的文化素养调查和提升研究",当时就被列为广东省科研重点课题。在课题结论后,他和尚强合作编写了《数学文化和文化数学》。应该说,胡老师也为深圳教育做出了不可磨灭的贡献。

特别要说的是,胡老师是个多才多艺的学者,他的研究以数学史和数学教育为主,还涉及地方科技史及文化史等;业余爱好古典诗词,2006年曾获得全国首届"华夏诗词奖"二等奖,并出版多本诗词集。

很难有人能与胡老师相比,他居然在2015年出版《古月斋记事》一书。

这本书不是数学专著,不是论文集,不是诗集,也不是回忆录,而是他的学术年表,生平简述(逐年记事)。特别有趣的是,在生平简述中,从1984年开始到1999年,他展示了每年所做的十件大事,每件事都不简单,但只用寥寥数语表达出来,让人感慨万千,留下无限的遐想。

他退休后,常来深圳。除了被市教科院聘请外,还不时地到学校讲学,此外,尚强是他的重点帮助对象,但如果我们这些安师大的校友有什么事,他也会鼎力相助。十几年前,我在学会工作时,接手了华杯赛深圳赛区的工作,还真遇到一些难事,他都能帮助解决,我十分感谢他。正是在深圳,他从益师变成我的良友。当他得知,我要出书,写关于深圳教育工作三十年后,还向我面授机宜,让我少走了弯路。

在深圳，我们有什么活动，都喜欢请他参加，他从不推辞。席间，他除了时不时用幽默的话语打动我们，还要留下诗句，以示纪念。他写的诗词太多太多了，现在还不间断地写，用微信发给我们这些朋友。这么一位八十六岁老人的精神，使我们深受感动。这里录下他四年前写的一篇诗词。

临江仙

二〇一九年元月，八二初度，来深圳恰逢安徽乡友聚会，感而有咏八二年华如闪电，人生况味自知。酸甜苦辣进行时。新年新寄望，再写几行诗。

南国高朋频举酒，醉翁心旷神驰。皖人奋斗占高枝。老人无老态，雄少有雄姿！

胡教授这篇诗词里所说的老人无老态，正是他的真实写照；他仍有一颗少年的心，继续为安师大学子传道解惑，发挥余热，真正做到生命不息，战斗不止！

"竞赛路"之七：

中师毕业生在深圳

图4-7　从安徽调来深圳工作的中师生陈柳(右一)，周升武老师(右三)
和我一起带学生到宝岛参加数学竞赛

在深圳乃至于全国都有一支中师、师专(此处指初始学历)毕业的学生活跃在各行各业，尤其是教育界，他们用聪明才智默默无闻地为从事的事业做出不可磨灭的贡献。

据了解，1979年，高考录取率是6%，1980年上升为8%，1981年首次超过10%，1982年是17%，此后的十年间，高考录取率一直在20%~30%之间徘徊，中师生和师专生就诞生在那个年代。

高考升学率过低并不是唯一原因，还有的原因是现在的年轻人想不到的。

那个年代,对很多农村孩子来说,经济上难以支持他们上大学。上中师,能拿到城镇户口,变成干部编制,可以较快地改变人生。上中师,还包吃包住,真是一举多得的事啊!所以,在那时的中师学生中,农村学生占了多数。至于师专,由于当时一些上山下乡的知识青年,因为年龄原因,已不能被普通理工科大学录取,只能屈就于师专,因此师专中城市学生不在少数。

其实,那个年代,中国的教育遭遇多种困境师资严重匮乏,学校难以为继。国家大旗一挥,招初中生去读师范,读完三四年去中小学当老师。但是,那个年代的中师、师专,可不是想上就上的。中考之前还要进行预考,由于招生计划并不多,初中里面排名最靠前的孩子才能被中师录取。客观地说,把他们放在今时今日,"985"不敢说,考个"211"应该难度不大。这些中师、师专生的素质与各地省、市重点中学的学生相比,本来就毫不逊色,再加上学校不搞应试教育,学生的德智体美劳各个方面都得到提高,所以他们不仅专业知识不错,而且许多人琴棋书画也不错,能力非常强。到学校当教师,受到师生的欢迎是自然而然的事,到其他岗位受欢迎也是理所当然的事。一位在中师毕业的深圳朋友告诉我,据他所知,他同班同学中,农村出来的,现在都当了地方的各级领导,干得都不错。

有人会说,当年的中师生、师专生中的不少人不是日后都去深造,有的还读了研究生、博士吗?确实如此,但是纵观现在选人、用人,即便是研究生、博士不还得看他(她)是不是"双一流"毕业的吗?相比之下,确实说明中师、师专毕业生的实力有多么厉害了。

你一定会问,在深圳,中师生受到的待遇如何?工作干得如何?生活得如何?

2016年暑假,深圳耀华实验学校受我国宝岛学校的邀请,组团去他们那儿参加为期四天的数学交流活动。这个团级别挺高,耀华学校董事长亲自带队,除我受邀参加之外,还有耀华学校的数学实验班的学生以及几位数学竞赛教练。那天到学校集中时,我可乐了。因为三十人的团,我们芜湖老乡就占了五分之一。他们中有芜湖调到深圳来的两位曾经的中师毕业生——陈柳和周升武两位老师,他们是以教练身份参团的。

尽管深圳在引进教育人才上的要求越来越高,现在许多中小学都在"双一流"学校选拔人才,学历上甚至要求是硕士和博士。即便是这些高学历的人也未必能过考试关。但深圳一直以来，招收有实践经验、有业绩的教师和校长，即便是中师生，只要符合条件，甚至可以用直通车的方式快速调入。像陈柳、周升武都是在2005年前后通过直通车特批调入的，调入后陈柳去了荔园小学，很快成为数学骨干。周升武呢？一个普通的中师毕业生，而后仅仅上过安师大自学本科的小学教师，能有多高水平，能代表中师生吗？其实，只要看看这在深圳还不算有名的周老师的经历便可见一斑了。

周升武和尚强同是中师同学，尚强十七岁时做了一件一般大学数学老师也做不了的事。国外著名数学家写的一本习题集，梁绍鸿翻译的《初等教学几何复习及研究(平面几何)》一书，尚强把其中的题目全部解出来了。先是出了油印本，然后通过出版社正式出版。这本书的策划、制图、油印等事务，都有周升武的参与。

在芜湖，他进了最好的芜湖市育红小学当老师，成为学校最受欢迎的老师之一。

在深圳，他进的是一所普通的小学，他除了自己教好书，还主动帮助其他教师，因此口碑很好。据说，他除教书外，还有一个绝技。他可以用双手同时写字，只不过左手写出来的字需要反过来才能认出。周老师是学数学的，有人说，学数学的人，如果去打牌，会算，所以容易赢。但他却从不打牌，只喜欢钻研与数字有关的问题。一次，深圳调整工资，他拿到工资单后，左看右看总觉得不太对劲。于是他开始对照条例进行琢磨，很快发现，工资单确实有误。在更改后，一传十，十传百，于是每次调整工资时，他都会被邀请帮忙核算，还真是避免了一些错误，所以更受同事们的欢迎了。

他从小就喜欢数学，喜欢数学竞赛题，因此练就了一套解难题的本领。在深圳，更有机会让他展示自己处理数学问题，特别是解教学难题的本领。2005年，深圳市组队参加第十届"华杯赛"，请他当教练。后来，他带深圳队参加全国比赛，取得了深圳市参加比赛以来的最好成绩，单是他的学生就曾先后取得"华杯赛"总决赛金、银、铜牌，这在深圳甚至全国也是很少见的。他因此被授予"华杯赛"金牌教练。

这以后，我正好成为"华杯赛"深圳赛区的负责人，他自然成了我的核心团队成员。在以后我所参与组织的九次比赛中，他是积极参与者。我们一块儿抓培训，一块儿组织考试，一块儿去香港阅卷，一块儿去宝岛交流，还不忘一块儿聚会。我们谈人生，回忆家乡生活，回忆中师生活，享受人生，感到无限欢乐。

"竞赛路"之八:

我的航模情结

图4-8　深圳市一年一度的航空模型赛正在举行中

深圳真是个神奇的城市。你想到的事,有一天会出现;你没有想到过的事,也可能早就有了。

六十多年前的新中国成立十周年大庆,北京要举办首届全国运动会,我作为安徽省航模集训队队员,为准备全国运动会,参加了为期一年的集训。

那时,我这个芜湖一中高三的高才生,居然放弃学业参加集训,除必须服从组织安排的原因外,也有自己的小九九,那就是既可以全身心地投入自己热爱的科技事业,又可能有机会到全国东游西荡,还有可能去北京!要知道,在这之前,长到十七岁的我跑得最远的城市也仅仅是南京,还是随学校去的三日游。

当时，我们队有十个运动员，除了一个大学生外，其他都是高中学生。比赛项目有五个，是自由飞、橡筋动力、牵引等。十个人，两个人一个项目，我分在橡筋动力，和我一起的是来自芜湖的苏平。集训一年后，只能选拔出五人参赛。我是先天不足个子矮，比其他队员都小，因此力气也小，虽然我学习成绩不错，但手工不是太好，最后出线的是苏平，我落选了。回到学校不久，集训队寄给我一百元(当时教师的一个月工资只有三四十元，这笔钱对我来说可算天文数字)，通知我上北京观摩。

在北京我做了三件事：一是出席了全运会开幕式，坐在主席台对面，用望远镜看到了毛主席和其他中央领导，当时感到热血沸腾；二是如愿以偿地去中国科技大学看望我的老同学，他在那上大二(一年后我填报的第一志愿便是中科大)，当时我已下定决心，明年考取中科大！记得当时还买了一张贴有国庆十周年纪念票的首日封，准备考取中科大时从北京寄回芜湖；三是到北京良乡机场(前两年去看在北理工分校上学的学生，发现分校校址在良乡，不知是否是当年的良乡机场)。那天有赛事，我给后来成为全国自由飞冠军的张涪生当了一回助手(张涪生日后调进国家队，后来代表我国到匈牙利比赛，又获佳绩)。

隔行如隔山，为了说清我想说的事，我先说说我所在的省航模集训队的那些事。

其实也很简单，一年的时间，我们在合肥、蚌埠、西安、咸阳等机场训练。常规的课程是，制作(飞机)，放飞(飞机)，修补(飞机)。想不到干了一年单调的活，却对它产生了无穷的乐趣，让我终生难忘。

这不，离开航模队后，我常常在梦中"放飞"：寻找到气流后、点燃迫降线、把飞机投出去(牵引上去)。随后盯紧飞机，跟着它跑、跑、跑……终于抓到飞机了，这时梦也醒了。就是这个单调的活，成为绝大多数航模队员终身喜爱的职业，我们省队九人都为之奋斗，直至退休，只有我是例外。我回到学校上学，考上大学，只是没能上中科大，而上了安徽师范大学。我们十个队员的命运都因为航空模型改变了。

从1960年上大学到1978年进入市重点中学当高三老师，这期间国家经历了太多太多的事，航模运动的事，在我家乡早已无人提起，我也中断了和我航空模型老队员的联系。1985年调入芜湖一中任职以后，也从未在芜湖听闻航模运动的信息。1991年我调入深圳工作，只是1997年在理工学校时知道有老师搞车模，而没有航空模型的。

过了好长时间，与在珠海办航模工厂的队友张涪生联系上了，这时埋在我的心里的航模火花再次被点燃。我多么希望能在深圳举办航空模型活动，甚至能在深圳举办世界航模比赛！

哪知道，早在1985年，深圳特区刚建立不久，一些本地的和外地过来的航空模型爱好者，其中不乏老一辈获得全运会航空模型冠军的人士就开始组织深圳的航空模型运动。他们从无到有，由小到大，一步一个脚印地打造起深圳的航模王国。居然，深圳的航模比赛到2018年就已经举办了十四届，而且深圳还成功地举办了国际比赛！

深圳市航空航海车辆模型运动协会的法人代表胡小青对这段"三模"发展历史如数家珍。他说："比赛多年来吸引了很多观众关注，许多人直接成为航模爱好者，培养了一批航空模型的优秀参赛选手和高级运动员；并且还在每年创新项目与实践中，不断让参赛选手和运动员到深圳来。"在我心中隐藏着的梦早就实现了啊！而且做得这么出色，这就是深圳！

这里节选了报纸上登载的这次比赛的报道：

第十四届深南电路杯全国航空模型公开赛于2018年11月17日在深圳中心公园开启，参赛者有来自深圳各学校优秀的学生航模选手，也有于11月初在深圳举行的首届世界无人机锦标赛上代表中国队出战载誉归来的国家队选手。

比赛期间，有航天模型集群发射、火箭助推滑翔表演、飘带飞行器表演、直升机双机配乐表演、钢铁侠编队飞行表演、世界无人机锦标赛中国国家队选手表演等，精彩纷呈。公开赛现场开设科普长廊、趣味留影、航空航天模型比赛公益讲座、航空飞行营地、小小飞行侠等内容，以提升青少年航模的理解与实践能力。

看了这篇报道，你怎么能不对那些为航模事业奋斗的深圳人表示敬意？

更使我感动的是，深圳市青少年活动中心的老、中、青三代航模人，自20世纪80年代中期起，就一直致力于航空航海车辆运动模型的普及与推动。深圳市航空航海车辆运动模型协会原秘书长云中生先生就是一名值得称道的老前辈。

航模业的起步与发展虽说艰难，但有主管部门的支持，有社会力量的参与，航模事业发展了，航模人怎么付出都无怨无悔，云老如是说。他曾不止一次地表示，将不遗余力地为深圳航模事业贡献余热。他是这样说的，也是这样做的。

谈到深圳的航模，一位有"大爱"的中年人必须一提，那就是深圳市宝安区荣根学校的(原私人投资创办，现已捐献给政府)创始人陈荣根。深圳建特区以后，他除了发展自己的事业，还捐资办学。他和胡小青都热爱航空模型运动，并率先在他办的学校引进了航空模型教学项目，并积极支持在深圳举办航空模型比赛活动、成立三模协会。在他的努力下，经北京相关部门批准在深圳设立航模飞行基地。作为一个教育工作者，我觉得他的又一功绩在于，在学校引进航空模型校本课程，编写了小学六个年级的对应教材。至今，在所有有关航模活动的场合，都少不了他的身影。

　　就在前几天，我还有幸参加深圳市航空航海车辆模型运动协会换届会议，见到几位与我同时代的航空模型运动员，他们都当过全国冠军，而我不是。

第五辑

鹏鸠情

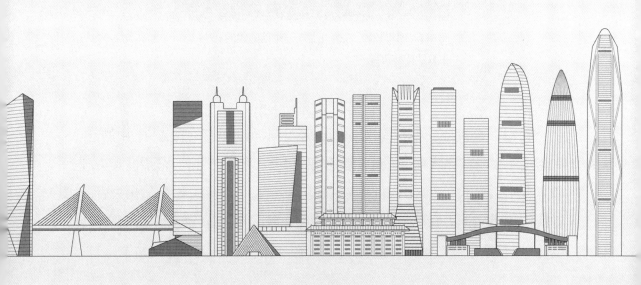

"鹏鸠情"之一：

芜深两地，建校趣谈

图5-1　回母校时，在离开芜湖一中前翻建的
主教学楼前留影

　　来深圳后，我常回芜湖，每次回去，人还没到，电话就打给我芜湖一中的老同学和老同事谢训祥、张晓林……到了芜湖，不论多忙，我都会回一中看看。其实，也许和其他人不同，我在芜湖和深圳都待过好几所学校，当老师或当校长，出去后，只要有机会，我都会回去看看。时间长了，门卫不知换了多少位，谁也认不得我，只好打电话给学校熟悉的老师，从不怕烦。

前些年回去，我和我的同事又聚在一起，谈起往事，特别是谈起当年我在芜湖一中办学的困难情景，大家都感慨万千。有人笑我，说我那时骑着一辆旧自行车，为了学校到处跑，那辆车哪儿都响，只有铃不响；有人说，为了给老师谋点福利，我和二航四处合作，办拉丝厂。

说归说，笑归笑！1984年我去芜湖一中当校长后，确实不得不把精力花在校园建设和创收上。要知道，在历史上1966年到1976年那十年，不只是国民经济到了崩溃的边缘，学校也受到破坏，记得教师的工资大部分时间停留在两位数。至于住房，大部分教师住在学校，条件很差。面对着对国家充满信心、工作热情高涨的芜湖一中教师，作为校长，不能不把关心他们的生活作为重头戏来抓。

此外，1952年芜湖一中从赭山搬到张家山头，那时建造的房子已有三十多年历史了，老房子的科学馆还颇为雄伟，但作为主教学楼的中大楼是按苏联老模式建设的二层楼房，楼房中间是过道，过道两侧是教室，通透性差，隔音也差。有个"笑话"是，我们大家都很崇拜的朱宝珏老师(清华大学校长顾秉林曾在《人民日报》上撰文专门写过的老师)，讲起课来，声音很大，别的教室的学生不分心也能听到他讲课声音。好多学生都记得这事，觉得很有趣。

不过话讲回来了，都80年代了，这样造型的楼也真算老掉牙了，非改不可。但是重造大楼，哪有钱？那时我们教育上的欠账太多，许多学校的危楼急需改造，我们这个大楼的改造当时连想都不用想，不可能。

其实，到一中上任相当一段时间里，我也根本没有想过改建中大楼的事。因为当时还有几件校园改造的大事要抓。

一是芜湖一中校园面积很大，分成前后两个区，前区是教学区，后区是生活区。生活区里还有个不小的池塘，但池塘边上有一块不小的地属于花农生产队，相当于一块飞地。前后两个区中间还有一条小路，实际上，前后两个区是断开的，算是两个校园，给学校的管理工作带来不小的麻烦。

二是学校的运动场小了点，跑道不是标准的四百米。那时，省、市都曾经想用我们的场地开运动会，但都因场地不规范，搞不成。

按道理说，无论是造房子还是要地皮都是后勤领导的事，无须我去做，但实际上却不是这样。在当时我遇到一些想不到的事，让我终于知道，想办这些事非得校长出马才行。

一是为学校在寒冷的冬日去市计划局批煤，二是要回二道门外那块飞地。为了办成这两件事，我可没有少花工夫，硬是骑着车，东奔西跑。终于，操场的地皮扩大了，修了四百米跑道，虽然主道只有六条(国家标准为八道)，但勉强能接待比赛项目了。花农队的那块飞地，我在学校时，手续已经办得差不多了，我走后，很快收回来了，然后和在任时已经联系过的中国人保芜湖分公司的凤经理，谈成项目并完成合作建房。

最让我高兴的是，我在芜湖一中当校长的最后几年，终于拆除了那座作为主教学楼的中大楼，并开始建新楼，在我离开一中时，基本建成。拆旧楼建新楼，纯属偶然。因为即使到了1988年，芜湖市的教育欠账还是太多，根本顾不上芜湖一中这座看起来还相当不错的楼。

这得感谢国家教委基教司的温孝杰处长。那一年，温处长来芜公干，闻讯后，我立即去见他，并邀他到我们学校看看。不巧的是，那天我感冒了，咳嗽得厉害，幸亏那时没有各种病毒，不然邀他来并陪他在学校到处转，是绝不可能的。那天不知怎的，特地在中大楼多待了点时间，教室之间串音的情况，他居然注意到了。

记得很清楚的是，我陪他到科学馆参观时，站在二楼实验室窗口对着我们那管理不错的花圃的位置，再进一步介绍情况时，他突然若有所思，打断了我的话，反问我："中大楼太差了，怎么还在使用？"听了他的话，我激动不已，好一会儿才回答他的提问。他却接着对我说："回北京后，我向司里汇报，争取给你们拨一些钱，让省、市也补些钱拆旧建新吧。"

这以后，教育部大概给了六十万，省、市大概配套六十万，终于把一座由清华大学建筑系主任，芜湖一中校友单德启设计的大楼建了起来！

不得不多说一句的是，上面提到很难办，却又办成的事，应该归功于芜湖一中的魅力、各级领导对芜湖一中的关心和支持。在那个特殊时期，我只是尽力而为，多管了一些似乎校长不该管的事而已。

到了深圳，想法和做法与在芜湖相比有了很大变化。在正常情况下，校长对校园建设方面的事，主要是做些规划，无须像在芜湖时那样，亲自跑腿了。即使是对外需要校长出面的事，也不再骑自行车了，有汽车呀！

到滨河中学当校长是1991年4月16日,面对这所开办仅仅七年的新学校,我很快发现了不足:学校面积太小。建校时,校园面积只有两万三千五百平方米。就说运动场吧,只有二百五十米跑道。篮排球场也全建在田径场上。不过深圳毕竟是寸土寸金的地方,经济高速发展,需要用地的地方太多。更何况,滨河中学位于罗湖区,当时通往香港的火车穿过罗湖,到香港的边检站也在罗湖,在罗湖有这么一大块地办学校已经不容易了。

到深圳不久我参加首期校长班,结业时按当时的规定,只能到香港考察学习,这对我们一批从其他城市来的校长来说,已经是非常满意的事了。去了香港才知道,香港的学校面积也很小。

有一天,报纸上登了一篇文章,说的是我们学校隔壁一块预留的大块场地上的事。那块土地已经闲置多年了,住了一些闲散人员。这当中有人靠捡破烂为生,对环境造成不良影响。报纸点名批评这件事,敦促有关方面查办。这份报纸上还说这些人是安徽人。看了这篇文章,我心里很不是滋味,毕竟是批评我们老乡嘛!但正因为如此,引起了我们对旁边场地的注意,我们还真的打起它的主意来了。我们当然知道,想要在靠近当时深圳市黄金地段的预留土地中,为学校要一块地皮,并不容易。但我还是决定,为了滨河中学的发展试一试。那时,我们学校的总务副主任郑国麟是广东河源人,年轻、热情、能力很强,他立即代表学校到相关部门了解情况,做工作。经过将近一年的不懈努力,学校终于拿到一块近五千平方米的土地,这怎么能让我不感动。

没想到的是,1996年我被调离滨河中学,去筹建深圳理工学校。筹备小组除了我,就是随我而来的原来的滨河中学的郑国麟。原来理工学校是让行知中学的宣绍镛校长去筹建并担任校长的,宣校长是从贵州来的上海人,深圳的校长基本上都来自五湖四海,土生土长的宝安县人(深圳的前身)很少。宣校长接手筹建理工学校之后,很快就拿出了学校的建设方案和规划图,并且通过了审查。学校的建设预算三千五百万,也已通过,我接手后的任务就是开始建设。当时对我的要求也十分明确,就是要确保按期建好房舍,并做好人员调动、设备采购、教学设计和教材准备等一系列工作,并且当年就招生、准时开学。

要知道,我们是3月18日举行开工仪式的,满打满算到9月1日开学,只有不到五个半月时间,期间要建好三万多平方的建筑,心里可是一点底都没有。为了做到心里有数,我们只好私下请教一些专家,听了他们的话,反而更是添愁。因为按他们的说法,这五个多月时间里,还包括变化莫测的雨季,更何况天有不测之风云。但已快到五十五岁的我,好像突然年轻了似的,竟然拿出"初生牛犊不怕虎"的精神干了起来……

还算好,市里对这项工程非常重视,市教育局对这所学校也非常支持,罗湖区教育局还派了专人配合我们工作,特别是工程质量问题,罗湖区政府还做了专门安排,所以建设工作还是比较顺利的。我和助手郑国麟的主要任务是督促检查工程进度,对建设方提出的需要我们解决的问题,进行协调。这样一来,我们就有时间去处理其他筹备工作。当时就遇到一件棘手的事。据了解,深圳的预算在确定后,需要追加的,要等到工程结束后。但偏偏这时雨季来了,为了确保工程进度,又保证工程质量,需要把水泥标号提高,再加上还有其他方面的原因,原来的预算就不够了。因为这是市里定的工程,钱由市里负责,于是增加工程拨款的重任便落到我们身上,我们只好把这件难事揽在身上。这时,我们真的紧张了一段时间。经过报告、磋商、组织调研等努力,我们硬是在工程进行中增加了一笔款项,确保了工程进度和质量。工程终于在9月初完成。在招来的学生军训结束后,终于在9月18日入学上课,离开始动工正好半年。学生住进宿舍了,教室可以上课了,饭堂也开伙了,学生早上拿着学校配的水桶到楼下打水,去楼上宿舍洗漱,看到那尚未脱去军装的学生排队打水的场景,我们还是情不自禁地笑了。

大概是7月的一天,我的同学王一荃到深圳出差,特地来看我。我陪他在工地上转了一大圈,并告诉他,今年竣工,今年开学,他就像听我讲神话似的,不相信,但我们硬是做到了。开学以后,我和著名漫画家方成谈起这事,他笑着说,北京一个单位盖一个传达室,盖了三个月还没有盖好。他对我们做的事赞不绝口。开学后,我接待来自家乡淮北某县领导一行,当听说深圳市给了我们四千多万建一所理工学校时说,他们县当时一年的财政收入还没有这么多……

1998年9月,在理工学校仅仅干了两年半的我,被调到笋岗中学任职。笋岗中学是1992年罗湖区创建的一所学校,位置比较偏,靠近特区的二线关。在这所学校,我干了整整四年。这四年,令人欣慰的是,经过我和全体老师的共同努力,使学校上了一个台阶,学校还形成了"绿色、数字、生本"的办学理念(我的后任加了健康二字)。学校在评省一级学校时,评估组虽然给了学校工作很高的评价,但对学校的办学条件,包括校舍不符合要求等方面,提出看法,希望政府帮助整改。这时,离我退休的时间已经不长了,但我还是认真地打报告给市有关部门,要求增盖教学用房。最后,在我离开前,市里同意了我们建房的要求。我退休后,一座实验大楼盖好了。那时的某一天我登上笋岗中学盖好的大楼,就像我十多年前离开芜湖一中后,登上一中的新大楼一样,感到十分的欣慰。

我说的已是二十年前的事。如今,随着国家改革开放进一步深化,经济高速发展,我国已成为世界第二大经济体。教育也在高速发展,学校建设已成为政府所要考虑的事,校长可以更专心地抓教育。在深圳,学校规划、学校建设更是成为政府考虑的重大问题。拿我们深圳来说,在全国已经走在前面。请看最近一篇报道:

深圳人口规模大、增速快、外来人口比例高,适龄入学人口一直处于高位增长态势。面对这一现状,深圳市委市政府高位谋划,吹响学位建设攻坚战冲锋号。刚刚过去的2021年,是深圳"大规模学校建设计划"开局之年,全市建成学校一百五十一所,全年新增十三万一千万基础教育学位,再创历史新高,市民群众的教育获得感、幸福感不断增强。

"鹏鸠情"之二:

教育生涯近六十年,鹏城过半

图5-2　和深圳校长去上海华东师范大学中学校长培训班培训,
结束后,他们和我顺道一起去黄山

　　我到深圳工作时,已经快五十岁了。好在我是中学高级职称,又是首批国家级数学奥林匹克的高级教练,还算好,尚且符合招教师很严格的深圳的条件,深圳收下了我,并且在正式调入前,就让我到滨河中学当校长,真的十分感激,当时就默默下定决心,一定不辜负深圳教育,在深圳好好干。

　　1991年,我开始了在深圳的教育工作生涯。退休后进深圳市教育学会工作,直到2019年换届,2020年完全退了下来,就这样,竟然连头到尾,在深圳教育界干了三十个年头。屈指一算,在我老家芜湖,从1964年大学毕业算起,到我1991年离开家乡，也仅仅工作了二十八个年头，相比在深圳，还少了几年。我做梦也没想到，在深圳的工作年限，特别是教育工作年限居然超过了在我家乡芜湖的。

其实我也知道，到深圳工作，应该是年轻人的事。我这么一把年纪的人也赶时髦到深圳，我的同学、朋友都为我捏把汗。

不过，对我如果在深圳受挫，回芜湖能否立住脚的问题，有人认为，应该没事。理由似乎很简单，因为我曾是芜湖一中学生，又在芜湖一中当过八个年头的校长。

到深圳后，经过几年的努力，我在领导、同事、朋友的帮助下，克服了心理上和实际中遇到的困难，渐渐立住了脚。这时，我也很快明白，我之所以能较快地适应深圳的快节奏工作、生活，正是在芜湖一中，特别是芜湖一中的学习、工作经历奠定的基础。以后，通过长期的工作、生活实践，认识更是有了升华。我知道了，即使有成功与失败打下了还算可以的基础，但如果不是立足于深圳这块沃土，不是深圳改革开放大旗的引导，凭我来时的年龄再在深圳干上三十年，也是不可能的。

芜湖一中是一所历史悠久的中学。中国的新学是1903年开始创办的，芜湖一中的前身皖江中学堂也在那一年开办，属于中国第一批新学之一。芜湖一中的校友，我们国家的著名学者胡野秋前不久在北大讲学时，曾隆重介绍过我们的中学母校。他说，在担任京师大学堂(北大前身)的学监(就是新学的校长)之前，严复曾担任过芜湖一中前身皖江学堂(芜湖一中前身，刚办新学时的名称)的学监(校长)。陈独秀在那时也先在皖江学堂任语文教师，随后也去了北大任教。

更有甚者，追溯一下，从最早办中江书院算起，芜湖一中至今已有二百五十六年历史(这可是有根有据的事)。1985年，我在芜湖一中当校长时，举办过芜湖一中二百二十周年校庆。

2004年芜湖一中举办了盛大的建校(新学)一百周年校庆(1903—2003)。当时在清华大学任校长的1965届毕业生顾秉林也赶来参加庆典。顾校长在芜期间，特地去看望了当时已经八十多岁的老师朱宝珏(朱老师后来以九十九岁的高龄仙逝)；这之前，顾校长还在《人民日报》发表了一篇歌颂恩师朱老师的文章。芜湖一中尊师重教的老传统从他身上可见一斑！

我是芜湖一中的1960届校友，是1968年前学校高中毕业生最多的一届(八个班三百四十四人)，高考下来，报考大学的三百四十人全部考上大学。100%的高考录取率，从1950年到1986年间只出现过两次，第一次是1953年，但那一年只有五十四名学生参加高考。至今我还记得，我们1960届高考奋战时既扎扎实实，又轰轰烈烈的场面。在高考前一次预考成绩公布后，学校在中大楼贴了一副大红榜，列出了那次考试中前一百零八名学生的名字。看到大红榜，大家也情不自禁地把它和梁山一百零八将联系起来。最近，我们1960届同学在网上看到一张照片，是一张变了色的纸。原来，那时不仅用大红榜，还油印出了那份名单。

大概是因为我们1960届学生的人数和录取率创造了芜湖一中的历史，或许是学校对这一届学生倾注了更多心血的缘故，我们1960届学生对学校的感情格外深。在我们毕业之后，对学校也格外关注。多年来，在学校举办的各项关系到学校发展和校友相关的活动中，我们这一届学生，都会站在前面，为学校分忧解难。我在1984年到1991年在学校当校长时是如此，1991年来深圳后依然如此。

在校园开辟的琳琅满目的校史园里，除了从芜湖一中原来的赭山校址(50年代初搬出，划给了安徽师范大学)费大力气搬来的六十年前校友赠给学校的纪念碑，还有清华大学校长顾秉林赠给母校的石碑外，就该数我们1960届送给学校的"鲤鱼跳龙门"石雕了。不仅如此，我们还策划了一件大事——请著名文化学者、也是芜湖一中校友胡野秋为学校写了一首《芜湖一中赋》。此赋由大书法家林散之的内长孙，我国著名书法家盛毅书写出来，装裱好赠给学校留存。我们还在芜湖一中新校址砌大理石墙，在墙上刻下碑文，以资纪念。

令人高兴的是，长江后浪推前浪。校友对学校的感恩之情，一浪高过一浪，永不停息。这不，1989年毕业的学生，在他们毕业三十周年之际，也在学校聚会，为表达对学校的感激之情，还在新校园主楼前，立下大型雕塑，以示纪念。我有幸应邀参加了这次聚会，从他们一些特别有价值的回忆中，感受到他们对学校深切的关心和热爱；感受到校友对母校的爱源远流长。无数事实说明，学生对母校的感情越深，证明母校对学生的帮助越大。我作为芜湖一中的七年的学生、八个年头的校长，母校给予我的实在是太多太多，真让我难以报答！

我到深圳工作后，确实不断努力，把在芜湖一中学到的东西、吸取的教训，用到我的工作中，而且尽量发扬光大。也把在那个时候无暇顾及的事，在这里做起来。更重要的是，深圳给我提供了更为宽广的天地，使我得以做更有意义的事。

"鹏鸠情"之三：

两匹马的故事

图5-3　我与芜湖一中退休协会理事长张晓林及荟萃中学的校长合影

　　我俩都属马，又都是1942年出生于陕西汉中，又都于1949年前随父母回到芜湖生活，1953年都进入芜湖一中上初一，上大学又都是读安徽师范大学数学系，只是他1959级，我1960级(我因当航模运动员停学一年)。他1963年被分配到芜湖一中当教师，我1985年被调到芜湖一中后我们又成为同事。我1991年调动到深圳工作，他却在芜湖一中，一直干到退休，整整在芜湖一中工作了近四十年。他就是我的发小、同学、同事、老友——"大马"张晓林。

一、携手

刚过2021年元旦，看到芜湖一中传来的一则消息：一年一度的芜湖一中离退休老师迎新春晚会举办了。看到那些老同事，那熟悉的面孔，那欢聚一堂的热烈场面，我仿佛置身其中，感到无比欣慰。

芜湖市第一中学历史悠久，从1765年中江书院(芜湖一中前身)开办开始，至今已有二百五十六年历史；即便从1903年办新学开始，也已有一百一十八年历史。从1949年开始，她随着共和国的脚步前进，为我国培养了成千上万的优秀人才。在这漫长的岁月里，我和晓林曾做过芜湖一中的学生，度过中学最美好的时光；又一同在芜湖一中工作，在改革开放后，共同为学校的发展出过力，我们感受到无限荣光。

2002年我俩都退休了，但都退而不休，不知怎的，我们两匹老马，还想再为教育做一份工作，再尽一份力气，随之都有了新的工作：他当上了芜湖一中退休协会理事长，在这个一般人都不愿意干的工作上继续为一中离退休教职工服务，也为一中分忧。而我也在那时进入深圳市教育学会，为深圳教育继续做一点微薄工作。晓林在协会一干就是二十个年头，办补习班，组织离退休老师参加丰富多彩的活动，忙得不亦乐乎。他现在还在干，而我终于于前年底换届后，于2020年6月完全退出。我们俩虽在异地，但最近二十年，两匹老马还是增强了联系，经常在一起交流切磋，回忆往事，总结人生经验。

二、拉手

我们两家是世交，双方父母又都是老师，他的妈妈与我的妈妈还是中学同学，至今我还记得她的妈妈那戴着宽边眼镜，和蔼可亲的形象。晓林比我大几个月，我个头矮小，他理所当然地成了大哥哥，我们曾手拉手去上学，他还经常保护我。

他喜欢与比他大的同学玩，那时，芜湖一中招收偏远农村的学生，农村学生年纪比较大，生活比较苦。记得住校生一个月的伙食费曾经是七元八角钱，这些学生中的特别困难者，即使享受甲等助学金，交了伙食费后也所剩无几，难以维持生活。晓林不但和他们玩得来，还常常予以接济，这种纯洁的同学友谊，被传为佳话。对此，我们同学中，现在著名的安徽作曲家谢国华、担任过乌鲁木齐一中校长的毛由金等知情人都一直夸奖他。

三、联手

1978年恢复高考以后，我从普通中学调到芜湖市重点中学的芜湖市第十二中学的高中毕业班当数学老师，也任班主任。这时，晓林也正好在省重点中学芜湖一中当数学老师，也当班主任。这时我们俩联手，互通信息、互相切磋、互相帮助。那时，我们两个班还举行过足球赛，这在那个年代是很难得的事。对此事，我那班的学生至今还津津乐道。

晓林是1963年进一中的，当时的芜湖一中不仅在安徽省，在全国也是赫赫有名的。芜湖一中从大学可以直接挑选毕业生，晓林就是那时选调来的。更重要的是，芜湖一中对刚调进的大学生有一套极其严格的管理、培养办法，须经过严格训练之后，才能上岗。

而我，很坦率地说，在大学确实也是优等生，还一直担任班长。但1964年跨出校门后，先是参加四清运动，在基层锻炼，一直到1968年才分配到学校工作。这之后，学校刚恢复上课，主要教工基、农基什么的。再以后，虽然也教数学了，但很不规范，更不用说，在上岗前也能像晓林那样接受培训了。那时，没有经过严格训练，没有经验的我主要靠自己钻研、拼搏才去教书的，这和晓林相比犹如游击队和正规军相比啊！所以对我来说，当时是我一直在向晓林学习，他也无私地帮助我。

四、帮手

1985年我从芜湖十二中调到芜湖一中任校长，和晓林成为同事。当时我受改革开放大势的激励，带着满腔热情在芜湖一中工作了八个年头，做了一些工作，取得一些成绩。我深切地知道，那些成绩的取得是全体芜湖一中师生共同努力的结果。那时，我时时刻刻感受到广大教职员工对我的爱护、对我工作的支持，也感觉到我在芜湖一中教职工中享有较高威信，这都少不了芜湖市数学界权威的晓林在明里暗里对我的支持和帮助，而且从不溢于言表。毫不夸张地说，我之所以能顺利地调到深圳，并逐渐在深圳取得成绩，退休后又能和他一起携手并进，一直在深圳教育战线干了三十年，也与当年晓林帮我分忧、对我的保护分不开。人与人之间的感情真有点说不清，在一起不觉得怎样，分开后才感到珍惜，我和晓林之间也是这样。在我来深圳后，我和他的联系频率，在一中老同事和我们的老同学中远远位于榜首，每年每次回芜，我第一个通知的总是他。与人相聚，也常少不了他。

不久前，我和深圳科学高中校长、从马鞍山来的尚强在一起聊天，谈起在芜湖时的往事。他告诉我，我在芜湖一中工作时，他曾去学校，想见我，但没见到。那天，晓林接待了他，谈得很好，因此他还是对芜湖一中留下十分美好的印象。尚校长自我解嘲地说："那时我年轻，又没名气，你哪会见我？"讲者无心，听者有意，我还真是有点不好意思。无巧不成书，安师大胡炳生教授常被尚校长请到深圳的学校讲课，他也经常谈到一中，讲到晓林。胡教授那时在安师大，曾因组织数学竞赛，常去我们一中，都是晓林接待……晓林那时真的给我分了好多忧啊。

那时，晓林在芜湖市教研室数学教研大组当组长，对年轻教师，特别是年轻的数学老师，不论是市内的还是县里的，都一视同仁，给予帮助和扶持。芜湖一批数学老师后来能有所发展，和他的发现、培养有很大关系，对此，有口皆碑。

特别要说的是，学生对他的教育、教学工作特别敬佩，凡是他带过的学生，对他也是交口称赞。他教书不忘育人，与学生的感情深厚，毕业多年的学生都会对他感恩。这不，不但深圳的学生邀他来深圳游玩，在美国的学生也邀他到美国旅游，一玩就是二十多天。

"鹏鸠情"之四：

鹏鸠教育，科研相连

图5-4　1987年编写的《芜湖一中校史》中也记载了芜湖一中进行教育教学科研的情况

　　重点中学的任务是什么？ 20世纪80年代常见的提法是：出人才，出经验。

　　我正是在这个时期，披挂上阵，去安徽省重点中学芜湖一中任职的，当时我只有四十二岁。

　　记得1985年元月，我随安徽省教育考察团去日本访问，芜湖市除我外，就是我大学母校的安徽师范大学杜宜瑾校长。日本高知市于1984年4月来我市访问，拟与芜湖市建立友好城市关系，所以原本考察团是要邀请芜湖市包括我们一中的人去访问的。后来,省政府为了加强和日本的联系,扩大了考察团和考察对象的范围,派出了以时任安徽省政府秘书长刘永年为团长的高规格团。团员中有时任省教委副主任鹿世金和省内几位大学校长。十五天的考察中,除高知的中小学、幼儿园及高知大学占用一周时间外,其余一周时间参观早稻田大学、京都大学、东京大学等大学。在高知市,接待方是高知市教育局和下面的中学校长,我作为友好城市的代表,年纪比他们的校长小十岁左右,所以受到接待方关注。

在大学校长中,杜校长因为是物理学家,所以他的论文引起日本陪同人员的注意。为了准备出国,我和杜校长多有接触和了解,因此受他的影响也颇多。有趣的是,杜校长之后到安徽省当了分管教育的副省长,最后去中央工作,我和他很少相见,但他的科研精神一直影响着我。

我们芜湖一中在十一届三中全会后,就已经重获新生,1978年上半年又恢复为安徽省重点中学。在这之后,学校着重抓教学和教改实验,致力于教学质量的提高。在我接手校长工作前,在老班底,特别是曾长期在芜湖一中工作、有着丰富教育管理经验的管德明(1982年调到市教育局当局长)等领导的共同努力下,芜湖一中已经在各方面走在全省的前面,受到表彰。对于我们新班子,以管德明为领导的市教育局领导寄托了很大希望,也给了很大支持,使我们得以在改革开放的道路上继续前行。

值得庆幸的是,我们新班子在按照上级指示,大力推行各项改革时,继续致力于教育教学研究,推动教师素质的提高,推动学校教育教学质量的提高,从而得出更多的经验。而在做这些工作的同时,我们毫不保守,总是通过各种途径宣传我们好的经验,也毫无保留地宣传我们总结的教训。

1984年秋季,芜湖一中历史上第一次成立了校教育科学研究室(教研室)。学校多年来一直要求教师每学期都要撰写教学总结和教研文章,现在新成立的教研室督促各教研组举行公开教学和组织教学观摩,还定期举行全校教学经验研讨会。

教研室成立后的两年多,学校组织编印了五本书和四期校报:

1.《芜湖一中教育经验选编》

2.《芜湖一中学生报刊作品选》

3.《芜湖一中学生获奖科技论文选》

4.《芜湖一中校史》

5.《芜湖一中荟萃文学社社员作品选》

这些文集的问世在芜湖一中的历史上是前所未有的,在省内外产生了良好的影响。《芜湖一中校史》一书迄今还可以在网上买到(旧书)。安徽省教委中教处还于1986年发函到各省属重点中学,推荐转送以上部分作品。

当时,学校各项工作成果被省内外的各种报刊报道,如《人民日报》《中国教育报》《安徽日报》《安徽教育》《芜湖日报》等。自1984年以来,各报刊、电台有关芜湖一中的新闻报道累计约三百篇、电视新闻累计有二十多条。芜湖一中的新闻报道,绝大多数出自学校师生之手,且报道中涉及的多是师生参加丰富多彩活动的情况。

特别值得一提的是,学校好像是在1985年拍摄了两部电视片《春华秋实》和《老校新颜》,它们反映学校当时欣欣向荣的景象和取得的部分成绩。1987年芜湖市文化局在一中拍电视剧《十五支红蜡烛》,该剧以我校师生为原型,反映了我校中学生的学习生活精神风貌。去年不知怎么谈起此事,曾在安师大电教系工作的杨先河笑着说,这部电视剧他曾参与拍摄,整整两周在校园拍初三艺术实验班师生。我忙说:"那时怎么没有认识你呀?"他不慌不忙地调侃说:"那时我是初出茅庐小年轻,您大校长哪会注意到我呀⋯⋯"

学校继续开展教学改革,成绩比较突出。

自1979年以来,芜湖一中共进行了语文、数学、英语三科七轮(初中三年为一轮)十三个班的教改实验。由学校教研室撰写的《改革教育思想和教育方法,搞好教改实验——芜湖一中教改实验综合报告》一文,被安徽省推荐参加1985年中国教育学会第二次全国教育学术讨论会交流,并被评为全国四十篇获奖教育论文之一,这是我省中学仅有的一篇全国获奖论文。

除此而外,学校也鼓励教师在教育教学中进行改革试验。有的班进行超常教育实验获得成功。从1984年秋季起,学校又加大课程改革的力度,在一些年级增设了电子计算机、中国古典文学、音乐课等选修课。在1986年,更是在高一年级全面开设选修课。

为顺应时代的需要,学校还大力开展第二课堂,组织了许多学生社团和课外活动小组。

1985年后，一中相继成立了中学生荟萃文学社、微机爱好者协会、法制学习兴趣小组、天文爱好者协会、学校剧演出队、青少年合唱队、思想政治学社、新星数学爱好者协会等。著名现代作家、北大教授、老校友吴组缃，于1986年给文学社题写了社名。各项活动搞得有声有色。荟萃文学社在全国报刊发表了几十篇文章。法治兴趣小组举办的模拟法庭演出，得到好评，并于1986年，被安徽电视台拍成专题新闻，先后在安徽电视台和中央电视台播放。校团委和英语组还举办了全校青少年歌手大奖赛，讲故事比赛和诗歌朗诵比赛等第二课堂的活动，开阔了学生的视野，增强了学生的能力，培养了学生的创造精神，有益于对人才的全面培养。学校还在1983到1985年间开办了夜中学，帮助全市广大青年职工补习文化，为普及教育做出了一定的贡献。

　　由芜湖一中发起成立"江南十校"联谊会，开展高考研讨交流活动。为了加强校际之间的高考合作，共同提高高考复习的效益，1988年我和我的同事们策划了一件事：由芜湖一中牵头，联合江南片区其他九所安徽省重点中学成立"江南十校"联谊会。联谊会会在每年高考前三个月组织一次联考，并根据联考情况召开年会，对当年的高考进行分析和预测，以达到相互交流、共叙友谊、共谋发展的目的。"江南十校"联谊会的理事学校由1988年成立之初的十所发展到十四所，最后参加联考的学校已达二百余所。对这个已举行了三十多年的民间高考联考，有人这么评价："'江南十校'联考可以称得上是引领高考复习备考的风向标，被誉为安徽省考生的'小高考'。"

　　初到深圳，感觉到与芜湖学校相比，情况大不一样。

　　一是这里的校长不再被教师住房所困扰。校长可以全身心地去干教育的分内事。这让我这正奔五的人也焕发青春，觉得可以也应该大干一场。

　　二是这里的学生来自五湖四海，受改革开放的影响，他们思想开放，积极向上。同学之间、教师和学生之间容易交流，相处很融洽。

　　三是除了升学率的差别外，在重点中学与普通中学干的活的差别似乎不像芜湖那么大。

　　那时调我来，是让我去罗湖区重点中学的，但临时因滨河中学校长空缺，让我去那儿补缺。正因为学校少，中学校长大部分来自其他城市，所以，无所谓重点、非重点，无论市直属、福田区、罗湖区……校长们来往甚多而且相处得很好。我在滨河中学曾联合红岭中学(福田区重点中学)、华强中学等三所学校在市体育场举办四校运动会，办得很成功。正因为如此，我们虽然和其他城市的学校一样，忙于教学、忙于科研、忙于组织中高考，但更有时间进行思考，因地制宜，去干一些在其他城市没有干或者干了没有干好的、有意义的教育项目。

在深圳当校长的十二个年头里，我还真是做了些以前做过而没有做好的事。

一是坚持在学校国旗下讲话。

在深圳理工学校建成开学之时，又正逢香港1997年回归之际，和香港近在咫尺的我校师生还有幸参加了欢送驻港部队从文锦渡出关的活动，这让大家受到了一次难以忘怀的爱国主义教育。有幸啊，这所学校一建成，学校就在爱国主义教育上迈出了一步，学校编辑出版了《爱国主义教育导读》一书，并在首届新生军训之际，组织师生学习。

为了更好地贯彻中共中央发布不久的《爱国主义教育实施纲要》，从新学校成立的第一天起，我们开始认真组织每周周一的升旗活动，由学校领导在国旗下演讲，形成一种制度。两年后我调离理工学校，理工学校在被撤销前，仍然坚持这样做，后来学校还将包括我们那时在理工学校时的讲话稿一起汇编成册印了出来。我到笋岗中学任职后，也继续坚持做好这件事。一直以来我都认为，在深圳，这是我坚持做的一件非常有价值的事。

二是发现、发掘、充分利用学校自身的事例，增强学校德育工作的效益。

一个学校，有那么多学生，那么多家长，那么多老师，还有那么多校友，任何时候都会有许多许多故事。有励志的，有助人为乐的，有见义勇为的……这些故事都是学校的精神财富。在芜湖一中这样的老学校，这些故事更是丰富、吸人眼球。那时，我们也关注这些事，但因种种原因，不能深入下去，把这些故事很好地整理成教育素材，用于德育教育工作之中，甚是遗憾。在深圳，我得以关注学校发生的那一件件事，好的坏的，不仅记载下来，而且恰当地用于学校的教育活动中，结果大大地放大了教育效果。

三是在学校工作实践中摸索并确立了自己"绿色、数字、生本"的办学理念。

"鹏鸠情"之五：

作家同学吴兰波

图5-5　与芜湖一中老同学吴兰波相见

　　离开生活四十多年的家乡，有三十个年头了，家乡一直在变，已有不曾相识的感觉，但始终不变的是乡情。回到芜湖，我总迫不及待地见昔日的同事、朋友、学生还有同学。这次有事回芜，大概是去年底已二次退休的缘故，一身轻松的我，更想见老同事、老同学。现代化的通信，使我不太费力地找到中学同学吴兰波(吴大器)。兰波(大器)同学是个作家，这次他来看我，送我四本他的最近的著作，其中一本还得了安徽省"五个一"工程奖。其实我们同学对他是最佩服的，不只是因为他是作家，更是因为他的经历。兰波在芜湖一中上了六年学，初中阶段他就博览群书，以至于成了高度近视。和我们要好的同学谢国华(安徽省乃至全国著名作曲家)告诉我，初中时，他和兰波都喜欢文科，走得更近，正是受其影响，读了许多欧洲名著。

兰波在老同学圈中影响很大，人们以为，是因为他后来成了作家。其实，真正的原因是他在遇到磨难时非但没有倒下，还取得令人瞩目的成绩！一是，在高中即将毕业之时，家庭突然发生变故，使高才生的他勉强录到师专，而且进的是数学专业。二是中年丧妻，他亲手拉扯两个小孩，培养他们进了顶尖大学。记得他的儿子1986年参加高考，因为成绩好，复旦大学发来联系录取函。后来，我建议他儿子考科大，他接受了我的建议，儿子进了科大，又成了高才生。现在已很有建树。见面时，还感谢我，我也感到欣慰。

"鹏鸠情"之六:

谢谢我的大学母校

图5-6　母校安徽师范大学校友会成立了,校领导为会长、名誉会长授牌

　　实话实说,考大学,我没想到上安徽师范大学。我们那个时代,同学们都向往着当科学家,还有,本地的中学生都不想上本地大学,而想远走高飞。当时响彻云霄的口号就是:到边疆去,到农村去,到祖国最需要的地方去! 豪情满怀的我和其他中学同学一样,都憧憬着离开芜湖,去外地上学。但我做梦也没想到,1960年我中学毕业时,每个考生都要填报两张表十八个志愿,我的第一志愿是中科大,第十八志愿是安徽师范大学,但最后却被录取到安徽师范大学。接通知书时,一想到当华罗庚研究生的计划泡汤了,想到连大学都得在家门口上,到外地好好见识见识的想法都实现不了时,心里真不是滋味。不过当我知道,自己高考成绩很好,是省主要

领导指示,要把一些成绩好的学生留在安徽,建设好安徽,心里便好受多了。

　　毕竟是年轻学生,好转弯。进入安师大后,紧张的学习任务让我们感到新鲜,我和我的大部分同学很快投入到紧张的学习中,投入到大学丰富多彩的各种活动中,对学校的感情也就逐渐好起来了。记得刚入学那年,学校举办舞会,还真吸引了许多爱好跳舞的男女同学。之后掀起学习《毛泽东选集》的热潮,同学们的政治热情更是大大激发起来。而我,当时当了班长,又想着努力学习,总觉得自己是个学习料子,耽误了太可惜!但有两件事,对我刺激很大。一件事是,我的学习成绩在那个可能是曾经拥有最多一届学生的安师大(有四百到五百人)中的佼佼者,但和另外两个学生,特别是一个姓伍的学生相比,我觉得差了一大截!另一件事是到大二或是大三学习实变函数(真是很难的学科),我考试分数居然游走在60多分。千万别怪教课的教师,这位已故教师的课讲得非常好,实际是讲课好听懂,题目太难做了啊!也正因为如此,我到深圳认识尚强后,对他十六七岁就解出我们这些大学生都不敢问津的几何习题集的事,怎能不佩服呢?

　　那个年代,教师当过研究生、博士的很少,我的教师中,好像几乎都不是。但他们的水平很高、课教得很好、对学生非常负责任,对我当教师的影响很大。后来很长一段时间里,我一直保持联系的有王慕三、杜广麟、甘璧如等教师。记得我三十五岁时,最后一次考研究生,考的是我的母校,考前的一个晚上,我还去了杜老师家问问题。后来考得还不错,据说已经调档,准备录取。但最终因中央有通知,英语必须过55分,而我以前学的是俄语,自学英语不过关,只考了48分,最终与研究生失之交臂,至今感到遗憾。

　　上大学不久,国家出现了困难,但对大学生还是相当照顾的。考试到了,怕有些学生过不了关,教师还到宿舍帮学生补课,令人十分感动。更有趣的是,在那个重点学校下迁的70年代,我已到东方红中学任教,由于缺老师,母校安师大根据芜湖市的请求,派老师到我们中学支教。那师生并肩作战的情景至今历历在目,难以忘怀。甘老师也来了,她经常拿着一个本子记录中学生的学习情况,我自感不如!

　　安师大四年的大学生活太值了,我的心智得以健全、阅历得到丰富、能力得到提高。那几年遇到的事太多太多,特别是挫折,但我挺住了。毫不夸张地说,这一切归功于我的大学母校的教导。我怎么能不感谢我的大学母校呢?

我在一中工作的八个年头中，中学的各项教研活动、竞赛活动层出不穷，离芜湖一中仅几步之遥的我的大学母校便成了我们开展这些活动的好帮手。不仅如此，由于安师大是安徽资格最老的学校，在安徽省乃至全国的地位都不可小觑，全国各高校中都少不了从安师大毕业后分去工作的教师，也有直接调过去的教师，其中有的还当上了名大学的校长，记得那时华东师大的一名副校长就是安师大过去的。种种原因，全国各高校和安师大的联系都很紧密，对此，我们芜湖一中受益匪浅。以数学为例，那些中国顶尖的数学家，如单墫、苏淳、严镇军到安师大学术交流，安师大常安排我们芜湖一中的老师甚至学生和他们见面。安师大中文系的专家在全国的地位也是很高的，不用说，他们也常常给芜湖一中很大的帮助。再就是，芜湖一中的中青年教师基本上是从安师大分来的毕业生，他们在芜湖一中是顶梁柱。总之，芜湖一中能取得成绩，不论过去还是现在都离不开我的母校安师大。为此，我在一中时就十分感谢我的大学母校。

多年来，进入深圳和广东的从安师大毕业的教师越来越多，这些教师在各自的学校，兢兢业业、踏踏实实地工作，赢得了深圳的学生、家长、学校及社会各方面的认可和尊重。一些学校还直接联系安师大，想调入毕业生。以至于广东的有些地区，从骨干老师、校领导乃至各级教育局领导都有不少安师大毕业生。其实，来深圳的安师大校友，不只是来教书的。他们中不少人在其他城市从事党政、新闻、制造业等方面工作，随后到深圳得到了更大发展，也很快取得了卓越的成绩。

多年来，对远离安徽家乡来到改革开放前沿的我们这些学子，母校的领导十分关心，他们常来深圳、广州看望我们。在广东省安师大校友会正式成立后，学校领导更是每年都来参加校友活动，给予帮助、支持和慰问。母校有活动，校友也积极参加。就我而言，我已经飞往芜湖参加建校八十、九十周年两次校庆，都受到了母校的热情接待。

疫情以来，和母校相关的捷报都会使我们兴奋不已。疫情开始后的2020年，我们就看到报道：安师大生物系1982级校友、中国科学院微生物所研究员严景华，带领团队研发了新冠病毒疫苗，为抗击疫情做贡献！据报道，在2021年7月31日的东京奥运会女子八百米半决赛第三小组比赛中，来自安徽宿州的安徽师范大学学子王春雨凭借超强的技术、强大的身体心理素质，与多位世界顶级选手同台竞技毫不畏怯，以1分59秒14的个人最好成绩冲过终点线，成功晋级女子八百米决赛。她创造了中国田径在奥运会首次进入该项目决赛历史。还有赵川，安徽师范大学中文系1992届毕业生，1999年调入深圳成为《深圳商报》记者。他在疫情期间写成的第五本书出版了。而这本经过二十年心血实地考察写成的书，成为献礼深圳特区四十周年的重点图书。

我们深切地感到，母校所取得的成绩既是我们这些学子的荣耀，也是对我们的鞭策！请母校放心，我们此时此刻，不仅要表示对母校的谢意，更要表态：将在深圳这块热土上，继续牢记母校的教诲，继续前进，永不停步！

"鹏鸠情"之七：

一位被母语国授予英语专家的教授

图5-7　原汕头大学外语专家邓子钦又要出新书，正在审稿中

　　我认识一位大学英语教授，我们从2005年开始，一起创办深圳深美国际学校，并成为同事。

　　那时我就知道，他不唱歌、不跳舞、不打牌、不下棋，他说他不会，其实并不然。不过有一点是可以肯定的，他从不跟学校的教职员工在一起玩乐，据他说，他最大的业余爱好就是在早上散步。

　　他把全部的热情和精力都投入到教学、写作之中。"书中自有黄金屋，书中自有颜如玉。"他在工作之余，写了二十多本书，退休以后他还写了十二本。海天出版社出版了八本。截至2011年11月，他还在中山大学出版社出版了四本。

他是谁？他就是原汕头大学英语系教授邓子钦。

时间回到20世纪80年代，1980年《人民日报》报道了李嘉诚先生捐巨资在邓子钦的家乡创建汕头大学的消息时，他抑制不住激动的心情，毅然报名，参加了汕头大学的筹建工作。

为了筹建外语系，他走遍全国各地选拔师资，非常辛苦。1986年，邓子钦送走了第一届毕业生，自己也经选拔作为高级访问学者，成为第一个使用李嘉诚学术基金出访澳大利亚悉尼大学的人。邓子钦从香港去澳大利亚，在香港时，他受到李嘉诚先生热情的接见和款待。

邓子钦带着研究澳大利亚英语的任务来到悉尼大学。先在教育系学习研究英语教学法，后来转到语言学系，研究澳大利亚英语和世界新潮语法(Functional Grammar)，他的研究得到功能语法创始人、世界语言学会主席Halliday先生的重视，随即他们也成了好朋友。

除了正常上课外，他利用业余时间研究《麦考瑞词典》(*Macquarie Dictionary*)。他自己买了一本词典，从头至尾一页一页地细读，边读边在空白处注上评语。这本厚厚的词典他读了三个月，这让他学了不少新东西，但也发现了不少不足之处。

为了提高自己的词典编写和鉴别能力，他开始专门攻读字典学、词源学和语义学。此后，他对《麦考瑞词典》收录的词汇、编写原则和方法，做出了全面的评论，并把评论送给大词典主编亚瑟(Arthur Delbridge)。他的工作很快得到了主编的充分肯定，主编热情地接见邓子钦，并邀请他作为特聘编辑参加大词典的修订工作。

邓子钦离开了悉尼大学，转到了麦考瑞大学词典编写研究中心。为了成功完成任务，他每天把十几本英文大词典摆在床上，坐在小板凳上一页一页地研读、比较、分析和总结。从那时起，他每天工作到深夜，除了吃饭、睡觉就是英语。最后，邓子钦出色地完成了修订任务，得到国外专家的高度赞赏，并被授予词典博士称号。《悉尼大学报》上也报道了邓子钦的业绩。此后，邓子钦被新南威尔士大学、西悉尼大学请去做学术报告。

鉴于他的学术研究水平，澳大利亚想把他留下。但在1989年，他却在签证到期前三个月谢绝了麦考瑞大学词典编写中心的留任，毅然回到了汕头大学。大学领导很重视他的研究成果，专门成立了澳大利亚研究中心，并聘他为中心主任，为他招收澳大利亚语言研究为方向的研究生。邓子钦和他的同事,带领研究生撰写了不少论文和专著,为促进中澳友谊的发展起到了积极的作用。

从办深美国际学校开始,我就和邓教授走得很近,从而也很快地了解他的许多经历。

他生于广东省揭西县南山村,1960年考入武汉大学外语系英语专业,1964年加入中国共产党,1965年毕业后留校任教,1982年调出武汉大学,参加由李嘉诚先生捐助的汕头大学的筹建工作,由于工作出色,他被第一个选为赴澳大利亚研学的学者。回到汕头大学后,他创建了汕头大学澳大利亚研究中心,向全国招收澳大利亚英语研究生直到退休。

从邓子钦记事起,饥饿、寒冷与苦难就伴随着他,直至他考入大学。

当他收到大学录取书时,他的父母既高兴又发愁,高兴的是儿子终于如他所愿地考入知名大学,难过的是由于家里太穷,他们连上学的路费都拿不出!幸好有位华侨同学家里经济条件稍好,被邓子钦刻苦学习的精神深深感动,主动帮他买了一张车票。

踏进大学的校门,邓子钦得到甲等助学金,除了免学费以外,吃、住、穿都不用钱,另外学校每月还发两块零用钱。他除了理发的五分钱和看电影的五分钱为必要开支外,剩下的钱全部寄回家,帮助弟弟读书。邓子钦刻苦学习、奋发图强的优秀表现得到了教师及同学们的好评,在第二学期,邓子钦被推选为班长、团支部书记直到毕业。放假后,吃苦耐劳的邓子钦便组织从乡下来的同学拉板车(那时全班二十五个学生有五个来自乡下)。为了挣一点钱,减轻家里负担,他们五个乡下的同学组织起来,经常利用放假的时间到林场、农场打工,到印刷厂刻写蜡纸,赚了钱寄回家给弟弟读书。五年的大学生涯,邓子钦强忍着思亲之苦,从来没有回过一次家。

年轻的邓子钦和其他大学生一样爱看小说,但贫困的他买不起英文书,他就到旧书店买英文小说。

一本他从旧书店购买的苏联出版的翻译小说《静静的顿河》对他影响极大。也正是通过阅读厚厚的英文小说,他的英文成绩迅速提升,最后提升到班上优秀学生行列!

除此以外，邓子钦在大学学习时喜欢钻研各种学习方法，他专门买了一本笔记本，把老师修改过的、他做错的作业题摘抄在一起，他把它称为"错误本"。弄清错误的原因后，他发现这个学习方法真不错，成绩很快得到了进一步的提高。

由于邓子钦的成绩不断地进步，个人表现也相当突出，毕业后领导指定要他留校任教。几年后就评上了讲师、副教授。勤奋好学而生活又低调的邓子钦一心只想当一位好老师。事实证明，他持之以恒的刻苦精神和孜孜不倦的教学精神，得到了领导与学生的高度评价，多次获得校级和省级教学优秀奖，在大学工作期间，邓子钦一直是政务、教学双肩挑。为了培养出更多的知识人才，他很愿意多上课，在传授知识的过程中享受奉献的快乐！通过不断地授课，他的知识越来越丰富，英语越来越精通，为他日后成为英语专家奠定了坚实的基础。

2004年他在海天出版社出版了"王牌雅思考试"系列丛书四本。邓教授和他的导师(悉尼大学终身教授约翰·克莱弗利John Cleverley)合编的关于留学与移民雅思口语与听力的《澳大利亚雅思教官考经》系列四本，于2007年由海天出版社和澳大利亚出版社(Waratah Pacific Publishing House)联合出版。"新王牌雅思应试教材"系列丛书四本，于2011年11月由中山大学出版社出版。"王牌雅思考试"系列丛书得到了深圳赛格雅思考试中心和教育部《英语课程标准》专家组组长陈琳教授的高度评价，力荐为全国雅思应试首选教材。

这几年，尽管疫情肆虐，邓老却仍坚持研究，坚持写书。最近他的几本新书又要出版了。在他的新书中，针对记单词的难点问题，提出行之有效的方法。他希望在这几本书出版后，能在英语教师培训上做出新的努力，以期通过广大英语教师帮助学生大幅度地、全方位地提高听、说、读、写方面的英语水平。邓老真是宝刀未老啊！我坚信，他的愿望一定会实现。

"鹏鸠情" 之八:

谢谢我的学生和校友

图5-8　到清华大学与时任校长的芜湖一中校友顾秉林相见

　　在时空得到大大拓展、改革开放前沿的深圳工作,我得以接触到更多的人和事,思考更多的问题,从而得出一些新的认识、新的看法。当然也可能是原来就有,但并不被人注意,或者不合那时的时宜,自己孤陋寡闻而已。

　　一眨眼我在深圳工作三十年了,在家乡芜湖最早的学生已经退休,或者步入了即将退休的时刻。有趣的是,几十年前建立起来的师生情,却更加浓郁。特别是在信息化高度发达的今天,在那一届又一届校友群里,我们"见面"的机会反而与日俱增。我的学生在聚会时,会和我发起视频,我与在深圳的学生或朋友相聚时,也常与他们通话,相谈甚欢……几十年的教师生涯,使我越来越体会到:

之一，学生是老师的宝贵财富

我们的恩师管德明曾长期在芜湖一中工作，勤勤恳恳、任劳任怨，为学生服务几十年，赢得大家的尊重和爱戴。管老师有一手绝活，凡是进入一中学习的学生，他很快能辨认，而且能叫出名字。奇还奇在，多少年后，即便是在路上见到这位学生，他不但能立刻叫出学生的名字，而且还能如数家珍地讲出学生的情况，让学生不能不敬佩。原来我以为，管老师记性好，过目不忘，所以学生的名字都记得。后来才知道，他当时分管学生工作，学生进入学校前，他就反复看学生登记表，把学生的情况记个大概，待学生入学后，他又用心记忆，反复多次，直到熟悉为止。后来，我当芜湖一中校长，也曾想多认得一些学生，但都不能如愿，看来，记性是基本，方法很重要，用心才是根本，我这三方面都远不如我的恩师啊！

2000年后，他随很有才气的女儿在深圳生活，一方面在中国陶行知研究会秘书长的职位上继续为中国教育服务，另一方面在写回忆录。2001年合肥工业大学出版社出版了他的《烛光》一书，书中特别讲了他和他的学生几十年的交往，特别叙述了这样一段故事。1992年夏天，他到北京出差，在路上，被汽车撞了，汽车负全责。车主和司机知道闯祸了，迅速送他进医院检查，检查结果为趾骨骨折。医生说当时无病床，让他老人家回家静养三个月。车主虽很有身份，但见病情似乎"不那么严重"，也顺水推舟，说只能听医院的。但实际上管老师在北京无家可去，怎么办？他想到学生，于是给他们打了电话。很快他的一位医生学生赶到医院看望并协调。为了看老师，这位学生放弃去高考现场接孩子，终于把管老师在这个医院安排住了下来(确实无男病床，动员女病人合并让出病房)。待稍好些后，又把他转入另一所医院继续住院，直到基本痊愈才出院。期间，一传十、十传百，每天有数十校友前来看望(在北京，当时来一次几乎要花一天时间)，这惊动了医院，也惊动了那肇事车的车主，他对此事重视起来。后来管老师见到我时，知道我每年都去北京，每次都要和校友聚会，特地当面嘱咐我，见到校友，都要代他表示感谢。

其实，我和我的学生，即使是四五十年前的学生，也始终保持密切的联系。在芜湖时自不必说，来深圳后的三十年中，每次回芜，学生都会把我安排得很好，让我十分感动。不仅如此，我的学生遇到事情，也都会和我商量，听取我的意见。

特有趣的一件事是，七八年前的一天，我开车去办事，手机响了，电话中传来学生的声音，是为她上高中的女儿问一个数学问题。接到电话，我立马找了一个安全的地方停下车，然后记录下问题。解决后，迅速地回答了问题。这种千里之外解决数学问题时的心情，是难以言喻的，要知道，提问题的学生可是我四十年前的学生啊！

之二，感谢学生助我前行

四十年前，我在由芜湖一中和芜湖三中合并而来的东方红中学任教。那时的学校，一切都还不太正常。作为年轻教师，我一直担任班主任，我和学生们一起挖过防空洞、一起为备战行走百里去南陵县拉练。在1972年芜湖市第一次招考一百名民办教师时，我担任这项工作的组织者，分享过参加考试和被选上学生的喜悦。那时，我们老师和学生之间的关系被定位成同一战壕的战友，对于我这个刚出校门没几年的年轻人，对此还真的很能接受呢！后来，我一想，当教师和班主任的日子，对我的促进确实很大。在那时复杂的环境中，我试着和学生、学生家长建立良好的关系，试着寻找处理和化解学生矛盾的方法，试着利用一切可能向学生传输我特别拿手的数学知识，更试着传输我们老师心里没底的未来的憧憬……这时，和学生几乎朝夕相处的我，时时得到学生的支持和帮助，当我在学校工作中遇到困惑而萌生打退堂鼓的想法时，总会想那些朝夕相处、生机勃勃的学生，我似乎感到这些充满活力的学生用一双双无形的手推着我向前！

在教育恢复正常，我调入芜湖市重点中学十二中当老师后，开始了更漫长的正规教育之旅。长期的实践，也使我认识到，我之所以能成为一个很受学生欢迎的数学教师，确实离不开学生对我的信赖、支持和帮助。

在深圳，我常常受邀去参加往年学生组织的活动，特别是退休以后，更是如此。2014年的一天，我接到四十年前的学生的来电，说班上老同学聚会，邀我去。从深圳飞回南京时，那时的班长王芳和当时比较调皮、经常被我批评的赵严励同学一起开车来南京接我。在聚会上我感慨万千，说出我多年来，特别是到深圳后悟出的一段话："同学们，和你们相处的日子，在那个读书无用论盛行的年代，你们没有从我这里学到什么文化科学知识，但我却学会了和你们相处，学到了不少终身有用的东西。使我得以在以后，无论在重点中学还是普通中学，无论是当老师还是当校长，都能较好地工作，不断取得成绩。我感谢你们。"

2019年我应邀参加芜湖一中1989届高中毕业班学生三十周年聚会。我还在一中新校址，校友赠送给学校的雕塑前讲了话！那一届学生在高考中成绩仍旧名列前茅，尤其文科是全省第二。我在讲话中，也向他们表示迟到的感谢。

之三，重视和关心每个学生是我们教师义不容辞的责任

1991年调动到深圳，4月16日被派去滨河中学当校长。不记得是什么原因，当时排名最后的初三(6)班缺了个数学老师，知道后，我立即顶上，开始品尝在深圳教书的滋味。在芜湖既教过重点中学高中毕业班学生，又教过普通学校学生的我，总以为在深圳能驾轻就熟：教个普通中学初三班，还是蛮有信心的。

客观地说，我的想法似乎没错，学生对我讲课还算比较欢迎，但问题还是出来了。当时深圳毕竟建市才十三年，滨河中学建于1984年，也才七年，教师虽是从全国各地招来的，但挑选机制还来不及完善，所以良莠不齐；而学生也是随父母来自各地，来了就有学上，学校招生执行就近入学，空位也向当时的关外开放。在深圳起步不久的年代，家长忙于创业，顾不上孩子。总之，孩子送到学校，一切就靠学校了。

那时，深圳的学校除高三外基本不补课。但学校内部，同年级各班的成绩、学校初三毕业班的升学成绩，还是在一定范围内流传，年级班级之间、校际之间的攀比，还是存在的。当时我教的六班本来在学校的排名居后，不过我并没有紧张，反倒是班上的学生很担心，怕在剩下的不到三个月时间里，班上的成绩提不上去，让我这个当校长的数学老师难堪。特别是班上有个女同学，数学成绩不好，经常问我问题，但成绩还是不行。最后，她怕影响我，竟然不辞而别，去上夜校……这让我既难堪，又感动。多少年以后，我去上海宾馆买东西，突然听到一个营业员在喊我，原来就是那位同学，她见到我，很高兴地汇报了她目前一切均好的情况。后来参加这一届学生聚会时，了解到这一班学生在各行各业干得不错，我更释怀。我到深圳后，这班学生给我上了第一课，我怎能不感谢他们？

我才来深圳的几年里，在课余时间，学校和学生自主举行的活动都很出彩。

记得滨河中学在我去之前，集邮活动开展得就比较好，学校集邮协会在市集邮协会也是榜上有名的，在市里多次得奖。有趣的是，在学生的带动下，我也成为集邮爱好者。这以后，课余时间，我陪儿子常跑罗湖区人民公园的邮票市场，卖邮票的看到居然有校长常来光顾，非常热心地接待我。从这以后，我还正式加入深圳市集邮协会，并于1997年在罗湖区政府的支持下，组织成立了罗湖区集邮协会，出任会长。

"鹏鸠情"之九:

我爱鹏城,也爱鸠兹

图5-9　原芜湖市委常委惠国胜赠给我书法,以示鼓励

　　我在芜湖一中工作期间,惠国胜正在芜湖市领导岗位,担任芜湖市委常委。他对一中的关心、爱护无人能比。学校有什么重要活动,他也会尽量来参加。1985年我们举办两百二十周年校庆,有几百名校友参加,他不但赶来开会,还在会上作了讲话,勉励大家珍惜芜湖一中的光荣历史,继续努力为我们国家努力工作;学校有困难,找到他,他从不推辞:学校的体育场想扩建,修四百米标准跑道,这一直是一中师生特别关心的事。但扩大地皮涉及与操场一墙之隔的芜湖地区的地盘,芜湖地区有时行政资质比芜湖市高,至少是平级,和他们协商还是有点困难的。找到惠国胜,他立刻行动帮我们联系,最后地皮要到了,四百米跑道也修成了。更有甚者,历史上

芜湖一中被分成前后两块,宿舍区里有一个不属于学校的池塘,池塘边有一块地皮是花农生产队的,这给学校改造带来不便。为此,从我到芜湖一中上任后,就开始找有关方面反映,要求把这块土地划拨给我们。多次反映无果,又找到国胜,并通过他找到市委书记、市长,结果终于要到这块土地,并在这块地上建了新教师宿舍楼,分给教师。这在20世纪90年代初,对芜湖一中教师来说,是特别大的事。为此我和芜湖一中师生都十分感激他。我经组织商调到深圳工作,行前,他和当时的中医院副院长陈长春等三人在院长家,好像是现在已拆迁的牛奶坊的小阁楼上请我喝酒,给我送行。当时还送我一副对联,上联是"继六朝之余威",下联是"扬一中之英名"。后来,我儿时的伙伴王一荃请了安徽著名书画家陶天月先生书写出来装裱好送我,但我始终珍藏在箱子里,从未挂过。

我来深圳快三十年了,国胜还一直对我十分关心。去年我回芜湖,他请我,请也在深圳的后世荣先生一聚,并带来装裱好的诗给我们。他根据所了解的情况对我进行点评,给我的近四十年的工作以充分肯定。他写道:

当年在一中,贤兄分外忙;校长任八载,业绩何辉煌;又赴大潮去,深圳美名扬;廉颇有遗风,改革强中强。

他的点评让我汗颜,但又深受鼓舞,让我激动不已。

我要求调到深圳工作,市里同意放行,并帮助联系。临行前,肖尚忠市长还给我送行,这让我终生难忘。

在深圳,见到来深圳的安徽乡友,特别亲切。安徽省教育厅的好几位领导每次来深,我们都会相见。1997年,在理工学校时,我主编发行过一本书《爱国主义导读》。其实这本书也是当时安徽省教委副主任沈培新和处长章裕英所支持的一个科研项目的成果,却让我们分享,理所当然,他们都应邀成为书的顾问。2012年,我芜湖的老同学有三十九人到香港玩,也顺道到深圳看我。那天,我们在老街的新福楼一起畅饮,畅谈……今天,我和老同学王士春在微信提起此事时,仍旧十分兴奋。

在深圳,早在20世纪90年代初,我们一批乡友,在安徽省驻深办事处的支持下,成立了深圳安徽乡友会,刚来深圳在城建集团任职的郑宏杰也参加了筹备会,那在红岭大厦(已经改名为维也纳酒店)的大厅里开会的情景至今历历在目。之后,又相继成立芜湖商会。芜湖一中在深校友也积极开展活动并在朋友圈加强联系。坦率地说,我也是这些组织的发起人,是其中的活动积极分子。乡友们常常应邀去家乡,为家乡服务,每次也都得到家乡的热情接待。

在芜湖一中当校长时,我曾注意加强校友和母校的联系。我的父亲汪仲华,从1949年起就在芜湖一中当体育老师,我当校长时,他尚未退休,我就请他四处奔走,负责联络校友。客观地说,这项工作在当时做得还是很好的。离开芜湖一中后,由于种种原因,芜湖一中1960届毕业生和学校的联系最多,我正好是1960届的一员,加上我们家兄弟姐妹乃至他们的子女都是芜湖一中的毕业生,我与校友的联系非但没有失去,反而有所增强。特别是在我进入深圳市教育学会工作后,每年都有几次赴北京等地开会的机会,每次我都会和芜湖一中校友,特别是老校友相聚。这些年,几个大城市都相继成立了校友组织,我们深圳芜湖一中校友也和他们加强了彼此之间,以及和母校的联系和交流。

在深圳,我把宣传安徽、宣传芜湖、宣传芜湖一中当作自己义不容辞的责任。安徽省人杰地灵,黄山更是举世闻名。芜湖依山傍水,一山(赭山),一水(镜湖)居然位于城市中心,长江又像一根飘带从城中穿越而过。创立《新青年》、作为中国共产党的主要创始人之一和党早期领导人的陈独秀,曾于1904年在芜湖一中任过教,曾担任北京大学校监(校长)的严复,也在芜湖一中担任过校监(校长)。

这些都引起我周边校长、教师、朋友们的极大兴趣。他们一批又一批取道芜湖去黄山,好客的铁山宾馆的领导和芜湖师大附中毕业的中国著名油画家童红生,还曾陪同深圳校长上黄山,让深圳人深深感受了我家乡人民的热情。还有一次,我陪朋友去黄山办事,得到了当时的黄山市委副书记张脉贤的热情接待。在芜湖那么多年,我仅因公、私各上过黄山一次,但到深圳后,又多次陪深圳友人上黄山。

在深圳,应邀回芜湖参加活动是非常开心的事。我四十年前的学生组织聚会,我和北京协和医院麻醉专家黄宇光分别从两地飞去参加。芜湖一中1984届、1986届、1989届学生组织三十周年活动,我也在受邀之列。芜湖一中一百周年庆典于2004年(本应在2003年举行,因非典型肺炎推迟),在芜湖一中隆重举行,我也应邀参加。

我是安徽师范大学的校友,安师大的活动,也总忘不了我。特别是参加了八十周年、九十周年校庆,我分外高兴。

对于家乡的事,我从来都不会怠慢。有一次,接到通知,邀我出席区政府会议,我二话没说,立马飞去,而且是头天去,第二天回。

我是安徽芜湖人,喝着长江水长大;我曾是芜湖一中的教师子女,在一中张家山有我住了几十年的家;我曾在芜湖一中上中学,又回到芜湖一中当校长;我曾在芜湖几所学校当过数学老师和班主任,至今我的许多学生也都退休了,但仍经常网上见面。

我在芜湖三中1976届校友聚会时,发自内心地说过一段话:"我感谢你们,因为那个年代,和你们相处,向你们学习,我才逐渐学会了做一个老师,做一个班主任!为我未来的教育生涯奠定了坚实的基础!"

今天我要说,我之所以能较好地在深圳工作生活三十年,离不开安徽芜湖对我的哺育、培养,离不开在家乡的跌打滚爬……因此,我要说,我爱家乡。深圳、芜湖都是我的家乡啊。

我和上一任芜湖一中校长庞定亚提议,由著名学者、芜湖一中校友胡野秋撰稿,著名书法家盛毅题写芜湖一中赋。这首赋经我芜湖十二中学生、芜湖市建筑设计院张皖湘的帮助,被刻在芜湖一中新校址中特地竖起的大理石墙上。说起这个赋还真有故事,值得一提。有天晚上,深圳电视台著名播音员,从安徽师范大学毕业的许雨燕约学者胡野秋和我一起小聚,在笋岗街道办附近见面谈事。谈着谈着,我突然想起,请野秋为母校写首赋。野秋还未表态,雨燕马上称好。当然,对此事野秋也早有想法,立马答应。不久,赋就写好了。

"鹏鸩情"之十：

书画家刘廷龙

图5-10　安徽省书画院长,军旅画家刘廷龙来深圳看我

　　一个省书画院的院长一定是中国书画界的名家,这你肯定会相信。一个省书画
院的院长曾经是中越自卫反击战中出生入死的战士,这你恐怕想不到。其实,别说
你,这以前,我也想不到。

　　真的就是这么回事呵! 三十多年前就曾是好朋友,二十多年前已经成为安徽省
书画院院长的刘廷龙,直到2019年在深圳深航大厦见面时,他在深圳、东莞的战友
都赶来欢聚一堂,大家也不时地谈起中越自卫反击战。当喝开了酒,他在南方的战

友、讲起他们经历的那一段"烽火连三月"的故事时，我的心脏几乎都要跳出来，对大画家刘廷龙的仰慕迅速升华为敬仰！随后，我收集到他和他的战友，70年代在战斗前线猫耳洞写给时任芜湖市市长的信的报道，更是深受感动。

这篇报道是这样写的："三十余年前在硝烟迷漫的对越作战前线的猫耳洞里，芜湖的几位战友们在经历生死考验的同时，还不忘对家乡人民的建设关心关注，于是就写了这封给赵衡遽市长的信……"写这封信的战士中就有刘廷龙。

我调到芜湖一中任职前，是一位市重点中学的把关教师，从早到晚仅与师生们（主要是自己原学校十二中的教师）打交道，与社会人士很少交往，更不要说书画家了。记得有一年，我中学同学、学生家长为她毕业于十二中的儿子考大学、填志愿的事多次来找我，我才知道她的父亲是芜湖当时有名的大画家黄叶村，其实她父亲和我父亲是老朋友，但那时我与她父亲无任何交往。

到一中当校长后，生活仍旧单调，家和学校两点一线，中午睡午觉，晚上外面饭局极少。因为我还兼课，白天忙于工作，晚上还要备课，所以晚上几乎不外出。那时，我浑身是劲，除了工作还是工作。

不过，到了一中任职后，接触面广了，我认识的各方面的人士自然也多了，但认识的画家依旧很少，有接触的就更少。除了黄叶村，就是应天齐、后其仁、杨重光。偶尔接触的其他书画家还有几位，但印象不深，当时就没有交往。

有趣的是，我却和一位书法家相识、相处，并成为挚友，他就是刘廷龙。

那时，我只知道刘廷龙在芜湖市军分区工作。军分区办公室在镜湖边，离我工作的一中和我住的三中都很近。当时正好有一位我的学生也在人民武装部工作，他介绍我认识了廷龙。军分区的工作在当时相对清闲，而我刚到一中工作不久，工作千头万绪，忙得不可开交，每每感到太累时，我的那位学生便经常安排廷龙，以及另一位在一建公司的司机朋友一起见面。那时见面，很少有饭吃，在一起打打球，聊聊天，方便时则看廷龙写字。此时，廷龙的字已写得很不错，但恐怕还算不上大书法家。但他写的字，我们都很喜欢，他也常常写字送我和我的小孩，以至于在我到深圳工作时，我已收藏了他的十多幅书法，占了当时我收藏字画的大部分。由于工作需要，我常请他帮我写字送人，他从不拒绝。记得那年时任国家教委基础教育司的温孝杰同志来芜湖公干，我邀他来一中看看。随后，温孝杰同志把我们学校的办学情况向司里作了汇报，司里竟给我们学校拨了几十万建设款，我们才得以把老式的中大楼拆掉重建。后来，我请刘老师写了一幅他的代表作书法作品，想送给温孝杰同志表示感谢。刘老师当年为我做的这件大"义"事，我至今难忘，想必他早已忘记了。

很坦率地说，书法家刘廷龙（那时还很少画画），我的那位学生，还有那位工人师傅填补了我那极不丰富的业余生活，使我终生难忘。

来深圳工作三十年，我与刘老师的来往从未中断。我回芜湖，会看他并参加他的活动。看到他在书画创作上取得的一个又一个重大突破；看到他为安徽省书画事业的发展，做出的不懈努力，取得的一个又一个成绩，我感到欣慰。他因举办展览，也为其他公务，常来深圳，我们每次在深圳欢聚，品茶、品酒、谈字画、谈友谊、谈人生，总是兴奋不已。

在深圳和廷龙来往甚密还因为有第二座桥梁，那就是他的得意门生常根彬于2000年为我俩架设的"深皖友谊大桥"，这更加强了我和廷龙老师的往来。

有一天，常老师突然到深圳市教育学会来找我，带来了廷龙的口信。常根彬是安庆人，从坐落在芜湖的安徽机电学院毕业，虽是工科毕业，但写得一手好字，深得廷龙老师的喜爱。廷龙老师觉得小常很有才气，鼓励他考北大书法研究生。为了筹集上学的费用，小常来到深圳。

在深圳，小常开写字培训班，培养了好多写字优秀的学生，深得学生及家长的喜爱，甚至是崇拜。以至于他为考研，去北京边办班，边做考研准备后，还常常利用节假日飞回深圳任教，或在暑期把学生接到北京上课。

廷龙老师当了省书画院院长后，十分关心年轻书画家、青少年书画爱好者的成长，还常常亲自操办展览，为他们提供展示的舞台。我回芜湖，就多次参加过他这样的活动。在展馆经常见到也成为书画家的学生，谈起廷龙老师，他们都交口称赞！

小常曾回忆："趁恩师来京开会之暇，我将近一个月来的小楷窗课汇集成一本册页，请恩师批阅，且在恩师认可之下，为我册页题签。但凡每次回安徽，或恩师来京出差，请恩师题签册页，也已成为习惯。恩师和大多书画家有诸多不同，诸如出门不带印章。我的理解为，师之不为孔方兄服务念想，即便知己者喜欢，也是闲暇写点画点，聊以遣兴，这种静气创作的态度，令人钦佩！"

廷龙先生对中国画笔墨的坚持既是一种情怀，也是一份责任与担当，我想这种情怀随着社会的不断发展，其价值与意义也会越来越凸显。艺术讲融合，更讲纯粹性，艺术虽然无国界，但有民族性，对中国画而言，它的土壤是中华民族的文化。今天有些所谓的中国画创新，看似百花齐放，其实大多数是没经过传统技法训练的拼凑式的插花艺术，固然漂亮，但是它没有根，很快就会枯萎。令人欣慰的是当下还有一批像廷龙先生这样有着坚持传统文化艺术情怀的人，他们维护了中国书画的民族性，增强了民族文化的自信心。

廷龙先生珍视和坚持中国画自身的品评标准与审美价值，不断追索中国书画自身的文化属性与笔墨内涵，在全球化的今天，也是一种文化自信的体现。

刘廷龙，我心目中的中国龙，随着中国伟大复兴进程的推进，我期待在安徽成长并强壮起来的这条书画巨龙，飞得更高更远！

"鹏鸠缘"之十一:

北京协和医院黄宇光教授

图5-11　黄宇光教授为他妈妈和我拍照

　　北京协和医院麻醉科主任黄宇光教授是我四十多年前的学生,我还做过他的班主任。

　　我退休后,从2003年和现在,遇到与肺炎病毒相关的两次疫情,但因工作关系,反而每年都有机会去北京公干。去北京办完事,我喜欢与芜湖的校友、学生相聚,每次相见当然总少不了黄宇光。因为他是在北京工作的,我直接教过的唯一男学生,而且当时就是我特别喜欢的学生。

　　1974年,在老师和学生还是同一战壕战友的年代,我担任芜湖三中高一(5)班班主任。当时一个年龄最小、个子也最小、长着一张娃娃脸的学生引起我的注意。我一问，才知道，这位学生只上过小学一、三、五三个年级，他有一个好名字——黄宇光。那时的宇光，学习好，脾气好，品德好，能力也强，又乐于助人，很受同学欢迎，自然受到我的重视，于是成了我管理班级的好助手。

1976年高中毕业后，和其他同学一样，他也响应号召，去了安徽当涂县乌溪公社当知青，和许许多多知青一样，吃了不少苦，但也受到锻炼。在农村待了两年，正值高考恢复，由于下放地点偏僻，消息闭塞，高考的信息他一直不知道。据他回忆，有天回城，正好与带学生队伍外出的我相遇，被我一把抓住，告诉他恢复高考的事，他于是开始闭门复习，准备考试。最近与他已经八十六岁的妈妈聊天时，才知道，那年，他考得很好。考文科的学生，语文能拿到40分，就算不错了，而宇光却考了67分。宇光因此顺利地考进了皖南医学院学习。说实话，快五十年过去了，黄妈妈对儿子的事还能如数家珍，娓娓道来，真让人佩服！

对于宇光为什么学医？我一直费解，因为当时他是我班数学最好的几位学生之一，所以我总认为他应该学理工科，哪知他选择了学医。也是后来才知道。原来他的妈妈一直从事医药工作，而且是通过了相当于今天的自考方式，考上药剂师的。看来，子承母业，宇光学医是受妈妈的影响。啊！忘了说，宇光爸爸也很不简单，他曾是安徽省的农业专家。

宇光无疑是很幸运的，这不仅是因为有那样的好爸妈，不仅是因为在农村被摔打过，更重要的是因为他正好赶上并经历我国改革开放四十年全过程，这四十年给他的成长、成功提供了最好的机遇。他的简历便是最好的佐证。

黄宇光教授，虽然已是一个大腕级医药界专家、学者，但他近半个世纪来留给同学、老师的印象从来没有改变。由于历史的原因，他的中学同班同学绝大多数留在家乡，过着平凡的生活，干着平常的工作，但宇光和他们之间的感情、之间的联系从来没有改变。2014年，高二(5)班同学聚会，他和我都从外地赶回，参加聚会。看到他们过得都不错，听到他们几十年来不忘互相帮助的故事，这当然也有宇光帮助同学的趣事，我会心地笑了。

黄教授除了当医生，也是老师，而且是博士生导师，这比我强得多。说实话，过去的岁月，我最后悔的事之一，就是在1964年到1978年考过三次研究生都没有如愿，对照我的学生，感到汗颜啊！作为老师的黄教授，却忘不了教过他的老师。除了平时的问候，每到教师节，他都要撰文向他国内外的导师致意。

黄教授上的中学只是一所普通中学，那个时候我们老师未能教他们多少文化、科学知识,但他对三中还是十分怀念,他在公开的资料中,还特地介绍自己曾在芜湖三中上学。宇光上的大学是皖南医学院,这所医学院即使在安徽也算不上什么名牌大学,但他还是对培养他的大学充满感情,前些时候我在美篇上发了关于他的简介,没有写他毕业于皖南医学院,他看到后,立即让我补上。他多次对我说过,皖南医学院是他的骄傲,他会永远感谢她!

说实话,在北京见到宇光之前,我对麻醉方面的知识知之甚少,对麻醉医生的认识相当肤浅、对麻醉学科在医院的地位也认识不足。在北京,通过宇光给我的扫盲、听他在全国政协会上的发言、看他所领导的麻醉专委会在全国政协报上的专栏文章,才逐渐认识到麻醉学科在医学中的重要地位,才开始认识到宇光从事的这一工作的重要性。虽然已有了一些了解,但我还是忍不住问宇光,想请他用通俗的语言说明,我国在这方面的现状。他笑着回答,不管年龄多大的患者,只要外科医生敢做手术,我们就敢做麻醉,并且确保麻醉安全。

使我感到欣慰的是,作为博士生导师的黄教授,不但精心培养自己的学生,而且凭借麻醉学科的社会组织,关心、支持、帮助从事于这一事业的国内同仁们,也向世界推介国内在麻醉事业上的成果。在这次世界范围的新冠疫情中,他更是充分利用各种宣传工具,不遗余力地指导、帮助、鼓励全国处在一线的麻醉医生,克服面临的各种困难,和疫情做斗争。

在疫情肆虐的2020年,麻醉医生站在最前线,与新冠病人特别是其中的重症病人接触,甚至是零距离接触,其危险程度之大是人所共知的。北京协和医院曾第一时间派出了自己的团队到武汉支援,受到业界的称赞。在这支团队中,当然少不了医院麻醉科的医生,他们也出色地完成了任务。在过去的一年里,作为我国麻醉学科领头人的黄宇光,时时刻刻关心战斗在一线的战友,做了大量工作。他们的专委会就和全国政协开设了面对一线抗疫将士的心理咨询网站,利用网站和医护人员进行交流,帮助他们度过危难的日日夜夜。鼓励他们克服难以想象的困难,取得"战疫"的胜利。

由于疫情,有两年没去北京了,但和宇光的联系从未中断。除了电话联系,我还能在微信朋友圈里看到他参与一些活动的信息,比如他今年在全国政协会议期间做了精彩的发言,能在微信视频里看到他的正在全神贯注弹钢琴的妈妈,看到他正在开心玩耍的孙子……真让我特别开心。

"鹏鸠情"之十二：

我给郭鸿当副手

图5-12　和郭鸿(左一)一起参加全国会议

2002年，我所在的笋岗中学以高分通过国家级绿色学校评估，成为深圳市第一所成功创建国家级绿色学校的普通中学。在这次评估中，屋顶花园的建设也受到国家和省级专家的一致称赞。

屋顶花园，我在芜湖没见过。那时，我分了一套新房，虽在顶楼七楼，但上楼顶还得爬梯子，从天窗小口才能爬上楼顶平台。那平台我上过几次，都是为了查找平台漏水的原因。那时，平台的防漏条件差，经常漏水，上去又困难，养花种菜是不敢想的事。

来深圳后，有一天，我去广东教育学会秘书长郭鸿家，谈得正欢时，他主动带我去参观了他家的楼顶花园，才知道屋顶能够养花种菜。受到启发，我到笋岗中学任职，在进行整体规划时，想到建设笋岗中学的屋顶花园。因此，毫不夸张地说，笋岗中学创建绿色学校也有郭鸿秘书长的一份功劳。

其实，我要感谢郭鸿秘书长的地方还有很多很多。还是从相识说起吧。

与郭秘书长相识，还真有段故事。那是我到深圳的第二年（1992年）。9月的一天，我接到一份广东省教育厅的通知，要我去哈尔滨参加一次国际教育研讨会。报到时，我才知道我是广东省五个代表中的一员。那五位除当时在省教育厅教研室当处长的郭鸿外，还有华南师大附中的蔡校长，广东实验学校的冯校长，韶关教委副主任，这位副主任的姓我已想不起来了。他们都是广东省教育战线的头面人物，唯独我只是名不见经传的深圳市滨河中学的校长。后来，我才知道，会议分配给广东四位名额，他们代表广东参会。我呢？我是高级中学校长委员会指派的代表，因为我在1991年被选为该委员会第二届理事会的成员。在哈尔滨，我们除了参会，在休息时，就会去商场或市场转转。记得因为常去靠近住宿地的哈尔滨第一百货公司，大家居然把"哈一百"当成我们联络时的暗号，以后相互打电话时，一张口就说"哈一百"。有趣的是，这个暗号被我们教育厅的一些领导知道了，比如刘达中副厅长和我联系时，也常常用"哈一百"做开头语。当然，这也表示，我们在一起相处得多么融洽啊！

在哈尔滨开会时，正是那个北方世界强国解体没几年的时候。参加会议的俄罗斯代表中有一历史老师，她在发言时，突然语无伦次地说："现在我都不知道历史课怎么讲了……"那天会议，我和郭鸿坐在一起，听到这话时，我们相互对视，默默无语……当时那位俄罗斯代表不知所措的画面定格在我的脑海里，忘记不了也不会忘记。

我和郭鸿都喜欢集邮，那些日子，我俩单溜去自由市场淘宝，买了不少苏联时期的珍邮，便宜得令人咋舌，我们既高兴又感到莫名的酸楚。还有一件事，也令人难忘，有个"大胡子"在路边店吃完饭，付不起钱，被打了，当时我俩看了也感慨万千！

从这时开始，我和郭鸿成了好朋友。他开始作为我的非直接的领导（省教育厅），之后作为直接领导（省学会）；作为比我大一岁的兄长，作为东道主（广东人）对我关心、帮助则是再自然不过的事了。

郭秘书长实际上是海南人，始终干教育，那年调到广州，进入广东省教育厅工作。具体什么时间来的广州，他说起过，但我已记不清了。不过，那时的海南不是省，而属于广东省，所以大家一直说他是广东人，这是顺理成章的事。

郭鸿秘书长在退休前一直在广东省教育厅工作，当过省教育厅教研室主任。2001年退休后，很快进入广东教育学会当秘书长，一直干到他离开我们的2018年(当时还是在任职期间)。正因为如此，上上下下的人都习惯喊他郭秘书长。他的告别仪式举行时，我作为深圳市唯一代表，也带着深圳市教育学会会长(广东教育学会副会长)对家属的问候，去广州参加了他的告别仪式，一向倔强的我在他仍旧慈祥的面孔前，流下了眼泪。

我和郭鸿都是学数学、教过数学的，但他是特级数学教师，而我只是高级数学教师。别以为他是因为教育厅教研室领导，才评上特级教师的。其实在现实中，放弃业务的领导，恰恰评不上特级教师啊！拿我来说，在芜湖教书时，也凑合着算个数学名师，当了重点中学的校长后，也上过课，出过书，论文在全国活动中得过奖。全国第一次评特级教师，大概是1986年，芜湖市只有一个名额，没有我的份是很正常的事，毕竟那时我已不在数学一线了啊！但郭鸿不同，作为业务领导，抓各学科的同时，他也不忘抓他的数学本行。1992年后，他也常来深圳，他们在深圳有一个数学试验点——宝安西乡中学，他和全省数学界的一些专家在这里搞了一场科研实验。这场历经几年的实验获得成功，参与的学校上了档次，参与的老师到国内国外参加研讨会，宣传他们的成果。所以说，郭鸿被评为特级数学老师，是当之无愧的。

1996年我调去建设理工学校，开学典礼时，邀请郭鸿来，他已答应，但因临时走不开，派了他们处室的语文教研员王老师来参会祝贺，当然也商谈了给我帮助和指导的具体事宜。1998年9月，我被调入笋岗中学，这以后，在教育教学各方面，特别是在创建绿色学校和等级学校评估方面都得到过郭鸿的大力帮助和支持。

我和郭鸿的更频繁相处还是在我俩都退休之后，他成了广东教育学会秘书长，我则是深圳市教育学会秘书长，以后又被他推荐成了他的一个副手：广东教育学会副秘书长。于是我们每年一次上北京参加中国教育学会年会、一起参与举办广东教育学会的活动，还真忙得不可开交。我们还一起参加几乎一年一次的海峡两岸教育研讨会。记得有年会议在我国宝岛举行，广东组团十人参加，我和郭鸿都在内。那天晚上我们的团长突发胃病，不可思议的是居然住地（宝岛阿里山）医务室里找不到常用的药，我和郭鸿两人步行去来回至少十几里路的镇上药房买药。

郭鸿对我真好。记得那一年，去北京开会，他邀我从广州出发，与全团同行。那天，广东团的与会者乘同一架飞机去北京。下机后，因让座而赶去坐另一辆汽车的我，在机场出口横穿小路时，被一辆出租车撞倒了。当时，所有的人都惊呆了，以为我再也起不来了。然而出乎意料，我却爬了起来。紧接着，出租车司机送我去医院，谁陪？是郭鸿。一路上，他不断地安慰我，让我不至于紧张。我呢？当时认为没有撞成植物人就是万幸了，因此，我反而非常镇静。折腾一个多小时，腿虽肿了起来，有点难看，但检查结果是未伤及骨头，便让司机把我们送到开会地点了。有趣的是，焦急万分的我们的团长，得知我没有大碍，喜出望外，还让郭鸿扶我去参加接待，美美吃了一餐。可是当晚，腿开始疼起来，郭鸿为此忙了一夜……

"鹏鸠情"之十三：

深圳实验学校牙医张勇平

图5-13　给魏医生送锦旗,也寄托对张勇平的哀思

　　我的朋友常夸我,说我身体好,中气足。其实,俗话说,"哪家都有本难念的经"。我把这话改一下,"哪人(特别是年纪大的人)都有本难念的经",这经也包括身体经!我的身体情况,我自己明白,生过什么病? 去过什么医院? 动过几次手术? 跌过几次跤? 在哪儿跌的跤? 为什么跌跤? 自己再清楚不过。但我不太愿意把病情告诉别人,省得至亲好友为我担心! 特别是在我住院时,我更是保守秘密,免得别人耽误时间来看望我。但今天,我特别想谈谈我看牙的经历。

一是因为快八十了，这两天我又种好了两颗牙(三个月前打的桩)，于是我终于可以宣布：我老了，却又有了一嘴好牙。特别高兴的是，和以前每次种上牙一样，我总要吃点花生米，检验效果。哈，神了，一点没有异样的感觉。

二是我觉得介绍一下我看牙的经验，对看我这篇文章的人也许会有所启发和帮助。年纪再大，都要把牙齿保养好，牙坏了，要及时治疗，有条件一定要做种植牙。

三是我从四十岁开始，牙齿就很差，常常受牙疼折磨，在芜湖时，最好的牙医毛明华(也许名字有误)的得意门生为我看牙，但那时中国只有烤瓷牙，没有电脑技术，装上的假牙常常不合槽，要有相当一段时间才勉强适用，以至于我从家乡离开前做的假牙一直没用上，带到深圳成了纪念品。来到深圳，牙齿越整越好，老了却有了一嘴好牙，高兴之时，决不能忘记在深圳遇到的好牙医，想借此文章表示对他们的感谢。一位好医生，常常会被他治疗过的千百病人所称颂，因此，我也算是代表大家表示感激之情。

首先要感谢的是已故的实验学校牙医张勇平。张医生，安徽医科大学1979届毕业生，随后分配到芜湖地区医院所属地区卫校工作。1993年，调到深圳工作，这里面还真有一段故事。

那年，张医生来深圳旅游，被鼓励到实验学校去求职。校长金式如早就想向先进国家学习，在学校校医室建立牙科，因此接待了他。金校长是看过牙的人，对以前治牙时的痛苦记忆犹新。于是，在牙科设备很少的校医室，他直接让张医生给他看牙。张医生小心翼翼地摆弄一番后，金校长立即叫停，当即表态，接收张医生来学校当牙医，并承诺，在张医生来校后，在校医室专设牙科，并单独在工商注册。

张医生回芜后，提出请调，先是未被批准，后来地区卫校提出补偿培训费的要求，这在当时，应该是合乎情理的事。地区卫校还特别邀请深圳实验学校校长来校一谈。接到芜湖的答复后，金校长爽朗地答应了芜湖方的要求，立即去了芜湖。在芜湖，金校长住在芜湖一中大门旁的芜湖当时最高的大楼：物资大厦。那天清晨，他悄悄和一中的学生一起进入校园，又去了地区医院，不但和张医生所在地区卫校的领导进行交谈，据说还给学校的师生作了场报告。此行，不仅张医生调动的事办成，而且芜湖给金校长留下了极为深刻的印象。其实金校长这个了不起的深圳校长对芜湖人不错，也和他引进的张勇平医生和刘人云老师(后来担任翠园中学副校长)

等一些芜湖人勤勤恳恳、卓有成绩的工作是分不开的。

　　和其他安徽医学院、皖南医学院等一些安徽地区医学院来深圳工作的毕业生一样,张医生勤于学习和钻研,勤奋工作,大胆实践,利用深圳这块热土的丰富资源,不断提高自己的医疗水平,不断学习最新技术,水平不断提高。在深圳不说,在广州、香港也有许多仰慕的病人。按常规,一般医生选择到学校当校医,常常是图个清闲,但张医生不然,他甚至比医院的牙医更勤奋,除了为学校师生服务外,还根据学校的安排,为深圳市其他学校的老师服务。当深圳开始引进种植牙项目后,他产生了极大的兴趣。记得,一开始他从安徽省请来已开展种植牙项目的专家,为五个志愿病人种牙。他在老师的指导下,也动手为其中的病人试种牙,我有幸作为他的病人,接受种植,结果成功了。

　　张医生在2010年前后得了重病,但他仍然坚持工作,为患者服务。记得在他刚得病时,我种了牙,到装牙冠时,他病重了,但仍然坚持自己为我装牙,劝都劝不了。当时,虚弱的他用有点颤抖的手,终于给我装好牙……这景象至今定格在我的脑海里,难以释怀。张医生,你是为我们而劳累过度的啊!

　　2021年1月11日下午两点半,我的两只种植牙装上牙冠,让我在来深圳即将三十年之际,居然第二次有了全嘴好牙! 这个时刻,我怎么能不记载下来?

　　张医生走了,魏森医生接替了他。魏医生于1996年同样毕业于安徽医学院,他是张医生的亲戚,张医生把他从家乡带了过来。当时,亲戚带亲戚,朋友带朋友,同学(事)带同学(事)的引进人才的方式在深圳是司空见惯的事。魏医生先在公立医院工作,后自己独立开业,已为深圳成百上千人治疗牙病,和张医生一样,受到患者的一致好评。张医生于2012年病逝后,魏医生成了我和我众多教师朋友的牙齿保健医师。这次帮我种了两个缺失的牙,从种牙到装牙,历时三个月,和以前一样,刚装上牙冠,就像自己身上原装牙一样,立马能使用。张医生为培养他,没有少花心血,他也决心不给张医生丢脸。实践证明,他做到了。

"鹏鸠情"之十四：

学生助我研究

图5-14　与我的1976年毕业于芜湖三中的学生聚会

在芜湖十二中教书，大概是1980年的一天，我收到了苏州大学中学数学杂志社寄来的一本期刊，这本期刊登载了我的一篇文章《重视和提高定理证明效益》。原来，是我一个月前寄去的一篇七千多字的稿件发表了。那个时候，数学杂志不多，有名的和中学贴近的数学杂志是《数学通报》和《数学通讯》，属国家级的，学术水平属国内一流。当年，我在芜湖一中上初中时，比我高三届的钟家庆同学(后来成为华罗庚的研究生，我国著名数学家)，曾在《数学通报》上发表了一篇论文，让我们羡慕不已。应该说，大学办的数学杂志也是够水平的，能在上面发表文章，也不错了。当天回家，路过金马门(芜湖地名)十字路口的小店，我买了一瓶白酒，一包花生米，回家自斟自饮起来……

那时，高考后，是从各个学校抽各学科的骨干教师到省里集中阅卷。我因一直教毕业班，所以也常被抽调。彼时，高考恢复没几年，考题不敢太难，还会考初中内容。那年考题中出现了一道题，要求推导一元二次方程的求根公式。阅卷中我惊奇地发现，只有六分的小题，居然得满分的不多。原来，问题出在课堂教学中，学生只注意结论，老师在推导过程中，对应该强调的东西强调不够，从而降低了课堂教学的效益。

阅卷时，我已萌发以此为题材写一篇文章的冲动。因此，对经我改过的卷子做了统计，回来分析后写出文章。这是我第一次从学生那里得到灵感，写出的文章。也怪，以后只有在给学生上课、批改作业、辅导时，才得到灵感，写出并发表了一些论文，有的还得了大奖。到深圳后，只是才到深圳时上过几个月课，后来有空时，也想写点什么，但因为离开课堂，离开了学生，再没有灵感，搜肠刮肚也写不出来啦！

其实，离开十二中后，我就很少给学生讲课了。以至于我闲暇之时还会反问自己：如果1984年没有去一中当校长，我是否也会成为一个有名望的数学老师？是否会有生命中另一个超期服役的二十年的教育生涯？是否会培养出更有成绩的学生？特别是是否会成为深圳人？如果……如果……我知道这个如果只能是个伪命题。

在十二中，有一次批改作业时，发现我的一位来自农村的姓赵的同学，解题用的方法有点"古怪"，由于答案不对，本想给他打个叉算了。但忽然一想，何不把他喊来问问，也好知道他的想法怎么怪怪的？不问不知道，一问吓一跳，这位同学的思路很对。我们俩顺着他的思路做下去，终于做出了正确答案。这以后，此类事还真不止一次发生，引起了我的注意。

那个时候，市面上的参考书很少。到处搜集来的题目有时连答案都没有，需要老师自己做。觉得好的题目，我别出心裁，也发动学生一起解。结果出乎意料，各种解法都发掘出来了。记得有一道题，竟然发现十几种做法。一个个鲜活的案例，让你不得不相信"弟子不必不如师，师不必贤于弟子"。

某一年在复习时，我在讲一道头年考过的几何题，它涉及的相关知识是，相似比的平方可以转化成面积比，突然，不知哪来的灵感，我当着全班同学面说："去年考相似比的平方题，今年的高考会不会考相似比的立方问题，那当然与体积有关。"之后，我找到这样类型的题目让学生做。

有趣的是，那年高考题中果真有这样类型的题。正在芜湖二中陪考的我，十分高兴。可想而知，我的学生绝大多数都将这一题做对了。但奇怪的是，数学考试散场了，却见一个平常成绩很好的女同学苦着脸跑出考场，搞得我和来接她的爸妈一头雾水，后来才知道，她看到我猜到又做过的同类型题目时，很兴奋，打算先做这题，哪知一时想不起来怎么做了，越做不出来，越想做。最后不得不放弃这道题，结果耽误了时间，影响了情绪，有的题来不及做。拿手数学没有考好，下面的考试她都不想考了。我们好说歹说，她才勉强考了。那年她数学只考了60分，但还是考上了本科。说实话，我在考研究生时，也曾遇到过同样的问题：一道高等数学定积分证明题，我觉得重要，反复看了，几种证法都试了试。考试时恰好有这道题，我一兴奋，一种证法都想不出来，简直气死人。后来，我和有关专家谈过此事，他们从心理学角度解释，说这应叫"倒摄抑制"，由此可见这种现象是不奇怪的。但他们也认为这件事固然该"归罪"于大脑，但题目的解法没有真正理解应该是大脑受到压抑的根本原因。

这样一说，坏事还是变好事。在这以后，我常常提醒学生，题目不是做得越多越好，而是做一道就要真正弄懂一道。

学生在学习中出现的众多问题，给了我很多启迪，也更加激起我研究的兴趣。

在深圳市教育学会工作的十几年时间里，我曾有幸参加那时每年都要举办的"华杯赛"。我作为深圳赛区这项工作的组织者之一，与学生接触颇多，对他们学习的态度、参加的培训项目以及考试中出现的失误都比较了解。本想对从中发现的问题进行分析研究，特别也想研究数学竞赛对中学生成长所起的作用，但最终因为组织工作的繁忙，身边可以调动的力量非常有限，研究工作未能进行，实是终身遗憾。但我对研究工作的兴趣并不因此中止，特别是有一项非常平常的研究项目让我念念不忘！

学习比较好，对自己要求比较高的学生，每次参加考试，会设定比较高的考试成绩目标。比如会设定数学、外语得95分或更高。以数学为例，考下来，如果扣了一两分，就很不满意，会责怪自己太"粗心"；成绩差点的，如果因为是计算错误，分数丢了，也常会埋怨自己太"粗心"；你无须太注意，就会听到家长在评价自己孩子的学习成绩时，也常说，我的孩子很聪敏，就是太"粗心"。如果媒体在学校搞个调查，选出每年学生、家长、教师对学生成绩评价用词时，我敢说"粗心"注定会上排头榜。

几十年来，我一直放不下"粗心"问题，也作过一些思考。其实，这个问题当然不止我，许多许多人都很关心，有些专家也发表过不少此类文章。我呢？也曾想写一篇"粗心"的心理分析文章。其实，仅凭"粗心"二字中有个"心"字，我就把"粗心"纳入心理学范畴，是不是有点形而上学？我觉得它应该是个涉及心理学、教育学、医学等诸多方面的问题。

正因为如此，我知道仅凭一己之力，想解决这个问题是不可能的。但我以为，现在有了大数据，又有高度发达的心理学和医学，加上关心这一问题的广大教育人士的加入，再运用高科技，这一问题也许能得以解决。假若有朝一日，一个"粗心"的小孩坐上检测台，不一会就查出"粗心"的原因，并能拿到解决办法，那我们的家长、孩子和教师都会高呼万岁的。

"鹏鸠情"之十五:

我的国际教育情怀始于芜湖一中

图5-15　接待来看望张济老师的澳大利亚的老师

　　在微信上收到芜湖一中老同事张济老师的来信,她说:"在家翻拍老照片,这是1989年,澳大利亚朋友来芜湖。谢谢你帮我接待,解决很多问题。"张老师是我芜湖一中的同事,早我两年到芜湖一中任教。

　　这里先要说的是,与她来信有关的事。1987年,经学校推荐,国家教委选派她去澳大利亚进修。在澳大利亚期间,她一边进修,一边在澳大利亚学校任教,其实任教也是进修的一种形式。据了解,她在澳大利亚任教时,深受学校师生欢迎,澳大利亚当地的报纸还特地做了报道。

　　进修结束后,当地学校挽留她,要她留在澳大利亚当老师,但被谢绝,她按期回到芜湖一中。

在她出国前,于1984年曾被委任为学校的中层干部,回国后,她执意辞去任职,专门从事教学工作。三十多年来,我经常接触到她任教班的学生,他们对她,对她的教学工作,都有非常高的评价。

张老师是我们学校,也是芜湖市第一个出国进修的老师,我觉得意义挺大,至少打开了我的"脑门",使我开始探索国际教育之路。事情是这样的,和张济老师一起公派出国的,有一位是宣城地区的老师,他去的是美国。他在美国期间,注意到有一种国际性的学校,叫国际文凭学校。这位老师还自费赴欧洲考察了国际文凭学校,回国后,他把二十多页的考察报告交给了我,我看了后,眼睛一亮,也想在芜湖一中试试。于是一面向教育部试探性汇报,一面通过这位老师和国际文凭学校的国际组织负责人联系。该组织回信了,表示要来我们学校考察,于是,我及时向上级作了汇报,准备迎接来访。他们已定1989年成行,最终还是告吹。我到深圳后,想在深圳办,也没成功,但尝试国际合作办学的想法不但深深地植入了我的脑海,而且从1997年起我便开始行动,还颇有成绩!

"鹏鸪情"之十六：

我的父亲

图5-16　我的父亲(前排中间)和芜湖市的网球朋友

我的父亲

1992年11月，一个非常糟糕的坏消息从家乡传来。父亲骑自行车摔了一跤，之后便食欲不振，身体日渐消瘦。去医院检查，竟是肝癌晚期。这时我居然在洗澡时滑了一跤，胳膊摔折了，只好打了石膏，把胳膊吊起来。虽然日后在深圳有形无形地摔过数跤，但到深圳摔的第一跤却和父亲病危同步，真有点不可思议！这时候我到深圳工作还不到两年，一切刚刚起步，并没有真正适应这里的生活。听到这样的消息，心真碎了。俗话说，父母在，不远游。我真的应该南下深圳吗？如果不来，已经八十的父亲也许就不必那么操劳了。至少他病了，我可以在他身边照顾啊。我立即请假回芜湖，想尽最后的一点孝道。记得第一次到医院见父亲时，他执意起身，让姑姑钟文秀用轮椅把他推到门口，坐着和我说话。看着父亲非常虚弱的样子，我好不容易控制住，没让眼泪流出来，喊了声，"爸爸"，一下子就语塞了。不善言辞的父亲看到我吊着绑带的胳膊，反倒安慰起我来，还提到我带学生去中央电视台参加奥运知识竞赛的事，我的眼泪终于夺眶而出。两天后，就在我陪护的那个夜晚，父亲安详地离去了。这时候我明白了，父亲就是强撑着盼我回来，见上最后一面啊！在告别仪式上，一向刚强的我，号啕大哭，使扶着我的亲友都不知所措……父亲，离我而去了，父亲的爱却永远留下了，一桩桩、一件件往事都涌上心头。

幼子受宠

　　小时候，因为是家中最小的儿子（上面两哥哥，下面两妹妹），我觉得父亲对我最好。我比两个哥哥享受到更多的东西。比如，那时候住房条件很差，一家七口挤在一间半茅草屋，没有沐浴设备，夏天在家中抹澡，冬天最大的享受便是到澡堂泡澡。跟父亲去泡澡，是我们三兄弟最盼望的事，而父亲带我去的次数最多。学校搞活动，只要允许，父亲也总是带着我。特别是举办市运会时，父亲几乎每次都带我去体育场观赛。那时我虽然人小、个子矮，但大哥哥大姐姐们都很喜欢我，让我帮他们跑腿、看护衣物、传递信息，我很尽责，也很骄傲，觉得自己很有本领了。1956年，市里举行夏令营，全校只有我和比我低一级的王一荃同学被推荐参加了，后来有人开玩笑，说我被推荐是因为沾教师子女的光，我听了心里有些不舒服，便暗下决心，做一个更好的学生，免得人家说闲话。后来我保送上了一中，再一次证明了自己的实力。当然我觉得父亲最喜欢我，我的哥哥妹妹并不认可。他们觉得父亲对他们也是非常关爱的。这正是父亲为人之父的高明之处，让每个子女都感受到同等的爱。正是因为享有父母的关爱，我们每个子女都得以健康成长，现在各自过着不错的生活。

亦父亦师

　　上高中的时候，像所有的年轻人一样，我向往独立。高一时，我自己做主参加学校组织的航空模型科技活动,谁知这就悄悄地改变了我的人生。

高二时,学校让父亲担任我们高二(2)班的班主任,我们很拥挤的家有时居然成了班级会议室。小时候很乐意做父亲的跟屁虫,现在身为班干,却有点不适应做他的传令兵了。正在我不得不适应这一新格局时,突然有一天我接到通知,市航模俱乐部的鲍教员推荐我参加安徽省航模集训队集训一年,有可能可以参加全国第一届运动会的航模比赛。

虽然调我去参加体育集训的消息理所当然是由当班主任的父亲传达的,但我父亲最大的优点就是从不替孩子做主。这使我很犯愁,不知所措。一方面我不想去,我很快就要参加高考了,当时学习成绩十分优秀,一年后肯定有机会进入好大学的。但另一方面,去集训,去从事我喜爱的国防科技体育活动,而且有可能去北京参加全运会,这是多么荣耀和有诱惑力的事情啊!我拿不定主意,只好把皮球踢给我父亲,问他的意见。他仍像以前一样,不表态,让我自己定。最后我还是决定去了。其中一条说服自己的理由,便是父亲当我的班主任,让自己很尴尬。

那时交通不方便,去省城合肥,要在芜湖江边坐轮渡,过江后,还要走很长的路坐火车,老掉牙的火车足足要开四个小时。为了在中午前赶到合肥,父亲只能起早送我,父亲用借来的自行车,绑上我的一大堆衣物和书籍,又让我坐在后面的车架上。他弯着腰,艰难地骑着车,在新芜路人民电影院门口的那段上坡路,更是吃力,我几次叫他停下来,休息一会,他不予理睬,那情景至今定格在我的脑海中……

亦父亦友

集训了一年,每个项目有两人参训,却只有一人能参赛,我被淘汰了。一年的集训生活的最大收获是:我提前成为独立的人啦。回到学校,父亲丝毫没有责怪我。后来省里发给我一百元钱(当时教师的月工资只有四十多元),让我独自去北京观摩,老师分成两派,一派主张我去,另一派反对。反对的老师认为我有一年没有摸书本,要补回损失的时间,准备高考!父亲态度超然,保持中立,由我自己决定。我终于禁不住诱惑,决定去北京。我当时还有一条特别的理由:到我最心仪的中科大(当时科大还没迁移安徽)去看望已在那里就读的高中同学何心虔。

我如愿以偿地观看了全国首届运动会的开幕式,还在主席台对面看台上,用望远镜看到毛主席等国家领导人。不仅到航模比赛举办场地良乡机场看了航模比赛，还给当时前期比赛不顺，有些失落的队友张涪生当助手(最终他取得了自由飞项目冠军，改革开放后他也来珠海创业)。最后也完成我的夙愿。我借了一辆自行车，长时间跟随可能是世界上独有的自行车大军，骑行了数十千米，来到了中科大(这是我平生第一次也是最后一次去北京中科大)。回到学校后，我努力学习，但毕竟一年没碰书本，有的功课一时跟不上。有一天，在芜湖一中科学馆走廊里，迎面碰到对我期望很高的梁老师，他说："我这次送了你及格分啊。"我听了羞愧难当。但就在这期间，父亲还是像以前一样，没有过问过我的学业，我能感受到他的信任。父亲的信赖让我产生了巨大的动力，我的高考成绩非常优异。但是造化弄人，那一年高考，安徽有个土政策，要把一批学业优异的学子留在安徽。我与第一志愿中科大无缘，却被最末的第十八志愿的安师大录取。那天，录取通知书是父亲先拿到的。当我兴高采烈地在一中的林荫大道上，看到路那一头神情冷峻的父亲时，我一下就明白了：当华罗庚研究生的梦想已无法成真了。父亲和我都没有说一句话，大家默默地走回了家……

1960年9月我终于跨进大学的门，成为安徽师范大学的学生。中学时期，我就曾经担任过副班长之类的干部，又经过运动员生活的洗礼，到大学立马被安排当班长。那时，生活已到非常艰苦的时期，有的同学失去学习的动力，而我虽然对上师范缺乏准备，但对学习的热情几乎未受影响。

但后来发生的一件事，浇了我一头凉水。那是1961年，根据学校安排，我带班上同学下乡锻炼。生活本已艰苦，劳动锻炼更加重负担，然而我又不注意关心、体贴大家，本来对我很尊重的同学，最后对我表示不满，使我感到委屈。已经瘦得没形的我，身心愈加疲惫，于是也产生弃学工作的想法。这事被我父亲知道后，第一次狠狠地批评了我……

父子同阵

1964年大学毕业后，我先后参加基层锻炼等各种活动，于1968年分配到芜湖十四中任教。1978年调至市重点十二中担任高中毕业班数学教师，在教学上取得了一些成绩，被社会各界认可，1983年提升到学校领导岗位，担任教导副主任。令我意想不到的是，1984年，借干部年轻化、知识化的东风，我被选拔到母校芜湖一中任校长。居然和父亲成了父子兵。

当时父亲虽然七十二岁了，但是身体非常硬朗，尚未退休(直到1987年9月才退休)，他管着学校网球场，一人身兼数职——管理员，维修工，教练员，还常带队外出比赛。那时也正值芜湖一中编撰新中国成立以后的第一部校史，父亲因为从1948年起就在芜湖一中工作，对一中的历史和人事非常熟悉，因而成为联络校友工作的不二人选。

我们还从芜湖地区要来一块土地，这也是当了一辈子体育老师的父亲的夙愿，为了修建四百米跑道，他鞍前马后，忙得不亦乐乎。

但是到一个我曾经当学生的学校当校长，领导曾经教过我的老师，本来就不是件容易的事，更何况父亲成了我同事，如果处理不当，对学校工作是会产生负面影响的。很清醒的父亲，这时，更是认认真真做好自己的本职工作，处理好与同事的关系，特别注意不从他的角度影响我对学校工作的看法，使我得以迅速地进入角色。

父亲退休的时候已经是七十五岁高龄了，但还继续在网球场帮忙，直到病故。特别值得一提的是，20世纪90年代初，父亲已近八十高龄，在得知我想离开芜湖一中，去深圳工作时，没有流露出一丝的不快，而是非常豁达地支持我，才使我能够在深圳开始人生新的篇章。2001年退休以后，我也继承了他的传统，继续多为教育事业工作了十八年。

"鹏鸠情"之十七：

深圳正高级体育老师周其贵

图5-17　周其贵老师(左三)在讲课

　　深圳市有一个龙岗区，那个区曾因成功举行第二十六届世界大学生运动会而闻名。龙岗区下面有个龙岗街道，熟悉这个街道的人怕不多，知道这个街道有所平冈中学的人就更少。其实平冈中学在1930年就已开办，现在也接近百年老校了，但是其地理位置偏僻。改革开放以后，相对于快速发展的罗湖、南山、福田等区来说，龙岗区发展滞后，人口增长较慢，学校发展也慢是很自然的事，即使是老校，不被了解也理所当然。

　　但这所大家注意不到的学校却是深圳市赫赫有名的体育项目学校，综合各方面成绩看，在深圳都算得上数一数二。

平冈中学的体育成绩有多牛？篮球和健美操是这所高中学校体育中的强项。

女子篮球队从1989年开始连续十几年获得龙岗区冠军、深圳市冠军；男子篮球队从1989年开始连续二十几年蝉联龙岗区冠军、深圳市冠军；男、女篮球队在1992年、1996年、2000年、2004年、2008年、2012年、2015年代表深圳市参加省运会，男子篮球队皆获冠军，女子篮球队获省运会前三名。男、女篮球队累计荣获全国冠军六次，广东省冠军十六次，男、女篮球队向国家青少年队输送九名队员，向广东省省队输送两名队员。

这所学校的健美操队在全国赛场上荣获全国冠军八次、亚军十次、季军六次，三次入选广东省队，并为广东省队荣获首金，三次代表深圳队参加省中运会，荣获七项冠军、五项亚军。到目前，累计共有八名运动员荣获国家健将级运动员称号、十五名运动员获国家一级运动员称号、十名运动员获国家二级运动员称号。一批高水平运动员陆续被输送到厦门大学、华东师范大学、华中师范大学等一批高等院校。

三十年来，这所学校不仅在各种体育项目上成绩卓著，令世人瞩目，而且在和体育相关的各项工作上也都非常出众。深圳市第一个考取体育学院的学生就出自这所学校(1993年)，这以后一发不可收。从1995年到1999年的五年中，平冈中学体育高考升学率都达到百分之百，在体育工作方面曾多次受到国家、广东省、深圳市表彰。单是教育部表彰就有十多次。

三十多年来，平冈中学体育之所以能取得这些骄人的成绩，毫不夸张地说，离不开学校的体育老师周其贵。提起周其贵，我得从认识他说起。二十年前，不知是谁带我去周其贵所在的学校见他，记得其贵是在家里接待我的。他当时住学校，住的是一栋小平房，房里摆设很一般，学校外面有一大片农田。当时，我已听说周其贵是个很厉害的体育老师。首先，他是华东师范大学1989届的体育系的毕业生。

一提到大学的体育系学生，即使是名校毕业，有人仍会不以为意，传统的看法是，只有文化课学得不好的人才会学体育。

但其贵不然。他高中在巢湖一中上学，文理科成绩都很优秀，属于尖子生。按现在的说法，考个"双一流"的大学是不成问题的。他当时的化学老师，后来当了广州市教育局局长的华同旭，也曾对我说过，其贵是个文理皆优的好学生。

文理成绩这么好的学生怎么会去学体育专业？以前，连我也百思不解。后来才知道,当时华东师范大学根据国家教委的意见,想专门培养一批体育方面的高档次的研究人才,所以,不是从体育成绩优秀者中挑选学生,而是从文理科成绩皆优的毕业生中挑选学生,其贵就是这样进入华东师大体育系的。

我本来并不知道其贵的文理科皆优,优到什么水平?后来,发生两件事,使我不能不对他的"双优"刮目相看。一是,最近不是老谈减负,老谈中小学生文化课补习的事吗?那天谈到这事时,其贵突然告诉大家,前些时候,还有人问他高中数学题,他帮助解答了。好厉害呀,离开大学已经三十多年啦,又不是数学老师,还能解数学难题,可见他的数学之厉害!

也是前不久,书法家吴经武的书法集《易和体》出版了,这是一套很有创意的书。吴老师是相当厉害的书法家,他和其贵是无为老乡,本人又是赫赫有名的比亚迪公司的创始人之一。他这本书的序言居然是请其贵为他写的。当我看到这篇序言时,我对体育老师其贵的文学功底不得不刮目相看!

其贵毕业后,一个人从大上海被分配到深圳工作。那时的深圳只有关内的罗湖、福田、南山还算可以。但他却被一竿子到底,分配到周边是茫茫田野的龙岗区下面的龙岗镇的平冈中学当体育老师。从那时开始,他把全部精力用到教育教学去了,上体育课,搞体育教学科研、带运动队、还当体育科组长。带着全校的几位体育老师,硬是把学校的体育工作带了上去,使学校成为全市、全省乃至于全国的名校。

其贵的个子很高,有一米七八,非常适合打篮球。平冈中学的篮球又那么有名,我真的以为他在华东师大体育系学的是篮球,或者当过什么校队、市队的运动员,学了一手绝技。但后来知道,他根本没有做过篮球运动员,他们班的学生不分专业,只学习体育理论,个个体育理论水平都很高,但体育专业能力都很一般。你肯定想不到的是,正是这位篮球打得一般的体育老师,不是没有能力用自己积累的技能教授学生,而是把所学到的理论用于实战,成为篮球教练,培养出平岗中学高水平的篮球运动队。

其贵对体育事业的贡献,还在于他作为体育科组长,在带领学校体育团队、培养年轻体育教师的工作上都获得成功。特别是,他充分发挥自己精于教学研究的特长,持之以恒地带领他的团队开展研究工作,并让自己科组的年轻教师也走上成才之路。

他率先在全国开展体育与健康课程选项教学,根据学生的喜欢、热爱和兴趣选择体育课程项目,大大提升了体育课程教学质量,为终身体育打下雄厚的基础。

他率先在深圳市改革学校体育运动会的形式,将传统的运动会改为健康活力运动会,在保留传统田径竞赛外加入了趣味全民运动会模式,让每一个学生在运动会找到自信,树立信心,做到人人都能参加运动会,不让一个学生在运动会中掉队。

他率先改变第二课堂锻炼模式,采用"4+X"的锻炼模式,强调自主锻炼,运用运动处方的形式使学生主动,积极参与体育运动,结果平冈中学学生的体质健康水平高于深圳市平均健康水平十个百分点以上。

周其贵作为深圳的一名体育老师、体育科组长,工作如此出色,成绩这么出众,而且三十年如一日,理所当然受到社会的拥戴,政府的表彰。他被评为广东省首批正高级教师,这是中学教师职称的最高级别,他还是深圳市首批名师工作室主持人,曾荣获深圳市人民政府颁发的优秀教师六次,荣获深圳市教育局表彰五十多次……

在深圳,其贵比我早两年来,一干就是三十四年。有趣的是,那天其贵当着大家面,说他自己有"五个一"。哪"五个一"? 他很自豪地说:"在一所学校工作一辈子(平冈中学在开始的十年就是个农村中学);一辈子只干了一件事——当体育老师(他还有几年就退休了,所以敢这么说);当了一辈子体育教研组组长;一个小孩;还有一个'一',我不说你也会猜得到。"说完这话,他得意地笑了。

也许你会说,当一辈子老师就是他的命。其实你真的说错了。

他大学同班的同学,和他一样,早先工作分配得都不尽如人意,但他们不认命,都去参加考试,几乎个个成了博士,他能去,但他没有去。

他中学同班同学更是有个大名人——比亚迪董事长王传福。他们的关系之好是不可言喻的,芜湖无为老乡,中学同班同学而且都是班干,到深圳后,他们来往甚多,而且互相帮助。特别有趣的是,他们对自己的班主任老师非常尊重,在他们事业有成后,还把老师接到深圳,供养起来,这传为佳话。

其贵和王董事长及身边的人都很熟悉,不然吴经武出书,也不会请其贵写序。但当王传福邀其贵加盟时,却被他婉言谢绝了,大家只是相约各自干好自己事。而他仍然坚持从事他热爱的体育工作。

前不久,我终于有机会和其贵全家在一起相聚,多少年来,这可是第一次啊!

这次相聚，他家里的人都来了，岳父母、夫人，还有舅舅、舅母。这次相聚，让我解开了关于其贵身上好多的谜。其贵岳父今年八十六岁，老军人，当年带兵打到海南，就在海南定居了。女儿从海南师范大学体育系艺术体操专业毕业，当过健美比赛冠军。毕业后一不小心就分配到深圳平冈中学当老师，并成了其贵夫人。说到这，你可能就知道，为什么平冈中学健美比赛也出那么多成绩啦。说到这，你也就想到，其贵今日的成绩、三十年如一日的坚持有一半是夫人的功劳……那"五个一"中最后一个"一"是什么，也迎刃而解了！一个人一生只做一件事，而且做到极致，这本身就不是件容易的事，更何况是在经济高速发展的深圳坚持做体育老师，更是件难能可贵的事，周其贵老师做到了。

附：其贵为吴经武出版的新作所做序言

观天地之大，察品类之盛，成一家之体
——吴经武先生书法赏析

鲁迅先生曾对中国书法艺术做过诠释，有"饰文字以观美"数语，字是凝固的画，承载五千年华夏文化，所谓"一字一世界，一笔一乾坤"，古之人不余欺也。都说汉字"横平竖直皆风骨，撇捺飞扬是血脉"，观吴先生字，亦有所得。吴先生经武者，无为人也，号六易斋主，一号无为闲人，癸巳年生。幼好书，初学欧阳，有笔力险劲，飞白冠绝之象，人奇之。后临颜、柳，本乎王右军之行草，兼取孙过庭、米芾之法，亦采董其昌、王铎、傅山之长。涉猎之广，技艺之精，以社会为学，以古人为师。其书行销域内，为同好者存焉。先生书斋名"六易"，"六"者，《易》之数也，《说文》载："阴变于六，正于八"，盖先生书斋，本乎《易》也。然"六"之意，不限于此，观古今之文，有"六出飞花入户时，坐看青竹变琼枝"数语，"六出"者，飞雪也；有"苦、酸、甘、辛、咸、淡"，六味也；有稻、黍、稷、粱、麦、菽，六料也……由是观之，天地之大，寓于六也。先生书斋用"六"，广含天地也。"易"者，何也？《易·系辞》言曰："易者，象也。易卦者为万物之形。生生之谓易"也。"易"取变化之形，老子"道生一，一生二，二生三，三生万物"，盖万物本乎道，而其动力源于易。观先生运笔，有力而不失，身姿展而不夸之态，笔迹流水行云，时若群鸿戏海，舞鹤游天；又似霜林无叶，瀑水进飞。其品类之盛，自然之趣，尽在云章。吴先生生性淡泊，不以誉喜，不以毁怒，修养身性，

儒雅可敬。心灵与自然对话，笔墨同山河共舞，观其书，不求平正规矩，亦不矜才情，较二王行草穷变极化之神理，若合一契。姿态健和，慷慨意象，沉着痛快，其书可自成一家。方今之时，素质教育大力推行，中小学亦开书法之学，吴先生年已花甲，有意参与盛事，鼎力相助书法教学事业，实教育之福。其书体取法古典，融合现代，先生意携手良荐，共入书法艺术之苑。遥想未来，人人书好字，行好事，为好人，于点提竖钩，撇捺横提之间，感受中华文化之魅力，岂不快哉？

庚子年甲申月庚戌日计开元。

"鹏鸠情"之十八:

感谢我的老同事

图5-18　我与芜湖一中的同事周方一老师、学生在芜湖一中赋前合影

有人问我,在深圳待了三十年,你最大的感受是什么? 又学会了什么? 我脱口说,"到了深圳,才知道时间能够'拉长',要不,我怎么能在深圳教育战线上多干了近二十年;到了深圳,才知道空间能够'膨胀',要不,在和香港差不多大的土地上怎么有多于香港三四倍的人在上面生活? 更重要的一点是,在这个时空里,人们对过去和现在发生在我们身上和身边的许多事,有了重新思考的可能,和过去的想法相比,总会有新意!"正因为如此,在回答学会了什么时,我不只是说,学会了开车,学会了卡拉OK……而是更爽朗地回答,我学会了感恩!

我第一个要说的是,要感恩我待过的学校的教师。但是标题上用的不是教师,而是同事，为啥？首先是因为我一直在学校工作，因此所说的同事当然指的是教师，但我待过学校的教师，即便是我当校长，用"我的"称呼，根本不妥。

记得1978年到芜湖十二中当毕业班班主任和数学老师之后，送走一届又一届，一送就是五届学生。班上其他教课的老师都给了我很大的支持和帮助。试想，我教数学，学生数学成绩再好，其他课成绩不行，大学考得上吗？再说，我老带毕业班中最好的班，二班数学老师是安师大迟我两届毕业的同学，书教得很好，但他非但不生气，反而支持我，帮助我，而且整个高三的教师都非常团结，学校总体出成绩，水涨船高，我教的班才可能更好。后来，全校那么多教师，只有我一人被提拔当校长，怎么能不感谢那些和我一起并肩战斗的同事呢？

那时的教师想法很单纯，工作热情也很高，我也是这样。记得为了组织班上的数学尖子参加数学竞赛，我就每天下午六点放学后，买个面包吃，主动给学生讲课，无任何报酬。不过，那时的我们，自己想干的事，都会愉快地干。但领导要是布置新任务或做出什么新规定，只要不对自己的胃口，常常会表示不满，甚至发发牢骚。但我呀，刚发过牢骚，说不干了，但转身一看到学生，心就软了，反而干得更欢。我是如此，我周边的老师其实也是如此，也不知是谁学谁的。我想这种情况现在也是，学生永远是我们的"未来希望"，面对"未来希望"，我们谁敢"罢课"？这就是教师的风尚啊！由于年轻、又是骨干，教师们对上面有什么意见，正如那时的我一样也喜欢出头反映。后来，我当了校长，青年教师提意见，即便激烈些，我也并不生气，我是过来人啊！我感恩那很长一段的教师生活啊，感恩和我一同成长的老师！

1984年，我当了省重点中学的校长。改革开放的号角吹了好几年了，我和学校的教师无不欢欣鼓舞，浑身有使不完的劲！但教师身上的负担越来越重，压力越来越大。为快出成绩，早出成绩，教师拼上命干了。1986年春节，大年初一，一位班主任安排他的那个班的学生全体到校上自习，我去看了，教室里鸦雀无声，个个埋头苦学，令人感动。

当时的教师除了工作压力大，经济压力更大。要知道，那时教师的工资没有怎么涨过啊！我们学校班子意识到，学校既要抓质量，也要抓创收。于是，上下一条心，克服了重重困难，在这两方面都取得了进展，使学校驶入了快车道。学校办了好几个校办工厂，不但解决了教师的福利，还解决了高三教师的补课资金来源。

最近,我去了趟芜湖,到安师大基金会办事,巧遇炒瓜子的年广久的儿子年强,他热情地接待了我们一行。席间谈起往事,我告诉年强,当年,他父亲找过我,想和我们学校合作,用后面废弃的大礼堂炒瓜子,后来不知什么原因没有谈成。幸好没谈成,真成了,老师的腰包鼓了一点,但后果很难设想。不过,如果当时真的办成了,以后出点什么事,受点委屈,我也认了,说实话,搞勤工俭学受委屈的事还真的发生过。

不过,经济固然重要,但对教师来说,在工作压力很大、经济生活无法做很大改变情况下,精神生活的丰富和谐才是更加重要的事。那时,我和我的班子在这方面做了一些努力。请魏书生、徐桂生等一些著名教育家、校长到学校讲学;组织师生,去祖国的大好河山南京、杭州旅游;还组织了自行车旅游,老师、学生骑车从芜湖骑到扬州,再返回,归心似箭地骑车师生回芜,我陪着电视台去迎接却扑了空。我们在学校组织一些体育活动,既让教师活动身心,又能参加活动的组织工作,活跃身心。我们曾成功地举办每年一届的芜湖市赭山杯足球赛、成功组织安徽省中学生足球赛、成功组织全国九省一市长江杯田径赛。一个中学,特别是省重点中学,能在自己学校组织这样的全国、全省、全市比赛,即使放到现在也还是很难得的。当我已确定要离开芜湖一中了,还兴师动众,在学校举办了全省二十五所省重点中学田径运动会。一些喜欢网球的老师还能在芜湖市当时唯一的网球场打网球。当中央、省、市电视台和报纸报道相关信息时,老师们对学校、对教育的荣誉感油然而生。我感谢我的同事,在学校经济困难的情况下,面临巨大的高考压力时,还能够把这些看似分外,实是分内的事做好,真是不简单啊!我那时,向他们学了不少本领,也吸取了不少教训,而深圳这块时空大大扩张的热土,为来到这里肯动脑筋、肯干事的人提供了那么多可以自由发挥的机遇,做不出一点成绩来,怎么向养育我们的家乡父老交代啊!

我和我的班子更深切地知道,改革开放为教师被压抑多年的能量提供了最好的释放机遇。能支持和帮助他们在教育教学中出成绩,是最最重要的事。学校的语文组力量很强,他们于1984年在总结前两轮实验的基础上,开展第三轮语文课教材实验,实行阅读和分科教学。其年段分科实验总结在北京《中学语文教学》杂志发表,并被评为全国十二篇好文章之一。根据学校的安排,赵启中老师进行项武义数学实验教材的实验也取得好成绩。

学校也积极支持教师设计并开展各项教学科研实验。首先是支持一些年轻教师提出自己的想法,在初中开办了艺术班、体育班。语文老师周方一提出要在自己的初二班,开展超常学生试验,四名学生提前一年报考高一获得成功。

记得当时芜湖有名的发动机厂长王一荃,曾为一中的发展作了贡献。我俩还是中学同学,一起参加了芜湖市首届夏令营。他的儿子在小升初时,已经跳过一级,想再跳级,请我为他儿子辅导平面几何。后来,一荃的小孩和其他三位同学一起考上高中、大学,并都到国外留学。去年,周老师知道我在深圳还对超常教育非常关心,他特地把那时在有关会上的发言稿发给我看。

我到深圳后,和芜湖老同事一直保持联系,他们有什么事找到我,我也会尽量给予帮助。美术老师吴祖凯生前非常勤奋,曾把芜湖古城画了个遍。他故去后,其夫人找到我,想请我化缘帮助实现吴老师的遗愿:将画集正式出版。我答应了,并圆满地完成任务。有的退休老师想到深圳的学校教书,我也给予帮助。

人挪活,树挪死;人往高处走,水往低处流。在人的一生中,工作动来动去是非常正常的事,否则就不会有现在的深圳。在任何一个单位,由于种种原因,人员双向流动是很必然的事。然而,对于一所学校来说,如何掌控人员流动,是一件不容易的事。省重点中学的岗位,那时不可能吸引少之又少的研究生,但对师范大学、芜湖师专的毕业生、普通学校的老师来说吸引力很大。我们网开一面,从其他学校收一批好老师。师专有个学中文的毕业生陈军,他被分到宣城工作,其才华很快显露,闻讯后,我向市里汇报,拟以优惠的条件把他调来一中。对于要求调出的人,我们也会网开一面。有人想调到深圳,她是我们几年前调进的优秀老师李媛,当时调她进来是为了进行中小衔接实验,她不负众望,很好地完成了任务。她要走,记得我找她谈了一次,当面问她要去的理由,听了后,我不再说什么,而是祝福她。没料到几年后,我也调动到深圳。心有灵犀一点通,正写到这里,接到她发来在深圳东湖公园赏菊的照片,我立刻给她打电话,谈起往事,还谈起她和我在芜湖十二中曾共事过的父亲。她父亲在九十八岁故去,生前在深圳,对我十分关心。回忆往事,感慨万千。怎么能不感恩他们呢?

更有甚者,一位教高二外语的年轻教师杨起,要求借调到上海某大学,理由是他想研究美学，那所大学需要他。于是，放人，再后来，那所大学和他的合同到期了，他又要回来，我们也同意了。再以后他又要求去上海另一所大学借调，当时，确实有不再放他的意见，但结果，还是放了。真没想到，他后来去了德国，从教中国书法维持生计，到最后成为大学美术教授，还成为在西方很有名气的中国的西画画家。前些年，他还被聘为西安美术学院客座教授。我1998年到德国访问，他闻讯后立即乘火车来看我。当时我们还议定，各筹五十万马克，分别在中国和德国办美术学校，招西方人到中国学中国画，招中国人到德国学西画。但我回国几天后，再次随我校足球队去荷兰参加世界可口可乐杯足球赛。到了法国，接到国内电话，说是要把我调离理工学校时，这一想法就此泡汤了……

那时我当芜湖一中的校长，确实"嫩了点"，有时处理问题刚性有余，柔性不够。学校工会有一次组织体育活动，地点在宣城，部分老师还调了课，活动的主要组织者张晓林老师，当时是芜湖市数学教研大组组长，在数学界是很有影响的人物。客观地说，作为工会，独立做一些事，对学校是有好处的、也是合法的。但因这次活动事先没有报告，晓林受到批评。到深圳后，我和晓林常常联系，回芜湖时也总少不了看他，但每每想起此事，总觉得不安。

想起这事还有个原因，那就是在笋岗中学遇到过相似的一件事。有一天，学校教师找到我，说要参加市里举办的保龄球比赛，让我云里雾里，不知所以。后来才知道，他们现在球打得不错，是因为平时自发调课组织教师参加训练的结果。得知原委后，我当即表示支持，不仅出了参赛经费，还在有我校代表队参赛时，场场到场鼓劲，最后我们学校代表队居然得了全市第二名。在学校升旗典礼上，我还表扬了他们。

第六辑

特区缘

"特区缘"之一:

歌词作家李维福

图6-1　伙伴们都喜欢听李维福(前排左二)朗诵他的新作

李维福,是著名的词作家

又是一年的5月12日。2008年的这一天,四川汶川发生了大地震,这场造成巨大人员伤亡和财产损失的大灾难至今让每个中国人揪心。地震发生后,有一首感动了每个中国人的诗,这是谁的大作? 这是一个鲜为人知的故事。

刚从北京回到深圳的中国著名词作家李维福在这一天,在他的多个朋友圈发了以下的帖子,说出了与这首诗有关的故事。

因为记得,所以怀念——十三年前的今天,我创作的《孩子,快抓紧妈妈的手》问世。2008年5月12日,四川汶川发生了大地震。13日凌晨,我写了这首诗。由于当年对著作权的认识不足,没有署名就通过短信(那时没有微信)发给了朋友。朋友们把这首诗转发了。这首诗很快就传遍了全国。由于我没有署名,当年的《南方都市报》在头版以"文烛"的名义刊登了这首诗。这首诗流传开来后,很多人都说自己是作者,在当年引发了争议。好在有深圳市委的支持,我的正当权益得到了保障。2009年,中央电视台主持人任鲁豫在央视直播现场宣布我是这首诗的作者,这场风波才渐渐平息。所以,在这里提醒朋友们要注意自己的权益,保护知识产权。

孩子,快抓紧妈妈的手
——写给在5.12大地震中遇难的孩子们

李维福

孩子,快!

抓紧妈妈的手。

去天堂的路太黑,

妈妈怕你碰了头。

快抓紧妈妈的手,

让妈妈陪你走。

妈妈,怕!

天堂的路太黑,我看不见你的手。

自从倒塌的墙把阳光夺走,

我再也看不见你柔情的眸。

孩子,你走吧,前面的路再也没有忧愁,

没有读不完的课本和爸爸的拳头。

你要记住我和爸爸的模样,

来生还要一起走。

妈妈,别担忧,天堂的路有些挤,

有很多同学和朋友。

我们说不哭,不哭,

哪一个人的妈妈,

都是我们的妈妈，

哪一个孩子，

都是妈妈的孩子。

没有我的日子，

你把爱给活的孩子吧。

妈妈

千万别忘了，

还要代我去看望爷爷奶奶，

还有我的伙伴——小黄狗。

孩子，

快抓紧妈妈的手，

去天堂的路太黑，

妈妈怕你碰了头。

快，抓紧妈妈的手，

让妈妈陪你走。

妈妈，你别哭，

泪光照亮不了我们的路，

让我们自己慢慢地走。

妈妈，

我会记住你和爸爸的模样，

记住我们的约定，

来生还要一起走。

  维福的文章发出后，网上评论如潮，我们共同的一位朋友，《深圳商报》原总监徐世访也立即做出回应。他说，灾难日读维福兄弟的诗作，依然酸楚。以情感人的文字，比风花雪月的吟哦更直抵心扉。维福写过不少重大题材的歌词，但我似乎觉得,这一首短诗更会流传久远!

其实写这首诗的李维福,创作了许多著名歌词,是中国著名词作家、中国音乐家协会会员、中国音乐文学学会副会长。其参与创作的作品多次荣获国家、省、市级"五个一工程"奖和"鲁迅文学奖"(艺术奖)等奖项。代表作品有:党的十八大主题歌《走向复兴》《天地人心》等。

李维福,是青少年大型科技活动的积极组织者

估计世人很难想到李维福写歌词是兼职,其本人的主业与《中国信息技术教育》杂志社有关。二十多年前,在他开始主持杂志社工作时,就把提高中国青少年和教师的信息素养当作一件大事来抓,开始推进全国青少年信息化大赛的工作,定名为"全国中小学信息技术创新与实践大赛"(简称"NOC大赛")。从2002年举办首届大赛以来,一年一次,已经连续举办了二十届赛事。

2021年,全国第十九届NOC大赛将在深圳举办,这是深圳市第二次举办这项赛事(第一次是2005年第四届)。为参加全国大决赛,深圳市和全国其他省市一样,都在积极组织本地区的选拔赛,以便派出最优秀的选手。由于深圳赛事是由深圳市创新型城市促进会和深圳教育科学发展促进会共同组织的,而李维福既是深圳创新型城市促进会的发起人,又是本届深圳促进会的会长,所以他义无反顾、紧锣密鼓地率领团队积极筹划深圳的选拔赛。

李维福,是我的益师良友

和李维福相识,纯属偶然。大概十六年前,我因事去当时深圳市政协副主席、教育局副局长陈观光的办公室,向他汇报工作。完毕后,陈局长硬是把我送到电梯口。电梯门一开,先下后上,李维福正好走下,立即和陈局长亲切打招呼,而陈局长又立即把我介绍给他,于是我和李维福相识了。真的要感谢观光局长,不是他,我将和李维福失之交臂,那该是多么遗憾的事啊!这以后,他组织深圳市创新型城市促进会,我正好在深圳市教育学会,便迅速促成学会成为促进会的会员单位。我2019年底,还被促进会聘为顾问。这之前,他和他的同事借助《中国信息技术教育》杂志社这一平台,推出NOC大赛。鉴于那时我

在市教育学会工作，又特别喜爱信息技术，多次被邀请参加全国赛事，还曾去合肥、青岛等地参加颁奖活动，和NOC大赛建立了密切关系。2021年全国第十九届比赛在深圳举行，我受北京组委会邀请，参加这届比赛的组织工作。特别高兴的是，我能和李维福一起，继续做一些有利于青少年的事，这样的机会非常难得，我格外珍惜。

"特区缘"之二：

胡野秋让我们"重新发现深圳"

图6-2　胡野秋给友人题字

  由著名学者胡野秋撰写的《深圳传》自2020年问世以来，短短两年内就重印了五次，成为抢手书籍。大家知道我和野秋很熟，都打电话找我要书，让我接应不暇，但我乐此不疲，非常高兴。为了这本《深圳传》，增加了不少饭局。野秋实在太"野"了，《深圳传》英文版又赶在2022年深圳读书月期间问世，并在深圳书展上大出风头。一本中国城市的传记这么快翻译成英文，足以证明深圳在世界城市中举足轻重，当然也可能是这本书对上了"老外"的胃口。

  边读这本书边感叹，深圳的发展实在太神奇了！神奇得不仅使世人难以置信，就连在其中生活过三十年，亲自经历过其起步、成长、发展的我们这些深圳人也感到不可思议。三十年,在历史的长河中,确实微不足道;然而对我们个人而言,这可是个漫长的岁月,人生能有几个三十年? 特别是我和野秋,都不仅见证了深圳发展最重要的30年,还是深圳某些发展阶段的参与者。我们亲身经历过的事实是:深圳从1979年创市开始,仅用四十年,就从一个只有三十万人的中国南方边陲小镇,建成拥有约一千八百万人口,与北京、上海、广州齐名的国内一线大城市,甚至比肩纽约、东京、巴黎、伦敦四大国际名城;近些年,以深圳为龙头的粤港澳大湾区,也即将成为和纽约湾区、旧金山湾区、东京湾区并列的国际四大湾区之一。

胡野秋太忙了,天天到处做读书讲座,忙到顾不上为他自己的书宣传。好在他的校友、粉丝数不胜数。所以,他出书的事很快传遍深圳,传遍朋友圈。其实,第一时间传递消息并把书送给我的是黎明——我的芜湖一中学生,也是野秋的好朋友,他参加了《深圳传》的首发式,并把那天举办仪式和签名售书的盛况分享给了我。那些天,大家为野秋新书的发行频频邀他参加聚会,这时总少不了我。那段时间,我和黎明、野秋有了更多的接触机会,说也怪,这时,深圳的往事和书中的内容常常浮现在眼前。

我首先想到的是笋岗路。这应该是每个深圳人都知道的路,可能是大家走得多了,不一定有什么感觉而已,就连野秋的《深圳传》也只是提了一笔,没有详写这条路。而我却不一样……小时候,我第一次走在笋岗大道上……不对不对,当然已不是我小时候啦,那时我已是半百的老人了哈,应该是1991年底吧,倒是可以说,深圳小时候……那是我第一次走上笋岗路。这条路的特别之处,是将深圳有名的公园一分为二,南面的叫人民公园,北面的叫洪湖公园。在深圳建设中被马路分成两半的,还有中心公园。

那时,我和才上任的、二十多岁的芜湖市驻深办事处孙主任一起穿过人民公园,走桥洞、上台阶、"登上"笋岗路,从这天起,笋岗路成了我在深圳走得最多的一条路。那天已近傍晚,路上几乎没有行人、没有灯光,也见不到一辆车,宽阔的马路上只有我们两个人。站在跨过洪湖公园的桥边,看着眼前的马路,我简直惊呆了,只感到眼前的马路宽得简直不可思议,我甚至认为这是世界上最宽的马路,应该登上吉尼斯纪录。

那天,兴奋不已的我和孙主任就在笋岗路旁促膝谈心,谈芜湖、谈深圳、谈未来,一阵微风吹过，只见一只断了线的风筝在我们眼前飞过，孙主任知道芜湖市领导在知道我想来南方工作后，还有意让我担任他的角色，孙主任问我怎么想。我斩钉截铁地回答：我将像这只风筝那样……于是，那个日子和笋岗路便被我当作在深圳的起点，永远永远定格在心中。三十年后，从芜湖市驻北京办事处主任位上卸任的孙主任，与我在深圳再次相聚，谈起这件往事都无限感慨。

笋岗路是与深南路、滨河路齐名的市内三条平行主干道。与深南路相比，笋岗路不像深南路穿行繁华的商业区，路宽比八车道的深南路也窄了不少。但是，笋岗路却极其重要，这是因为笋岗路与北环大道相衔接，成为通向深圳宝安国际机场的主干道。即便后来有好几条通往机场的公路，但从罗湖、福田出行的车辆还是常常得由笋岗路出发，其作用是无法替代的。

特别是我，从在深圳工作的学校出行总离不开笋岗路。退休以后，到深圳市教育学会又干了十八年，办公地点始终在老街的老市教育局，出行最好的选择也是笋岗路。我记不得多少次开车穿行笋岗路了，只记得在这条路上我开的车已换过四辆；我记不起在笋岗路上我步行过多少千米，只记得我选择了走路作为我锻炼身体的方式。在学会工作时，住在滨河中学的我，常常是走着上班的；而在学会工作，常去笋岗路、红岭路口的市民政局，或者周边地方，只要时间许可，我总是沿着第一次上笋岗路走的路线步行前往。深圳市一向重视环境保护工作，不知哪年开始，把每年的某一天定为走路日，我也尝试过。那时我已搬到世界之窗附近居住，但步行日那天，我步行了近二十千米赶到单位。多少年后，我走路锻炼身体成了习惯，每天我都会走一万步以上，但我总不会忘记在笋岗路人行道上开始锻炼的情景。

其实，在笋岗路上，1994年我就步行参与全市的募集教育基金行，那浩浩荡荡的队伍，那震耳欲聋支持深圳教育的口号，至今让我难以忘怀。那次全市一下子为教育募集到上亿资金，盛况空前。

不熟悉深圳的人可能不知道，在2000年前，笋岗路的南北两侧差距很大。建市一开始，三天一层楼的国贸大厦，深圳的经贸活动中心，后来的深圳的金融中心，统统在笋岗路的南边。罗湖区商贸繁华的程度，可以说是整个深圳市商贸活动的缩影。笋岗路的北面，也许是靠近二线关的原因，也许是太僻静的原因，在当时很长一段时间内非常落后，非常冷清。讲句笑话，我1998年调入笋岗中学，竟被朋友调侃为调进了深圳的西伯利亚(学校)。

当时，"荒凉"学校周围仅有一个大公司——深圳市道路公司。我们笋岗中学在山坡上，挡土墙下却停放着一辆辆大型车辆，排队等着装载烧制的沥青等铺路材料。才去学校上任，热心的老校长吴宪章要为我接风，饭店与我们笋岗中学仅隔一条泥岗路(在笋岗路之北和它平行的一条马路)，直线距离可能不到五百米，然而由于这特殊情况造成的堵车，车子从学校出发到饭店足足开了一个多小时。

笋岗路以北长期得不到开发，更可能是与这里发生过一件有可能毁灭深圳的大爆炸事件有关。那次，冒着生命危险到现场采访报道大爆炸的正是胡野秋。野秋在《深圳传》里详细地记载了这件事。特别是他不惜笔墨，赞颂了那些为防止更大爆炸而奋不顾身的英雄们，将这些"小人物"与邓小平、袁庚等一道写进了城市历史。

其实，在寸土寸金的深圳，别小看笋岗对罗湖、对深圳的贡献。那个年代，笋岗片区开设了大批的加工厂，来自全国各地的年轻工人，日夜轮班工作，创造财富；设在这里的道路公司用最简单的设施为深圳市架桥修路。那时的笋岗村还算是有点名气的村，他们为笋岗地区做贡献时，没有忘记办学校，笋岗地区最好的中小学，在创建时就被村里要求冠上"笋岗"一名：叫笋岗中学、笋岗小学。要知道，笋岗村为教育付出了不少。真的，那时这里和深圳其他城中村一样，人气也很足。我在笋岗中学工作时，闲暇之余，也要光顾这里，喝喝茶、聊聊天。

某一天，我们曾经和深圳电视台主播许雨燕在这里的一个街边小店小聚。谈着谈着，我突然提起，想请野秋为母校芜湖一中写首赋，立即得到雨燕支持，野秋也立马答应了此事，后来在百忙之中写出《芜湖一中赋》。

那天，我也向他俩谈起，在世纪之交的2000年前后，正好在笋岗中学当校长的我所取得的成绩。听到这，雨燕和野秋都竖起了大拇指……

几年前，作为罗湖区尚未很好开发的笋岗片区传来喜讯。如果说罗湖是深圳下一个四十年最不应该忽视的地方，那么未来笋岗-红岭新兴金融产业带最有可能强势爆发。笋岗中心万象华府所处的笋岗片区，是深圳大面积旧改的首个价值兑现区之一，旁边的宝能中心、城脉中心等，要么已经建成，要么接近建成。旧改完成后，笋岗从"中国第一仓"变身为深圳的金融科技谷。不仅如此，笋岗已被列为国际消费中心、罗湖高端商务中心。建成后将形成西有前海、东有笋岗的总部经济基地和现代服务业基地。笋岗的未来前景无量！

去年，芜湖一中的李平校长和戴春副校长来深圳开会，休会期间，我特地带他们沿着《深圳传》中提到的地方走了一圈。先是去了盐田大梅沙海滩，在《深圳传》封面照雕塑所在的沙滩上尽情拍照；随后驱车深南路登上国贸大厦，我的深圳第一届(滨河中学)初中毕业学生张彦芬带我们参观接待过邓小平的包厢，在那里重温领袖的教导，激动不已；随后，车子载着他们上了笋岗路，驶向莲花山，大家登到小平的塑像前，深深鞠上一躬……晚上，我们赶往徽商之家与欢迎家乡来客的乡友相见，忙得不可开交的胡野秋这次破例早早赶到，二三十人在一起频频举杯，预祝《深圳传》英文版早日问世，祝贺深圳成为未来的世界之城。

而我有个新的心愿：我的两个家乡鸠江和鹏城，鸠江包括芜湖一中在内的学校，鹏城包括笋岗中学在内的学校，希望它们随着两座城市发展的节拍，得到更大的发展。

"特区缘"之三：

书法家盛毅和他的伙伴们

图6-3 盛毅和他的伙伴们

　　在人的一生中，认识名人不难；与名人成为朋友也不难；但伴随着一个开始并不显山露水的人一路成长，最终成为名人，就不是件容易的事了。别的且不说，一个人成为名人，常常需要漫长的几十年时间；一个名人的成长常常从起跑线就得开始了，如果这样看，那这样的见证人就少之又少，而伴随着成长的人，在这个世界上就更难找到。值得庆幸的是，我和我的朋友却伴随并见证了盛毅先生成为著名书法家。不仅如此，近二十年的相处使我们和盛毅成为好兄弟，上面这张照片是其中的四兄弟于2018年相聚时所拍：老大是我，老二是上海医科大学首届博士，在内地和深圳担任过多所大医院院长的张同贵，老三是原《深圳商报》社报务总监徐世访、老四就是盛毅。当时，老三徐世访写下这四句感言：

兄弟十几个，

围着圆桌坐，

续的是情谊，

家宴吃与喝。

近日，我们这些兄弟姐妹相聚，唯独少了他，我立马和已定居北京的他进行视频通话，互相交谈，甚是亲切。

盛毅，号草山，当代著名书法家。安徽省和县人，系当代草圣林散之老人之内长孙。其幼年时耳濡目染，深受散之老人笔墨浸润。6岁开始学习，50多年如一日。在老人80岁后，其常伺老人左右，磨墨牵纸，对书法艺术中用墨、用水的艺术风格深有感悟，并以此成为林散之艺术风格传承中的第三代代表人物之一。草书深得林老书法真传，神形兼备。作品擅长篆、隶、草、楷等。

看了网上这段介绍，你可能已经猜出，盛毅从六岁开始习字，经历了五十多年才成为大家公认的书法家。你一定想知道，在这漫长的岁月里他在哪里，在干什么。

他虽是和县人，但长大后，特别是上大学、工作都是在芜湖市。我虽是个老芜湖人，但比他大不少，和他没有做过邻居，没有同过学，也没有同过事。我在中学工作，他在芜湖电大教高等数学。但我和他在芜湖市教育局招生办公室工作的亲弟弟很熟，而且一直是芜湖三中的邻居。

我1991年来深圳，他1992年来深圳，都是芜湖老乡，很快就相识了。不久，他去了东莞，在那里的合肥建工学院的设计院工作。

他大学上的是芜湖机电学院自动化专业，在东莞干的却是画建筑图纸，居然干得不错。东莞离深圳观澜不远，观澜建了一个高尔夫球场，不少图纸出于他的手，为此他感到骄傲。在这段时间里，我和他有较多交往，印象最深的一次是我在理工学校工作时，曾带教师团队去东莞一所学校考察，他得知后，来看我并请我们同行的教师聚了一餐。

2003年，我到深圳市教育学会工作，收到盛毅的来信，随信寄来一些他写的字。

这时我才知道，他回到芜湖，但没有回到电大教书，而是开始专门写字。我小时候受"学好数理化，走遍天下都不怕"的影响，对文科十分不重视，字写得很差，以至于1964年大学毕业后到农村锻炼，过年被逼写门联，出过洋相。这以后，对写字的事，我也开始重视起来，虽仍旧写不好字，但逐渐对书法有所了解，识别好字的能力有所增强。这时看盛毅寄来的字，我觉得很不错。加上，又知道他小时候住在我国当代草圣林散之家中，受其影响较深，于是对他写的字更是刮目相看。这时，日本友好学校的老师到深圳小学访问，深小邀我去参加活动，我带了盛毅的几幅字送给他们。他们中有一位懂字的一看，居然认出，这像林散之的字，而且写得好，便像得到宝贝一样收下了。这时，我开始对盛毅的书法有了进一步认识。

无独有偶，我把盛毅的字送给电视台的朋友，他们居然也看出这字写得好，有林散之的风格。

2000年的一天，突然接到盛毅的电话，说芜湖电视台的记者到深圳采访他，希望我作陪。我丈二和尚摸不着头脑，直愣愣地问记者，电视拍什么内容？记者告诉我，芜湖市电视台要拍一部宣传盛毅书法艺术的片子，因为盛毅在南方生活了十年时间，所以来拍一些南方生活的场景，让人看看南风熏陶下的盛毅是怎样坚持写字的。应该说，这时候，盛毅在芜湖已有些名气了。

听了记者的话，我一下乐了，对着采访我的镜头开了句玩笑：多年不见，设计师摇身一变成书法家？人呀人，真不可小觑啊！

当时，我正参与筹建深圳深美国际学校，盛毅在深圳除了写字，别无他事，加上他的人缘不错，我们也请他参加我们的办学工作。你还真不要说，读书多、知识面广、口才好、擅于写字的他，在我们办学过程中，起到了意想不到的作用，成为我们办学不可或缺的帮手。当然，在办学的七八年时间里，他和参与办学的名校长陈难先、宣绍镛以及我朋友圈的朋友，建立了友谊。这些朋友非常欣赏他写的字，在他写字的时候，有人给他牵纸；在他举办展览时（深圳、东莞、南京……），大家踊跃参加；在需要宣传时，记者们无论兄弟与否，都会写文章在报纸杂志上推荐；他写的字也通过各种渠道传到深圳人的手中，许多爱好者在得知深美国际学校有一个书法家（准确地说，书法家的名声这时已经走出安徽了），慕名登门求字的人也多了起来，盛大师的名号便不胫而走。久而久之，大师的称呼已成为他的代名词了。这时，是他给深美国际学校打广告,还是深美国际学校成全了他,真有点说不清!但可以肯定地说,在他成为名人的过程中,深美国际学校功不可没!

常听人说,一个书画家只有到北京发展,进步才快。刚听到这话时,我半信半疑。但认真一想,觉得很有道理。就拿我熟悉的著名画家来说,童红生、叶浓早期都在深圳待过,但最后落户在北京,成名在北京;郭公达、罗屏两位老画家,虽然在安徽时已小有名气,但还是到北京后名声才更响亮。盛毅,也恰恰是到了北京,各方面都有了长足的进步,成为全国知名书法家,这可是不争的事实。

2004年,他应朋友邀请,去北京帮忙做一些策划工作。那时,他的书法开始吸引首都人的眼球……2009年他受首都机场等单位的邀请,去北京发展。从此,他笔不停挥,靠着一双灵巧的手,拓展自己。每年我去北京都要和他相聚、相谈。他忙起来,书写大幅的字,我还要给他牵纸……

于是,他的书法作品陆续进入机构、商家……各种媒体、拍卖行也常常找到他……

他终于在北京安了家,成为北京人,被人们公认为大书法家。

近二十年,我和盛毅保持着密切的接触。我们一起拜见田原(林散之的好朋友)、邢凤麟(曾任深圳市博物馆馆长、文化局副局长等职,书画家)等;我们一起游黄山,上九华,去四川;我们常一起与北京的芜湖乡友,特别是芜湖一中的校友在清华园相聚,也时不时与时任清华大学校长的顾秉林相见;我们一起相约回家乡与乡友聚会;他还带我去马鞍山采石矶公园,瞻仰设在公园的林散之墓……

所有这些接触,毫无疑问,加深了我对盛毅的了解。但是,我发现对他更深刻的了解,却是这样一件事。

那事发生在2010年。那一年,我们芜湖一中1960届的同学决定办一件事:在芜湖一中一百周年校庆(1903-2013)时赠送学校一份礼物,我的同学把这一任务交给了我。

那天,我和在电视台做主播的许雨燕及著名学者胡野秋(芜湖一中校友)在笋岗的一家小餐馆小叙时,大脑里突然闪现出一个想法,何不写一首"芜湖一中赋"献给母校?当即把写赋的任务交给胡老师,三人一致同意把书写的任务交给盛毅。

为了确保高质量如期完成这项任务,我特地从深圳飞回芜湖"督战"。那几天,在盛毅家陪他写字，看着那堆积如"山"的废稿，看着他为写这六百多字，反复练习留下的手稿、便笺，再看到他保留的几十年练字及读书的笔记，我惊呆了。才知道他为了写这幅字，花了整整一个月时间，写错了撕，撕了再写。这时我才醒悟，成为一位书法家不容易，盛毅成为著名书法家，更不容易。此刻，我才醒悟，他的成名和林散之大师的指点分不开，但更和他后来的刻苦学习、勤奋苦练分不开。以前，会以老大哥身份调侃他的我，这时才觉得真正认识了他，开始对他刮目相看，内心真正认定他是我们的偶像了！

校庆任务圆满完成，赋已于校庆之际写出来，装裱装框送给母校。后来，学校又把这首赋刻在芜湖一中立起的大理石墙上。

"特区缘"之四：

疫情挡不住画家的创作激情

图6-4　疫情中，田东辉仍不忘作画

　　这幅题为"春天的风"的作品，是田东辉老师的得意之作。他们全家早在春节前就来南方过冬了，由于新冠疫情的原因，先去了茂名。在那里他结识了著名书法家吴伟杰老师，两人常在一起写字作画，相见恨晚。这是他第一次在北京之外画油画，画起来又没完没了，一批优秀的画作便诞生了。南方似乎没有冬天，今年又格外温暖，即使是讨厌的新冠疫情，也阻挡不了春天到来的步伐！他用这幅画鞭挞无情的病毒！他用这幅画迎来了没有迟到的春天！他更用这幅画预祝新冠疫情防控的胜利。

　　田东辉，又名耘夫。1953年生于安徽蚌埠，现任中国美术家协会会员、中国文物学会副秘书长，原任中国佛教文化研究所副所长。近多以山左耘夫、山左老山自称，见之其以勤奋自励之心，然其人亦才华横溢。唐人虞世南云："书道玄妙，必资神遇，不可以力求也……心悟非心，合于妙也。学者心悟于至道，则书契于无为……"，强调书法创作要达到玄妙的境界，必须超越心智、感官的局限，做到真悟。他从事书画艺术创作四十年，师古而不泥古，书体自成一格，具有强烈的现代意识。中国文物学会、深圳博物馆等单位曾举办"禅林清韵——田东辉书画艺术展"。现已出版《田东辉画集》《方圆世界·田东辉书画集》《田东辉中国花鸟画辑》等作品。

　　看书画家当面作画是一种乐趣，但这种场景还真不是很容易遇到的。田老师住北京，南下小住，顶多带上毛笔、印章，给他的朋友们写写字。他喜欢画"心画"，他的"心画"是他用特别的画技画出来的。画出的这种画，每张都不一样，别人无法模仿。我常去北京，去他家，但要看他作"心画"，从来没有如愿。据说，原来曾有一文化部领导想看，也被他搪塞，没有看成。不过他画水墨画，我还是见过的。多年相识，知道他也画油画，也曾得到他的油画作品，但从来没有奢望能有一日当面看他作画。这次机缘巧合，在他的画室里，他选了一块被人当废料扔掉的白色泡沫塑料板，三下五除二，用刮刀涂抹起来，不一会一张生动的画就涂抹出来了，真让人不得不佩服。

"特区缘"之五：
画家应天齐参加艺术家联合个展

图6-5　画家应天齐在我家

　　作为2021年第十七届威尼斯建筑双年展的准备展，"'围屋之变'各自为艺，共同生活"——参展艺术家联合个展，提前于2020年8月18日在深圳星河国风艺术馆开幕，十二位来自北京、深圳、重庆、成都、南宁、苏州、武汉及温哥华的艺术家围绕龙南客家围屋创作的艺术作品，集中呈现出非凡的艺术创新，让深圳观众得以在家门口先睹为快，提前看到世界级重要展事的最新参展作品。

　　此次展览由四川美院教授、知名批评家王林和威尼斯大学博士生导师安吉洛·马吉(Angelo Maggi)教授担任策展人。深圳大学教授、知名艺术家应天齐为艺术总监，另外还邀请到何多苓、傅中望等十余名国内知名艺术家、人类学家、社会学家、建筑学家，共同围绕客家围屋建筑为主题创作作品参加展览并开展文化交流活动。

威尼斯建筑双年展是世界上极负盛名的国际当代艺术作品展会，第十七届意大利威尼斯建筑双年展，因新冠疫情的影响推迟到下一年度举办，展览主题为"我们将如何共同生活？"中国艺术家以龙南客家围屋建筑以及由此形成的居住生活方式作为背景提交的参展方案，从全世界众多申报的材料中脱颖而出，入选该展，并将与全世界八十六个参展国家集体亮相意大利威尼斯水城，进行为期半年的展览。

2000年以来，作为我多年交往的好友——应天齐曾三次入选"意大利威尼斯艺术双年展"和"威尼斯建筑双年展"，并成为全球华人艺术界首次以个展的方式入选该展的艺术家。如此应天齐成为此次在深圳举办该展的主要发起人便理所当然了！

在中国举办这样一次高规格的展览，也从一个侧面表现了中国坚持改革开放的决心。作为应教授的好朋友，我和原《深圳商报》社徐世访先生应邀参加展览的系列活动，非常荣幸。

应教授从小喜欢画画，自学成才，"文革"期间在家乡芜湖市东方红中学教美术。他作为学校的美术老师，除教学之外，更多的是为学校画宣传画。我还记得他爬上很高很高的梯子，手握画板，画大幅毛主席画像的情景……在当时，能画毛主席画像，那是很受人尊重的。后来，市教育局要求从老学校调一些教师去创办几所新学校。正好，他曾担任代课教师的赭麓小学升级为新办中学第二十二中，他们非常惜才，希望已在东方红中学的应老师能回到他们学校继续任教，经学校协商，他就去了那儿。

在东方红中学和芜湖市第二十二中工作期间，天齐就开始参加美术创作活动了。1972年，他的一幅年画，也是他的处女作《农村归来》问世了，这幅作品和他另外一幅版画作品《支农小分队》都是在参加当时由芜湖市组织的美术创作活动中完成的，并于1994年发表于《安徽文学》杂志。从这里起步，天齐走上了四十余年硕果累累的创作之路。

回忆起当时他任中学教师的情景，历历在目。当时的学校是军事编制，整个东方红中学是作为一个团的建制，下属的原芜湖一中就作为一营，我所在的芜湖三中是二营。那时的我也非常年轻、热情、肯干，尽管有些"先天不足"，但还是被任命为二营营长,使我有机会邀请应天齐来到我们学校做代课教师。也正因为如此,我们关系变得比较亲近。他家住在芜湖新芜路旁,临近芜湖长江边的一座旧楼里,房子只有十几平方,却有个天台。有一天,他邀我去他家玩,我顺着很陡很窄、摇摇欲坠的楼梯,小心翼翼爬上了天台和他一起看星星,此时此刻的情景已终生定格在我的脑海里⋯⋯

四十年后,天齐在他送给我的图文并茂的大册页上,用他颇具个性的书法撰文写下如许文字:"继威能继天下之威风者也。吾识汪兄愈四十载,曾共事皖芜湖东方红中学,粤滨河中学、外国语学校(实为理工学校)见其功绩。解其为人,知其秉赋,吾观之,兄威而不傲者。乃能容天下之人也,尔风风火火,闻风而动,动则如风。余少时居破屋危楼,汪兄偕友人至,余蒙恩泽。其后,壮年南国寻梦,与尔相处于陆,相熙以湿,人生多事,兄不弃不离,雪中送炭,锦上添花,凡余之所需,拱手奉之,凡余之所急,伸手援之,弹指已届耳顺之年。念其谊,感其恩,书文绘图以记之"。

那时节,天齐家的兄弟姐妹很多,大都很有才气,其中最有名气的,当属应天齐了。他后来成了芜湖小有名气的画家,调去芜湖画院工作,之后便很少相见了。有一天在美丽的镜湖边偶然相遇,才知道他已结婚,和妻子在马鞍山市工作。

热心美术事业的天齐永远很忙,他性格沉静,不谈专业的时候,话总是很少,所以那天见面也仅寥寥数语。他的这种做派,容易被人误解,即使几十年后的今天,我给他打电话,几乎多次联线才能通话。其实我知道,他准是在和他的美术界朋友煲电话,探讨艺术问题⋯⋯

从那次以后,至少有十年之久,我就再没有见过他了,连他的消息都知之甚少。

1991年我来深圳工作了。突然有一天,天齐来到深圳。他人来了,还带来了他在安徽黄山脚下隐姓埋名、苦苦钻研十年、呕心沥血的成果:《西递村系列》版画!这时我才意识到:一个有抱负的人,突然"失踪"意味着什么!应天齐如此,后来的推背学创始人苗元一、著名油画家童红生都是如此。十年磨一剑,出来时,一鸣惊人!天齐靠着他的才气,自然很快调到深圳工作了,而且进了深圳大学当二级教授!

对于他的画我还是很熟悉的。《西递村系列》版画自不待言,来深圳做的行为艺术,我也多有领略。记得他刚到深圳第一年的元旦,我与《深圳晚报》教育栏目记者帅小波,在应天齐的工作室观看了他用大槌砸玻璃作画的场面,伴随着新年响起的钟声，文弱书生应天齐用木槌砸向一块铺在白纸上的涂成黑色的大玻璃，砸碎后他小心翼翼地跪在地上，把不要的碎玻璃拣了出来，成了一幅画(我已不记得最后是怎样在纸上留下痕迹成画的)。我虽然喜欢画，但对行为艺术却有点不懂，也不习惯，但我对此并不排斥。此后，在与天齐的不断接触中耳濡目染，对行为艺术不断有了新的认识。那天在天齐家，他告诉我，芜湖市为他在芜湖古城建了一个美术馆，长年展出他的作品。正是那天，他把芜湖美术馆外形的初步设计过程表演给我看，居然是用搭积木的方式，很巧妙地呈现出来的，看到这里我惊呆了。也就是那天，在他的电脑上看到他收集的关于芜湖古城的大量资料，居然还有明朝时芜湖古城的图形，这时我才明白，他对芜湖古城的历史很有研究了。他担任芜湖古城改造顾问十四年，芜湖给他建美术馆可谓受之无愧!

退休之后，天齐并非安于享受、颐养天年，而是开始了第二次闯荡——用创新材料绘制创新体裁的《世纪遗痕》系列油画，居然一炮打响，在北京举办画展，同时在拍卖会上引起轰动，宣告了第二次起步的成功。从某种意义上看，也是对之前的成名之作《西递村系列》版画的超越，在国际上引起了关注，《世纪遗痕》当代艺术作品又一次入选"意大利威尼斯艺术双年展、威尼斯建筑双年展"。

纵观天齐的艺术所为，不难发现总是和房子有关。那三十多幅充满神秘和回音的西递村版画，平常作为习作或送人的典雅幽静的水墨画，砸碎黑色玻璃的行为艺术，现如今正在完成的油画《世纪遗痕》，几乎全部和房子发生关联。可见，天齐的画是多么接地气啊!

纵观天齐的经历，你还会发现：他不但擅长绘画，还能融绘画于方方面面，也总使人感到震撼。他把西递版画搬上黄梅戏舞台，融戏剧人物、故事、绘画为一体，创造出戏剧的新样态，引起了轰动；他应邀将深圳古老的碉堡披上艺术的新装，迎接新年，使人流连忘返；他还在深圳著名商城中信广场，用剪纸艺术装扮新年的盛装，美其名曰《大剪纸》，成为深圳这座创新城市的一大亮点，观者蜂拥而至，流连忘返。

更为"出格"的是2014年芜湖市古城的改造。被聘为古城改造顾问的应天齐，率领着近万名原古城居民走进古城，从一个人的呼吁，到万人捡砖，这已经注定不再是一件单一的艺术作品。参与捡砖的老百姓，将脚下明代或清代的古砖拾起，认认真真地签上自己的名字，交给艺术家应天齐，这一箱箱被签上名字的沉甸甸的古砖，已成为一场万人捡砖行动的见证，现如今陈列在刚建成的"应天齐美术馆"内。永远见证着历史！千万别小看这似乎是行为艺术的活动，应天齐根据古砖设计的重600公斤、高三米的巨型《砖魂》作品，居然运到威尼斯，成为那一年中国在威尼斯世界建筑艺术大展中唯一入选"意大利威尼斯建筑双年展"的中国作品，在建筑艺术界也一举成名。

　　认识天齐长达半个世纪了，特别是深圳三十年的交往之中，正如我刚才已经提到的，他把时间和精力都用在艺术钻研上了，交的朋友也以同道中的艺术家为主。天齐在日常生活中并不善交际，即便是出席朋友的聚会，谈来谈去也都是艺术。这样的"免俗"或"清高"难免引起别人对他的批评和质疑，但他却淡然处之，坚持自我，不世故，不圆滑，初心不改。正因为这样的特立独行，使他敢于质疑与批评他人。因此，即使在艺术界，人们对他的评价颇具争议，赞美者虽众，反对者亦有之。这也不奇怪，倒使我想起了一句俗语——"天生我材必有用，不遭人忌是庸才"。

"特区缘"之六：

《餐巾纸上的行吟》

图6-6　崔武梅(右一)作为顾问参加安徽师范大学教育基金会
深圳办事处揭牌仪式

在深圳,安徽人不少,据说有四十九万之众。这里的安徽人,我们统称为安徽乡友。在这些乡友中,有政府官员、企业家、教师、医生……可以说各行各业都有。不过,有一个人非同一般。他曾就读于安徽师范大学,1992年来深圳前,在安徽省政府办公厅工作。来深后,四处应聘,尝试着到深圳闯荡的乐趣,后被安排在安徽省政府驻深办当领导,开始了他在中国南方的工作。之后,被调去驻香港的安徽省窗口公司任职,退休后又去澳门工作。这样一位南下后,在深、港、澳三地都工作过的人,全国其他地方来的人中有没有,我不敢说,但是我敢肯定安徽省仅此一人!

我所认识的那么多乡友中，无论做什么工作，事业有成的比比皆是。但既工作干得出色，又能写书的人并不多见。更何况，无论在深圳，还是香港或是澳门，都干得那么出色，而又能出版几本书的，恐怕屈指可数。这不，他的第四本书《餐巾纸上的行吟》正式出版了。当我拿到这本尚散发着油墨味的书时，还真觉得不可思议呢！

　　何谓餐巾诗？顾名思义，就是在餐巾纸上写的诗。深圳经济的高速发展也给文化事业的发展带来契机，每年一次盛大的深圳文博会的举办便是明证。即使我在学校工作的那些年，也和文化学者有许多接触，诗人也不例外。著名诗人柯蓝生前曾担任过我所在的笋岗中学的顾问；一批香港著名诗人也到学校访问。多年来，深圳诗作的创新也拉开了序幕，深圳大学的教授黄永健的手枪诗、崔武梅的餐巾诗……也登上了深圳的舞台，引起了众人的关注。

　　武梅是个开心宝，朋友相聚，只要他在场，那场面，绝大多数时刻，都是很热闹的。那一个个欢乐时刻，他总喜欢用欢声笑语控制场面，让在座的人开心。每每相聚，他突然会离座而去，去哪儿？与他初次相聚的人，当然不会去问；与他经常在一起的人，熟悉他的套路，也不啰唆。要不了多久，他的话音随着他的脚步声而来，我们知道，当天的高潮到了，他的大作要出炉了！

　　他吆喝着回来了，然后一本正经地打开一张皱巴巴的纸巾，大声地朗诵起来。原来是他的又一篇餐巾诗问世了！这时的场面立马失控，赞赏声、鼓掌声都随他朗诵的节拍响了起来，老朋友们对他用餐巾纸写诗的"调侃声"也时而夹杂其中，他却不为之所动，仍然一本正经地宣读他的诗作，就像朗诵着荷马史诗一样，庄严、慎重、一丝不苟……

　　很高兴，和他在一起相聚的时刻还真不算少，于是见到他写的餐巾诗也不少。每年安徽师范大学领导来深，作为名校友他常在座，他总会献上餐巾诗一首。他在深圳多年，即便在港澳工作，也常来深圳。他和我同在数个乡友圈子里，少不了见面叙事，也少不了他的餐巾诗。新冠肺炎疫情期间，他常在澳门，外出受到的限制颇多，但仍有机会来深相见。

　　2021年2月，曾在安徽省旅游局工作，后在黄山市委当过领导的张脉贤来深，他特地赶来一见，又当场在餐巾纸上写下一首诗作："张族一脉贤，重逢金牛年。海稻酿米寿，更添书香缘。"为了纪念，还让在座的大家都在上面签名留念。本以为，这

首诗能进入他这次出版的书上，但把书翻个遍，也没看到这首诗作。不仅如此，与我有关的诗作只有一篇收入书中，很令我遗憾！但转念一想，至少，在南方的三十年，他写的诗作太多太多了，不能都编入书中是很正常的事啊！为此，我又为这繁忙的工作之余，写出这么多诗篇的崔武梅拍手叫好。

武梅写这本书，写什么，一直对外保密，以至于我这个对他新作十分关心的人，也得不到他这本书内容的只言片语。我试图破译他新书内容，却一直没有猜到。更没有想到的是，他干事这么认真，餐巾是随用随抛的东西，哪能想到写在餐巾纸上的作品却被他保存得如此完好，即使是这种保存资料的态度，也令人敬佩！我忽然发出一个奇想，先发表他为已到米寿年龄的张脉贤老先生所写的诗作，算是这本书发行时的一道"开胃菜"吧！

关于给张老写的这首诗，书法家杨先河做了记载。他说："徽学大家张脉贤老，辛丑逢八十八米寿，新春履端二日于深圳与汪继威老校长等众乡友欢聚，喝深圳海水稻米酿酒，贺脉老米寿，餐巾诗人崔武梅兄即兴五绝，嘱余挥毫留念。今逢黄山市徽文化研究会成立，之以再贺。"

本来，我们打算1月8日在深圳举行这本书的首发仪式，大家聚一次。还因为武梅去年担任了安徽师范大学基金会驻深办事处的顾问，准备以办事处的名义做这场活动。可一切准备停当以后，却因新冠疫情原因被叫停。但为这次会议做准备，武梅特地让印刷厂寄来一百本书放我这里备用。也正因此，我能先睹为快，已很是幸运。

乡友们都知道，武梅是我们安徽省外派出来的干部，至今他虽已退休，但仍获聘在澳门从事着安徽省政协等方面的相关工作。但我们从来没有在意过他是领导，乡友们一直喊他为武梅，他从不介意。当我翻看这本诗集后，从那么多篇诗作和介绍文字中，看到的不只是爱交朋友、以诚待人、广结良缘的武梅；看到的是一个既热爱事业、热爱工作、又热爱生活的老崔；看到的是"一个热闹起来就像冬天的一把火，安静时又像深秋时节一潭深泉"的崔武梅。那诗句里溢出的浓浓的亲情、友情、乡情就像流入我们心田的烈酒，足以让我们陶醉。而且，从这本诗集中，让我再一次感受到几十年来，武梅是我们深、港、澳乡友中的一位干了许多实事、好事，受到乡友特别尊重的领导！

"特区缘"之七：

苏云甲骨文新作问世

图6-7　苏云为推广甲骨文，常为朋友写字

　　深圳真神奇，好久没去的地方，一下子冒出高楼大厦；好久没见的人，突然会拿出自己潜心研究多年的成果！

　　前两天，好久未见的苏云老师约我和几位老乡相见。原来他的关于甲骨文的专著出版发行了，他当即签名送给我。看到这本在新冠疫情期间出版的专著，又拿到他送我的几幅字，对我这个书画爱好者来说，真是喜出望外。但打开条幅一看，那么美妙的文字虽然吸引我的眼球，我却大字不认一个。

　　苏老知道，他写的字，甲骨文自不待说，汉简一般人也认不了几个。为帮助识别，他总是在他所写条幅的题款处，把这些字翻译成现代文字，我一一翻看，果真如此，一目了然，顿时对苏老肃然起敬。

考虑到我从事教育工作，苏老事先做了功课，特别写了"人中龙凤"和"尊师重教"两个条幅给我。拿到字后，按常规照相留念(深圳的常规做法)之后，他便兴趣盎然地说起这几幅字来，我和大家一起静静地听……

苏老先以"人中龙凤"开头。他说，这四个字用奇字篆笔法书写，既有篆的古朴稚拙，又透有奇字篆的活泼，又使奇字篆的纤细笔调有所变化，意趣生动。对"尊师重教"四个字的处理，他别具一格：利用有限的笔法，在"尊"字的最后一笔加长，"教"字的最后一笔加粗，增加了"尊"字的飘逸感和"教"字的厚重感，使字飞动起来。"人中龙凤"和"尊师重教"，表达了对师长的尊重敬仰之情。苏老知道我在深圳教育界服务已达三十年，而且还在写书当中，特地用心写了这两幅字送给我，让作为教育工作者的我受宠若惊，深受鼓舞。

听了苏老讲的话，对甲骨文和汉简还处于扫盲状态的我，频频点头，并表示再去读读他刚出版的新书，并要在在他的指导下，写一段文字，推介我学习他的这本著作的点滴心得，让更多我的朋友们都能对我国文化瑰宝甲骨文及苏老的研究成果产生兴趣，予以关注。

那天和苏老相见后，我很兴奋。回到家，反反复复欣赏他送我的几幅字，爱不释手。但我突然发现，他送我的字是奇字篆和汉简，都不是甲骨文，当即去电给他，希望看到这几个字的甲骨文书法。这时，虽然已经很晚，但他还是立即把"人中龙凤"四个字用甲骨文书法写好，并拍好照发来，我则快速编辑这一条幅上传到美篇。

苏云，1955年出生，原籍安徽凤台。中国国学学会研究员，安徽省管子研究会理事，安徽省书法家协会会员，原阜阳市书法家协会副主席、颍上县书法家协会主席，现任阜阳市书法家协会顾问、颍上县书法家协会名誉主席、深圳市清风书画研究院副院长。2015年被授予"文化名家"称号。出版书法著作有《苏云书法集》《苏云管子名言书法集》《汉简雅言集》《奇字篆书法作品集》等。

以上是2020年末出版的苏云的新作《甲骨文中蕴藏的文化密码》一书中对他的简介。

苏老和我都是安徽老乡，他和我的好朋友、在深圳教育界很有成绩的中澳学校的老校长郭云峰是阜阳老乡，他们在一起的机会比我多。我向郭校打听，苏老师创作这本大作的有关情况，然而郭校却没有说出个所以然，也对苏老突然拿出这本新作感到意外。

后来，我了解到苏老这段时间在深圳写这本书的经历，并从他写的书中，得以印证。苏老是2010年被颖上县派到深圳做办事处主任，当然主要做的是经济工作，而且工作成绩很出色。可想而知，他的本职工作是很忙碌的。但即使再忙再累，他也不忘作为一个文化人的"本分"工作：写字和研究。他自己说，一个偶然的机会，让他踏进了研究甲骨文书法的大门。那是2010年前后，苏老师参观了安阳中国文字博物馆，引发了对甲骨文研究的兴趣，并萌生了学习甲骨文书法的想法，后来更进一步，想把研究的成果写成书。这以后，"在神不知鬼不觉的情况下，经过多年灯下研读，窗前书写，根据文字的结构特点，结合文献的具体资料，'云破月来花弄影'，有所发现，有所总结，终于写下这本非常不一般的书。"（摘自该书序言）

苏老知道我对他研究的东西，想有更多的认识，于是又不厌其烦地解释：字体的演变是先有甲骨文，再有金文，也称大篆，再到春秋战国时期各种篆书并行，秦朝统一篆书的写法形成了规范的篆书，史称小篆。从秦到汉，汉字体字在逐步发生变化，尤其是在民间由于需要快速记录、快速书写，于是就出现了汉简，再之后汉简进行规范就出现了隶书。

以下是苏老书中关于甲骨文的论述：

甲骨文是距今约三千五百年前刻写在龟甲、牛胛骨和人头骨上的；孔子壁中书、汲冢竹书和西域汉晋简牍都是距今两千年前后写在竹、木材料上的；敦煌千佛洞的经卷是千八百年前书写在纸本上的。我们的先人开始在竹木，后来是纸张的载体上写下的文献和描绘的书画，原本汗牛充栋，可到我们后人去发现它们时，却已是朽去大半，少得可怜。

"特区缘"之八：

画家童红生在香港举办画展

图6-8　我们去香港看童红生画展

　　我1991年从芜湖调入深圳工作后，逐渐认识了一些老乡，和他们时不时地相处，给我带来了支持、帮助和激励。与他们相比，我年龄偏大，工作非常稳定，而他们却奋勇拼搏、激情澎湃，那种精神也时时感染、激励着我。这其中就有后来成为中国著名油画家的童红生。童红生在中学时就读于安徽师范大学附属中学，那时我已到芜湖一中任职，当时安师大附中的校长徐开琪中学毕业于芜湖一中，从这个角度看，红生也该算是我的学生，当然，这有点牵强附会，但红生认可。

　　童红生1989年从中央美院毕业后闯荡深圳，做印刷工作，从事美术设计，但也跑业务。我从来没有看他画过画，他倒是送给我一本有他作品的小画册，上面有他获奖的处女作。红生像很多闯荡深圳的年轻人一样,来深后,遇到过困难、挫折,还有不曾想到过的意外,有的我知道,至今都难忘却!那时,他常来我家,在我家吃便饭,他也请我全家吃饭,我那比他小几岁的儿子至今还记得他在巴登街八仙楼(张大千的侄孙开的酒店,在那儿我认识了许多著名画家)请我们吃火锅的情景……

最难忘的一件事是,我深圳的校长们相约去黄山游览。为了此行的圆满,我约了红生,他立马做了精心安排,不仅请了他在芜湖的朋友,还特地请了芜湖铁山宾馆的负责人全程陪同,无论是黄山的美景还是芜湖人(当然更有童红生)的好客,都给深圳的校长们留下难以磨灭的印象。

1994年的一天,红生突然从我和我的“朋友圈”(那时没有微信,当然不是现在概念的朋友圈)消失了,消失得彻彻底底,干干净净,事前没有任何迹象,事后没有任何声响。渐渐地,他在我脑海中的印象淡薄了……

2016年的一天,在与一位著名画家聊天时,这位画家突然神秘地告诉我,有一个人,现在成名了。我忙问:“这个人是谁?”画家慢吞吞地告诉我:“是童红生!”顿时,我几乎尖叫起来,忙问童红生现在怎样?在哪里?但画家也不知道太多具体情况,只是知道他去过威尼斯参加国际展览,还得过许多奖项。他不知道童红生在哪,但知道他已入佛门。听到这个消息我激动不已,立马启动寻找行动。

自觉不笨的我以为,童红生老师既然已入佛门,又是藏传佛教,那一定是该到西藏去找。我有一位广州新华社的朋友,被派到西藏锻炼,这时正好还在西藏。我立即打通他的电话,托他寻找。几天后听到回话,查遍西藏却查不到此人,我失望了。

在我已经无望的时候,去北京见到了我的学生唐克扬教授,唐教授是芜湖一中的毕业生,后来到美国哈佛大学留学,成为哈佛的博士。他学的是建筑艺术,回国后进了中国人民大学任教,现又被南方科技大学聘为教授。唐教授知道童红生老师的情况,只因他和童红生老师艺术圈子里的人很熟悉。这时我才有了童红生的电话,于是立马和他联系上了,我终于找到童红生了。

和童红生分别后的第一次见面是在北京。那时我去开会,住在北京郊外,童红生知道后,当即开车来看我。他到我们住处时,我立即出来迎他,只见到在百米外停好车的他向我招手,那么远,我们一眼看见对方,好不激动。这是他已到中年,我已到老年后的第一次见面,倍感亲切。在车上,我喋喋不休地问他一个又一个问题,当然不外乎是问他十多年离开深圳的情况。这才知道,他是为了绘画事业,离开深圳去了欧洲学习……那天请我吃饭后,他带我去了他的工作室,这哪是工作室?简直就是个大车间!也难怪,他画的巨幅画是需要爬梯子上去画,要不网上怎么说,在南京一次画展上,他展出的画最大,他的名字排在国内著名画家的前面。他一直努力,终于成功了,使我十分感动、钦佩和欣慰。童红生被誉为中国当代最具代表性的艺术家之一,其实已"隐世"二十载,只为专注于创作那些能传递和谐、包容、欢愉、共处的大同世界观的作品。

童红生擅长于创作宗教题材作品,他认为世界上不同信仰者之间都有一个共通之处,那就是爱。他希望通过他的作品,能让拥有不同信仰的民族间多一些沟通理解,多一些和平共处的精神追求,关注爱与人性、和谐与美好。至于他在成功路上的经历,特别是隐居二十年的生活,那应该是传记作家感兴趣做的事,我们只能盼望着……

画家童红生的经历似乎并不复杂。下面是从网站上摘录并拼凑而成的简单情况。

童红生,1967年出生,中国美术家协会会员。1989年毕业于中国美术学院油画系。1993年赴法国学习,走访欧洲各国。2001年定居北京。2005年皈依佛门,潜心研究佛教绘画艺术至今。

童红生的成就及荣誉:

获1978年中国首届油画大展优秀作品奖,作品《青年朋友》入选中国当代美术史。获1989年中国第四届美术展优秀作品奖。获1989年中日油画精品展优秀作品奖。获1990年中国文化部交流中心普林斯顿大学画廊展优秀作品奖。2012年参加美国洛杉矶艺术展。2018年8月25日,为庆祝香港回归祖国二十一周年,童红生油画特邀大展于当天下午在香港国际会展中心隆重开幕,香港政界、文化界及商界名流出席了开幕式,童红生老师家乡人也分别从芜湖、上海、深圳赶去祝贺。

这次画展后,他的画送到欧洲许多国家展出了……

"特区缘"之九：

向建设深圳的工程兵致敬

图6-9　工程兵王胜文接受采访

老兵何林、王胜文应邀参加了香港电视(深圳)制作基地"来了就是深圳人"专栏的现场专访。在一个多小时的电视节目里，两位老兵向观众详细讲述了基建工程兵初来深圳时的艰苦，讲述了他们是怎样克服重重困难建设深圳的动人故事，让观众深切感受到深圳今天如此辉煌背后的不易。这个节目是为庆祝深圳特区成立四十周年拍摄的，这充分证明，深圳特区建设的工程兵已载入深圳乃至中国的史册。

工程兵王胜文是我的安徽老乡。闲暇之时，我和他及他的战友们常常相聚。因此，早就听过他在电视中所讲的那些感人的故事。我还常把这些故事讲给我的孙儿听，让孙儿接受教育。然而我对他，对他的工程兵战友们的敬佩，不仅源于他们早期对深圳的贡献，也不仅是因为工程兵是建设深圳的功臣，更是因为包括他在内的两万工程兵成为最早入户的深圳人后，非但没有居功自傲，而是在深圳建市的四十年中，一直为深圳的发展贡献。他们之中,有的一直在深圳的建筑工地上工作,有的则转行做其他以前未干过的事业。现在,四十年过去了,他们中的绝大多数人已经在深圳退休,颐养天年。他们亲手打造了深圳,深圳又给他们带来了幸福的晚年。更重要的,他们的子女也已经成长起来,在各行各业为深圳更美好的未来继续贡献!

和工程兵接触多了,也就知道他们更多人的故事。这里仅讲三例。

王胜文先生来深圳后,先是在建筑工地上干活,吃了许多苦,克服了许多难以想象的困难,出色地完成了他们的建设任务。1984年他和所有的工程兵一样退伍了,这时他进了特别需要人的自来水公司。那时,他除了做好本职工作外,还开始关心工程方面的一个高科技项目:非开挖铺设地下各种管线施工技术。此后,他率领他的战友一起对这个项目进行研究,不断实验,经过努力,取得了成功。退休后,他干脆创办公司,生产实施这一项目的机器,推广这一项目。

下面这份深圳市水务局网站的报道正是王胜文先生的项目取得辉煌成绩的有力佐证。

2019年8月28日,广东深圳,第二届中国志愿者河长论坛暨生态技术研讨会在市委党校成功举办。深圳市副市长黄敏、中国工程院院士王浩、中国水务(集团)深圳市大通市政工程有限公司总经理王胜文……出席了会议。

我喜欢和工程兵们相聚。这不仅仅是因为他们比我年轻,在我眼里,他们是小青年,刚退休的他们仍充满活力;也不仅仅是因为,他们一帮人出场还总会带着他们那帮人的老伴,那一对对幸福的模样,也使我受到感染,这在深圳聚会的场合,并不多见;还在于他们至今还在参加各种社团的活动,充满生气……

方锦奎先生1971年入伍,是一名早年来深圳建设的基建工程兵。曾参与深圳市荔枝公园、深圳直升机机场、市政主要道路的建设。日积月累,他挣了一些钱,于是想投资。作为一个精于生意的潮汕人,大家都很佩服的是,他选择了投资教育,想为教育做点事。1995年,他创办了深圳长城幼儿园。

这家幼儿园在建时倾注了方先生的心血。园舍布局合理,环境优美,初步达到绿化、美化、净化、儿童化的要求;活动场地宽敞,幼儿园园舍占地面积一千五百平方米,建筑面积三千二百一十六平方米,户外活动场地两千五百平方米;教学设施完善,设有教室、幼儿寝室、班级幼儿活动室、音乐室、美术室、办公室、医务室、厨房等,这在1995年已经是相当先进的配置了。开办以后,他放手让园长管理,使这所幼儿园快速发展。2006年成为深圳市福田区一级幼儿园,2007年成为深圳市一级幼儿园,2008年更成为广东省一级幼儿园。

我在深圳市教育学会任职时,曾受邀参加这所幼儿园科研课题结题活动,见过方先生。方先生既积极支持幼儿园积极开展课题研究,开展双语教学,也积极支持园里的教师参加"十一五""十二五"教育规划课题研究,使这所幼儿园在这方面走在其他幼儿园的前面,成了他们的榜样。

张泽泉先生也是工程兵一员,他1975年入伍,但却到1976年才被正式认可,成为1976年的春季兵。他当的是医务兵,如果算1975年的兵,1982年就可以提干为医士,那个职务,对一个从农村来的青年,该是多么诱人的事。然而,计算上差了几个月,医士没有当上。没想到的是,就在那一年,深圳向全国招聘人才时他申请调至深圳工程兵部队,使他得以在深圳发展,从而人生变得更加精彩。

正是因为泽泉在部队是医务兵,1982年一来,他就被调进工程兵卫生所(第二人民医院前身)工作。后来二院建成,自然而然进了二院财务科工作。作为一个仅仅高中毕业的农村孩子,靠刻苦学习、努力拼搏,成为后来有数千医生、职工的医院财务科最老的职工,而且始终受到大家的欢迎,该是多么了不起的事。

一直以来,在工程兵战友、安徽乡友和各新老朋友中,泽泉的口碑都非常好。这与泽泉一直乐于为大家热心服务是分不开的。今年88岁的老人,原城建集团的书记臧老,一有病住院,他鞍前马后忙个不停。这些年来,臧老摔了几跤,有时不省人事,家属找到他,他总像亲生儿女一样,照顾住院的臧老,在朋友中传为佳话。

泽泉还对教师特别关心。对我这个长期从事教育工作的老乡,更是关心有加。对其他的教师,只要有求于他,也总是予以热情帮助。我知道,他的身体并不太好,对他这随时为人服务的情形,真还有点担心,偶尔也会提醒他别累着。哪知有一天晚上,我突然接到电话,尚校长发病,医生建议到大医院检查。这时医院已经下班,着急的我立即电话打给泽泉,请他帮忙。他二话不说,赶到医院张罗一切,一直忙到病人完全检查好,送走病人方才离开。这时,已过夜里十一点了……

"特区缘"之十：

赵子清领着我参加深圳市绿色学校评估

图6-10　赵子清和我到温州开会

　　我与子清的相识，是经人介绍的。深圳市环保局有宣教中心，这个中心的一项任务是抓深圳市创建绿色学校(单位)工作。大概在2000年之前，这个中心的主任是张小兵，她对中小学绿色学校的创建工作一直抓得很紧。我当时在笋岗中学当校长，在认识到创建绿色学校工作的意义后，立即在学校开展创建工作，很快干出了点成绩，也很快得到宣教中心的重视。张主任对我们的工作多次给予指导和肯定。不久，张主任退休了，接替她的是赵子清。子清来之前，张主任特地当面把我介绍给他，让我们互相之间有了初步了解。不用说，她的介绍使我有了子清这位忘年交和良师益友。

我翻箱倒柜，找出当年在宣教中心主任赵子清的带领下，去学校评估绿色学校的资料。我之所以保存这些资料，是因为我对从2002年开始一直到2010年(全国环境宣传纲要截止时间)参加过的绿色学校评估工作十分怀念。看着这些材料，我仿佛回到那个年代。

2002年以后，从中央到地方，对绿色学校(单位)创建工作抓得越来越紧，有时一个星期有三天到学校评估。子清总喜欢请我参加，客观地说，他是市创建办主任，我是专家组组长之一，加上我熟悉学校，他当然希望我能有更多担当。学会的工作弹性大，其他参加评估组的专家基本上是评上绿色学校的校长，学校工作机动性小，难以抽调。但更重要的是，我们俩一直对这项工作的认识相当一致，配合默契。

在创建工作速度加快的那些年，由于参加评估的人员不足，一个半天又得跑三所学校检查，工作还是比较辛苦的。2003年，当时宝安区的公明学校在成功创建广东省绿色学校以后，提出2004年创建国家级绿色学校。公明学校的地理位置比较偏，加上那时市内去那儿的道路也还没有修好，一来一回得要大半天时间，但学校只要需要，我们会很快赶去。记得有一次，在白芒关附近堵了足足三个多小时，我们都毫无怨言。但子清总觉得还是安排得不周到，特别是让我这个年纪大的人在车上待这么长时间，他觉得很内疚。

作为一个自愿参加环境教育事业的人，最高兴的事莫不过通过努力，争取更多的人投入到这项事业中来。子清和我一直都很注意做这项工作，经过努力，自愿参加我们环境教育的人越来越多。这些人中有市、区教育局地理教研员，有创建工作非常成功的校长。后来深圳的大学中的一些专家也加入我们的队伍，特别是深圳高职院的物流专家沐潮博士加入，子清和我还特别安排欢迎活动，在以后的评估中，他们还真是发挥了不小的作用。

带好一个评估团队不是一件容易的事，更何况这个团队的领导和成员分属环保局和教育局。但对所在地球的热爱、对保护地球的责任心，把我们这个团队的人紧紧团结在一起。不过，为了保持我们团队的活力，作为我们团队"头头"的赵子清还是花费了不少心血。他时常组织我们在深圳美丽的景点休息、学习、研讨，一些绿色学校评估的修改意见就是在这些地方诞生；有时还组织我们外出参加国家和各省组织的学术交流活动。

给我留下最深印象的一次活动是去浙江台州参加国际环境教育论坛。在那次论坛上，我们终于发现，在环境教育上起步较晚的我国，已经在追赶世界先进国家的某些方面，取得了令人瞩目的成绩。特别是在全国学校(单位)大规模地开展创建工作，更是难得的中国特色，使我们感到自豪。他还特别让我一起参加编写深圳第一本《中学生环境教育》教材，当拿到这本根据创建工作实践经验编出的书，回顾多年来在环境教育工作上的付出，我为能在环境保护上尽一点微薄的力量，感到欣慰。

令人佩服的是，那个年代，创建绿色学校仅仅是赵子清在深圳市环保局的一小部分工作，他在2003年主持宣传教育中心工作之后还兼任《中国环境报》深圳记者站站长。在此十年期间，他采写的报道有近千篇，几乎每周都有他的稿件登上《中国环境报》的头版。所写作品《环保先进？污染大户！》获得《中国环境报》全国环境新闻一等奖、深圳市新闻奖一等奖。

大家更佩服他的是，有一天，他觉得机关不是他事业发展的归宿，他向往更自由的人生舞台。2005年9月，国家环保部(现为生态环境部)宣传教育中心与《红树林》杂志社计划合作筹办中国第一本少儿绿色杂志，环保部领导希望赵子清去挂帅。这与他内心早有的文学梦、环保心不谋而合。他当即放弃市政府机关中层领导待遇，开始了艰辛的创业之旅。

2007年，由他主编的中国第一本少儿绿色杂志《绿色未来》诞生，向全国五万所绿色学校推广；2009年，他主编的《红树林》杂志中学版也正式创刊，当时的深圳市委副书记亲自批示祝贺；2021年，他与同事们一起努力，创刊二十八年的《红树林》杂志全年发行量约一百二十万份，成为"深圳大刊"，在深圳市所有期刊发行量中排名第一。

多么了不起，他为我国的环境教育又做了件实事！

(赵子清，1964年生，江西赣州人。《红树林》杂志社编审(正高)，世界科学技术教育协会副主席。1984年毕业后，先后在江西赣南师范大学、深圳市环境保护局、国家环境保护部《绿色未来》杂志社、深圳《红树林》杂志社分别担任主任、处长、总编辑、董事长、副主席等职务。是全国"第八届图书金钥匙奖"得主，深圳特区"三十年·三十户"书香人家。其代表作《鉴赏心理的奥秘》入选北京大学图书馆馆藏图书。)

"特区缘"之十一：

画家王荣昌

图6-11　王老师的画

　　王荣昌老师多年来一直客居深圳，专心画画。这些年更是深居他那位于深圳艺术小镇的画室辛勤耕耘，潜心研究，大胆创新，闯出一条新路子，成为我国画荷花的大师 。在国内外受邀举办多次画展，一会儿苏州，一会儿香港，一不小心到了国外，所到之处，都受到热烈欢迎，广获称赞。由于操劳过度，一度身体欠佳，只得放下心爱的画笔,回到家乡芜湖养息。

2020年6月,我和著名人物摄影家海国梁先生因事回芜湖,特地看望在家乡休养的王荣昌老师。这次见到他,看他气色渐好,作为他多年的朋友,非常高兴。

大家相聚,无话不说,但谈得最多的还是与画相关的人和事。王荣昌老师曾在荣宝斋任过职,他自我解嘲地说,做生意的事他真不行!

有一段有趣的往事:一位客户来买画,看中了一幅,说是很喜欢,想买下。但王荣昌老师却指着另一幅对客户说,这一幅比那一幅好。这一说,客户便默默地走了。生意没做成的事传出去,大家议论纷纷,微词还真有点,他只好装聋作哑。几天后,那客户在一行家朋友陪同下,又来了,肯定了王荣昌老师的说法,买下他所说的画,并大大夸奖了荣宝斋……

王荣昌老师虽是家乡人,但我们相识还是在深圳。20世纪90年代中期,他刚来深圳,当时深圳小有名气的东湖公园接纳了他,在公园里给他一个很大的房子,供他画画、食宿。画室里挂满他的画,吸引了不少的游客。他也在这里接待各方朋友。有一天,我去他那里,谈起家乡,谈起画,真是相见恨晚。

在王荣昌老师的花鸟作品中,尤以将诗入画的图景化为诗书入画后的雅格为特点。另外,他的山水画作品所呈现的一山、一水及云雾的描写笔墨精细,表现了他对艺术追求的理想、意境及山林诗意的艺术天地,明静、纯净的山水意境,成为他创作山水画的载体,笔墨的刻画得以在与"山水同行"的徘徊中,拓展山水意境的玄远与物我两忘的空旷,山水意象在"君子爱山"的表达中,成就了笔墨灵动与意境,使得王荣昌老师的山水作品在泉林高致的意象之间,展示出气韵流转不息,朦胧婉韵、气象万千的艺术景观!

王荣昌的绘画别有见地,古朴、厚重、淡雅、宁静!其艺术之美的升华,达到一种承上启下的平淡。在他的画里,有一种耐人寻味的寂静,犹如天籁,广阔至极,似乎有无数候鸟飞来,落在荷花池塘,感受那无限的月光、无边的辽阔。其静中求静的唯美心态,取决于他的学识与宅心仁厚的修养,他把平和注入一个无声的艺术世界,聆听那画中的鸟鸣蛙声,那声音伴随他的灵感,进入一种平淡、宁静的创作状态。

近几年,王荣昌的国画作品在东南亚市场美誉度看好,口碑流传渐广,尤其在泰国美术界的评价很高。一方面,荷生莲花出淤泥而不染,在信奉佛教的国度,莲荷之性堪比佛性；另一方面，王荣昌以禅修身，淡泊名利人生，他的"墨荷"作品师古而不拘泥于古，在朴拙中常常灵光一现，流露出禅的意趣，观者回味无穷。

（王荣昌，1948年出生安徽芜湖，国家一级美术师，历任荣宝斋（深圳）书画研究院副院长、广东省文化学会书画专业委员会委员、深圳文化艺术专家委员会副主任等职；现任香港艺术家联合会副主席、香港美术家协会执行副主席、中国国画院副院长等职，先后被中国文联授予"德艺双馨艺术家"等荣誉称号。作品被人民大会堂、中南海等机构收藏。作品先后在《人民日报》《解放军报》《中国美术报》等近百家报纸杂志刊出，受到多家电视台报道，并出版《中国高等艺术院校艺术教学范本——王荣作品精选》。）

"特区缘" 之十二:

百岁 "国家艺术人物" 谢超元

图6-12　近百岁老人谢超元赠字给母校安徽师范大学,庆祝九十周年校庆

  2018年5月20日,我和杨先河作为深圳市的校友代表,受邀参加母校安徽师范大学(以下简称"安师大")九十周年校庆。这次参加校庆前,受九十五岁高龄的老校友谢超元委托,带去了对母校的问候。行前,谢老特地撰写了一篇长文,并书赠母校。

  谢超元,1923年出生于安徽省怀宁县小市镇茅庵村凤形岭的一个书香门第,幼受庭训,跟随爷爷学近体格律诗、四书五经等典籍,并在家族的资助下,考上安徽教育学院哲学系,并于1949年毕业。安徽教育学院即现在的安徽师范大学。毕业当年6月,谢超元参加了中国人民解放军,被编入第二野战军第十军文工团,任该团研究室创作员。参加了解放大西南战役，并于1954年加入中国共产党。1954年至1959年先后任海军三个学校的教务助理员，1959年至1983年任海军政治部正团职宣传干事、研究员，直至1983年离休。谢老先后荣立二等功一次，多次荣获三等功，多次被评为先进工作者。

谢超元是我国知名的诗人和书法家，也是书画和石章收藏家。离休后，又先后被聘为中国书画函授大学编辑部主任、中国公共关系协会艺术委员会副主任。作品多有发表、参展和获奖，作品风格自成一体。谢老收藏书画及刻有其诗句的石章甚多。他几十年来勤于写作，著述甚丰。著有《师竹诗草》《谢超元艺游诗选书卷》《谢超元诗篆刻百家作品集》《谢超元珍藏当代书画作品集》《三语吟》《谢超元艺游文稿》等。

谢超元在戎马倥偬之余，广交天下书画界名士，结识了许多亦师亦友的书画家。在以文会友中，一旦有了共同的语言和心声，名家精品不求自得、求之必得。有些艺友一赠再赠，甚至将自己珍藏的如林散之、黄胄、何海霞、刘海粟、萧龙士、崔子范、谢稚柳、程十发、孙其峰、孙克刚、赵松涛等大家的精品也慷慨送给谢超元。他所珍藏的大量书画精品，全部来自书画家师友们的纯情馈赠。积年累月，东西多了，他脑子里便时常浮出自问与思考：如何对得起这些深情师友们的心血？怎样使这些艺术珍宝发挥应有的社会效益？能否为祖国传统的艺术之花播种培土？他很快想起了生于斯、长于斯的故乡，并用行动做了回答——1997年和1999年，他先后将珍藏的当代名家书画各100件和百余位篆刻名家专门为谢超元诗句治印的200多枚石章，无偿献给了安庆市政府。安庆市政府在安庆市图书馆为此专设"谢超元珍藏书画陈列室"，长期供人民群众观赏，并将所献作品的原创艺术家名单，勒碑刻铭于墙。安庆市政府和艺术界一致认为：这200位书画家大半都是当代大家、名家的杰出代表，作品体现了近三十年书画界的全貌和整体水平。

对于谢老这次捐赠书画、石印的意义，唐罡先生在为《谢超元珍藏当代书画作品集》写的序言中说得好："谢老之所以能获得成功，这与他的高尚品格有直接的联系。他出生在孔雀东南飞故地怀宁小市，家乡质朴的民风、醇厚的乡情赋予他执着、率真、正直、坦诚、不慕名利的本性，他多次谢绝拍卖行的热情邀请，多次斥退书画商的登门求购。他视自己的收藏为珍宝，但绝不视它为金钱，他热爱自己的家乡。

现在他将这批珍宝捐赠给家乡人民,让家乡人民在欣赏它的同时得到教育和启迪,我想这比给家乡人民捐赠金钱所能发挥的作用要大得多。"

和谢老相识有传奇色彩,得缘于年轻书法家常根彬的引荐。常根彬是谢老的老乡,同时也是我的好朋友刘廷龙院长的学生。常根彬喜欢"淘宝",一次在谢老的中学、大学的吴姓同学家里淘到几册线装书,其中一册线装书里面夹着一张谢老在安师大读书时的名刺(名片)。名刺上有谢老的籍贯和几行钢笔字小行书。常根彬知道谢老是位家乡情结很重的书法名家,便与中国人民大学张全海博士谈起如何才能找到谢老。张全海博士找到安徽驻京办电话,要到谢老家的电话,于是两个家乡的年轻人在某一天傍晚共同拜访了谢老,并与谢老结成了忘年交。

小常知道我是安师大的毕业生,还知道我是安师大校友会理事成员,对安师大的感情很深,便在我去北京时,建议我拜访一下谢老。此行前,小常还事先给谢老打了个电话做了说明。哪知谢老接了这个电话后,见面的头一天晚上当即写了一首诗,第二天送给了我。第二天谢老还抱歉地告诉我,头天晚上没睡好觉,老是想起阔别几十年的母校……

那天,我也讲了很多母校的故事,谢老很用心地听。临别之余,我还特地打通了母校时任副校长沈洪的电话……

自此以后,每当去北京开会,我都一定要去拜访谢老,请谢老吃个饭,叙叙旧。我们一边喝酒、吃粉蒸肉,一边畅谈……谢老谈他1949年前在安师大当学生和参军的情景;我告诉他我在安师大上学、改革开放后母校的大发展和建了一座漂亮的新校园的情景;告诉他,学校对校友很关心;我也常参加学校活动,还应邀参加了学校成立八十周年庆典。他听了我的话,很激动,很想回学校看看。有一次机会来了,他被邀回安庆老家,很想顺便回母校,可惜我有事不能陪同,甚是遗憾!

谢老始终忧国忧民,离休后写了不少表达这方面情怀的诗文。这是他八年前打印出随书法作品寄给我的一首诗。

九十自寿

谢超元

其一(律)

行年早巳仲尼超,为贼依稀尚路遥。

忱国有心忧乃国,扶朝无力扶何朝?!

命锺痴汉三情醉,缘助庸夫四艺陶。

夜静楼高常得月,清辉免费最魂消。

其二(绝)

年杖朝兮半楚狂,雕虫小道乐洋洋。

九卿万贯伤腰骨,哪有三情二艺强?!

其三(联)

纵有情思牵故国,

了无胆识扶和朝?

(2013.9)

近百岁的人了,仍关心国家大事,写诗写字,还整理文稿,出版一本又一本著作。这不,前几天接他家人电话,说是又出了一本书,还说,那张我在安师大拍的赠字照片也收录其中,让我感到十分高兴!

"特区缘"之十三：

我的忘年交，书法家杨先河

图6-13　杨老师赠我书法作品，给深圳市桃源居中澳实验学校郭云峰校长

　　杨先河和我是忘年交。他在来深圳前虽然一直在我的母校安徽师范大学(以下简称"安师大")工作，我又一直和安师大有联系，但我和他那时并不相识。我们几乎是同时期来深圳的，家乡的关系，母校的原因，还因为他早期在深圳电视台工作，我们很快便联系上了。频繁的接触，相互的信赖、支持和帮助，使我们成为好朋友、

忘年交。

前不久，我们在闲谈笋岗中学的节目上过中央电视台时，他突然告诉我，1978年我在芜湖一中任职时，他受芜湖市文化局胡娜丽导演的邀请，参与拍摄一部反映初中生成长的电视剧，拍摄地点为芜湖一中，群众演员从当时我校的艺术班中挑选。他以前跟芜湖一中有过这么紧密的联系还是现在听他说才知道，当然也说明那时我俩没见过面，互不相识。他现在自我调侃，说他当时只是个拍电视的小年轻，不过在我看来，还是缘分未到啊！

说到这，我真是很高兴，因为我担任过校长的四所学校，居然都有与学校相关的节目上过中央电视台。先河夸我说："这证明，你无论在深圳还是在芜湖，教育工作都干得很出彩的。"

我在深圳工作、生活三十年，先河是见证者，也正因为如此，在他得知我2020年从深圳市教育学会工作"第二次退休"时，用心赋了一首感人至深的诗，并亲自题写赠我。

为忘年交老学长汪继威校长离任深圳市教育学会秘书长感赋

汪洋恣肆执杏坛，

继学开先为师范。

威裕兼行化六育，

兴庠传道根弥壮！

学弟　杨先河

杨先河是深圳市儿童福利会下属基地阳光儿童乐园的总经理，业余爱好是写字，而且写得一手好字。

先请看他原深圳电视台老同事孙海帆导演对他的评价：

"我已经认识他二十四年了，当时我三十五，他二十九，都还是年轻人，但我习惯叫他老杨，因为他当年长得有点着急，现在却'增长速度放缓'，和二十多年前相比外貌没什么变化，据说，这就是长相老成的人优势——越活越年轻。

"从认识老杨那天开始，我就知道他喜欢写字——一般人都把这叫书法。因为我很少从老杨口中听到书法这个文雅、有档次的词语，所以，我和老杨都把他的习惯动作叫写字，就是用毛笔蘸着墨汁在宣纸上涂抹。

"写字，无论过去、现在还是将来，都伴随老杨的一生，这几乎是现在就可以下定论的事情了。因为写字就是老杨的生命，老杨的业余生活就是写字，二者已经无法剥离、互相融通、浑然一体，这跟老杨是否是书法家和某书法协会会员，他的字是否能卖大价钱没有关系。"

放弃大学工作，来到深圳发展

据安师大的老师告知，先河在安师大的工作是很称职的。他一方面利用电教资源努力为学校的教育教学工作服务，八年间拍摄过《淮河》《皖南事变》《家庭联产承包制》《扬子鳄》《芜湖人文地理》《安师大60年史》《林散之书法》《师大美术》等几十部教学片、专题片，指导过五届电教系毕业班搞电视片创作；另一方面，他也积极为芜湖市的宣传工作服务，担任芜湖电视台特约记者。别的且不说，他应市电视台的要求，曾经拍过不少电视片，特别有许多纪录片都成为芜湖20世纪80年代的珍贵资料。

我问过先河，他究竟拍了多少片子，他笑答太多了，但具体多少却没有统计。有一天，先河、我和大书法家林散之的内长孙盛毅聊天。先河谈起，他和盛毅最早见面是1990年在南京举办的林散之书法展览上，他在现场采访林散之先生的十多位后人，拍摄林散之艺术介绍片，还讲起片中的细节，盛毅很是感慨。

1992年，邓小平南方谈话后，先河立即想到深圳闯荡。每个到深圳的人都会有自己的原因，我有，我身边的人也都有。但在安师大干得很好，成绩不小，而且正要被重用的先河却想离开安师大到深圳发展，这是大家意想不到的，但他下定决心离开了。两年后深圳电视台要调人，安师大不放，要他回来到新成立的新闻系当副主任，他回去一个月，不习惯，仍旧回到深圳，最终还是在深圳干着他喜欢的有挑战的各项工作，却一直没有忘记业余写字，这一写就写了几十年。

干一行爱一行，干哪行都不离教育

先河在深圳干过许多工作，在电视台干过，在展览业待过，在大型商会做过，还在汽车安防报警行业当过负责人,所到之处都受到欢迎,干得都很出色。在深圳电视台时,他办"科教栏目",为科技教育服务,常到各学校采访,我所在的滨河中学他没少来。即使后来他去了汽车安防行业,负责安全报警工作,我也没少麻烦他。

他来深圳较早,认识了一批深圳各界的精英,他们至今对他都是好评。但他从不居功自傲,也不攀附关系。

后来他到儿童福利会的儿童乐园做管理工作,当时儿童乐园的董事长恰恰是深圳教育界的名校长金式如(深圳实验学校创办人)。出于对教育事业,对深圳教育功臣的热爱,他对退休后又来乐园工作十年的金校长百般照顾,给金校长带来很多精神宽慰,直到金校长在乐园任上去世,这给了解此事的教育界朋友留下了极为深刻的印象。先河现在继续为金校长当年的梦想——打造一个深圳最好的儿童乐园努力着。

低调前行,助人为乐、未来可期

先河是一个很低调的人,为人谦和包容;工作上没的说,朋友圈口碑好;工作之余还常指导一下家长如何解决孩子叛逆期的矛盾问题,还给年轻大学生讲学业规划、职业规划,帮助了很多人;有时也指导一些书法爱好者和中小学生怎样写字、赏字,讲一点传统文化知识,发挥他的专长给朋友题字。毕竟有四十多年写字的功底,而且还一直勤奋,未来他的书法艺术一定会有重大突破,这也是我们所期待的。

"特区缘"之十四：

深圳高级中学心理学专家蒋平

图6-14　蒋平在给学生作心理辅导报告

　　蒋平是位于芜湖的皖南医学院毕业生,别小看皖南医学院(以下简称"皖医"),即使在深圳的各大医院里,从皖医毕业的医生也大有人在,且名人不少。北京协和医院麻醉科主任黄宇光(中国医师协会麻醉医师分会会长,全国政协委员)也毕业于皖医。

　　蒋平是享受国务院政府特殊津贴专家、心理学特级教师、教授(正高级教师)、心理治疗师、高级催眠师、高级心理督导师、深圳市心理咨询行业协会会长、中国首届催眠师联盟大会副主席、深圳高级中学集团心理咨询与成长中心主任、复旦大学EMAP心理学高阶课程《临床催眠与自我催眠技术》特约授课专家。

蒋平是1998年来深圳的,才来时在一家平衡医院任职。当时听说,他催眠水平不一般。那时我在理工学校任职,能吃能睡,所以没有领略过他在治疗失眠症方面的能力。但因在学校工作,本身对心理学也很感兴趣,在芜湖一中工作时还曾花一个月时间,写过一篇用心理学观点培养学生的空间想象能力的论文并获奖,所以在这方面时常向蒋老师请教,和蒋老师交流颇多。后来还曾请他为我们笋岗中学的初三毕业生做临考前的心理辅导,其场面热烈,至今记忆犹新。我还常推荐有心理问题的孩子和大人到他那儿接受治疗。

二十多年前的一天,我突然接到同事刘伟老师的求助电话,说他有一位朋友夫妻二人因小事吵嘴,到了崩溃的地步。他知道我和蒋平很熟,也听过蒋平的传奇故事,想让我请蒋老师去救急。后来蒋平去了,吵架的夫妻当晚就和好了,你说是不是很神奇?

"特区缘"之十五：

吴经武的新作"易和体"问世

图6-15　吴经武(左二)在展示他的新作

深圳是中国改革开放的窗口，创造了举世瞩目的"深圳速度"，这里有着宜居的环境，这里孕育出层出不穷的创业奇迹，深圳真是一个让人向往的地方。而到深圳生活工作的人还有一个特别的感觉：深圳的时间仿佛比内地长了许多许多，空间仿佛也大了许多许多！ 20世纪90年代和我几乎同时来深圳的刘人云校长(退休前为翠园中学副校长)，还曾把这个感受写进他的著作中。这意味着，在深圳生活工作，人的生命无形中可能加长了许多。

如何在这宜人居住的地方度过加长了的岁月，如何使生命更有价值，成为每个深圳人，包括退休人员必须考虑的问题。对这个问题的回答仁者见仁，智者见智，这是无可非议的事。而我看到周边朋友们精彩的生活，坚持读书学习，不断进取，不断取得新的成绩，除了感动、钦佩，更受到感染。

我身边的书法家吴经武老师就是典型的一例。吴老师现在是我的家乡芜湖人，其实他出生地无为县本来属于巢湖市，后来行政区划调整，无为划分给芜湖，使吴老师变成芜湖人。可别小看无为，它可是中国鱼米之乡，芜湖以前之所以成中国的四大米市之一，无为是功不可没的。无为人在安徽改革开放刚开始，就以一批农村人敢于去北京当保姆而闻名，这充分说明，他们的思想已经很跟得上改革开放的大潮。这以后，比亚迪的兴起则使无为在芜湖、安徽甚至全中国都知晓的地方。现在比亚迪电动汽车又在世界畅销，更让无为走向了世界。

在那块沃土上生长、成长起来的吴经武，很小就勤于学习，并下苦功夫练字，后来到合肥的地质部门工作，尽管需要东奔西走，但这一好的学习习惯始终伴随着他，所以还在工作岗位时，他就以业余爱好者的身份，进入书法家的行列。时至今日，他已是一级书法家，还是中国书画家协会理事、安徽省书法家协会会员、安徽省书画家协会理事。

经武老师来深圳多年，曾为比亚迪深圳总部的创建出过大力。退休之后仍热心服务社会，担任深圳芜湖商会顾问，与深圳的芜湖老乡一道为深圳，也为芜湖的发展继续做贡献。前些年他曾经带我们几位老乡去比亚迪参观，当时比亚迪的电动高架列车已经研发成功，我们还特地在试安装的一段高架车下照相留念。未曾想到，最近，他们在芜湖建设的电动高架列车已准备运行。

经武老师退休后，还是很忙。但不管多忙，如文化学者胡野秋所言：

"然仍手不释卷，浸于书道，沉于纸墨。今集其书法数十幅，精编于册，概览于前，实为书坛再添新景，复为后学更增偶范。处当世浮风踩雨之际，行如许蕙质兰心之举，其状可喜，其情可佩。"

（吴经武书法作品选——易和体一套五册书之序言片段，文化学者胡野秋撰写）

对于经武老师的书法作品，赞美之词不绝。下面就是一名家对他作品的评价。

其一，经武书法贵能取法乎上，有至大，至刚，至中，至正之气。且"古不乖时，今不同弊"。其二，一生追梦，淡泊名利，修身养性，儒雅可敬。心灵与自然对话，笔墨同山河共舞。其三，经武书风既不追求平正规矩，又不放纵炫耀才情，妙在能与二王行草穷变极化的神理默契。姿态健和，慷慨意象，沉着痛快，独树一帜。

吴经武自幼爱好书法，正书初学欧阳询，又临习颜、柳、赵和魏碑。后以王羲之行草为主，学习孙过庭草书、米芾行书，对董其昌、王铎、傅山等名家均有研究，对汉隶、章草及大篆等书体亦有涉猎，习书以社会为学，以古人为师。书法作品在国内外书法展中曾多次展出并获奖，作品得海内外收藏。

值得一提的是，积多年探索，吴经武自创"易和体"。

吴经武先生积毕生书道修炼，自真草隶篆中独辟出"易和体"，令人耳目一新。

易和体，顾名思义有变异易辙融合之意，合与儒道诸法。观其新书，颇有熟悉之陌生感，吴兄以汉隶为体、以魏碑为骨、以秦篆为筋、以行草为意。易和体与当今诸多所谓创新者截然不同，所以字字皆有新创，但笔笔皆有来路，貌似随心所欲，实有临摹之功。是继承中的创新，是创新中的继承，假以时日，终将自成一家，开山于书坛也。

（胡野秋评）

"特区缘"之十六:
深圳拯救城市母亲河纪实

图6-16　深圳母亲河纪实作者赵川

　　赵川,安徽师范大学(以下简称"安师大")中文系92届毕业生,毕业后,被留在学校工作。留校工作可是安师大毕业生中很好的安排,赵川能享受到这一待遇,因为他在学校是少有的优等生之一。在安师大,他在学校搞宣传工作,如果干下去,一步步升职是毫无问题的。

　　但他觉得,应该把在安徽省这所历史最久、最有名的大学里学到的东西,在更大范围发挥价值。于是他进入芜湖市新闻单位,干得很出色,但还觉得外面世界很大,又于1999年闯荡深圳。

《深圳商报》试用期间,他与先几年来到深圳的安师大同事杨先河经常在一起交流,三个月是短暂的,也是难熬的。工作压力和挑战让很多人中途打道回府,赵川凭着自己的实力,如期拿到调令。

从此,他成为深圳的一名记者,没有几年就成为深圳报业集团的"名记"。当记者,特别是在深圳当记者是件很辛苦的事,平淡无味的记者生涯,加上难以升职,使得很多即便很有一番激情的记者,也渐渐退出江湖,另觅生机。但赵川却一如既往,坚守前沿阵地,勇往直前。

皇天不负苦心人。他来深圳从事新闻工作一转眼就二十余年,先后获得深圳报业集团高级记者正高级职称,并成为中国作家协会会员、中国报告文学学会会员,荣获包括国家新闻特等奖在内的各级奖项数十件。出版有《台湾老兵口述历史》《台湾漫记》《茅洲河:流淌的深圳记忆》等新闻类纪实作品七部。

在这二十多年时间里,他除被派去台湾采风半年,一直在深圳一线采访。其间,他一直特别关注、关心、跟踪深圳的一条河流的变迁,那就是茅洲河。

近十二年,他被安排在离市区较远的宝安区负责驻区记者站工作。对派到离家较远的地区工作,他不仅不介意,反而很高兴。因为这为他提供了就近观测、跟踪茅洲河治理情况的机会。他对深圳的环境治理一直充满信心,相信茅洲河的治理也一定会成功,事实完全证明了他的想法。而他则在忙于记者主业的同时,又用几年时间,在宝安干了一件与茅洲河有关的、轰动全国新闻界和文学界的大事。

《茅洲河:流淌的深圳记忆》作为献礼深圳特区四十周年重点图书,于2020年8月由广东人民出版社出版发行,并以《湾区"驯水"写传奇——深圳拯救城市母亲河纪实》为名,刊发于《中国作家》纪实版2021年第3期。该书入选了"2020深圳市第七届重点文学作品",获得"深圳市宝安区宣传文化体育发展专项资金"支持,以该书为蓝本的四集电视纪录片《深圳有条茅洲河》于2021年底在央视纪录频道与观众见面。

赵川在新闻一线奋战了二十八年,《茅洲河:流淌的深圳记忆》是他的第五部著作。作为一部报告文学，该书多角度呈现了深圳经济特区举全市之力，四年完成四十年生态欠账这一人类治水创举，全景呈现了茅洲河综合整治背后的曲折决策历程和一系列矛盾博弈及探索实践。茅洲河的成功治理正是践行"绿水青山就是金山银山"这一理念的生动注脚。

谈起撰写这本书的初衷，赵川表示，这是他追踪二十年、集中三年多进行田野调查式采访，从媒体人角度撰写的一部生态哲学反思录。

茅洲河是深圳第一大河，曾被称为深圳的母亲河，也是深莞两市界河。经过近四十年的高速发展，茅洲河承受了沿线300多万人口吃喝拉撒的直接"糟蹋"，每年要为沿岸2 000亿元GDP的产出无偿"献身"。自2016年起，茅洲河全流域治理正式启动，时任广东省委书记李希担任茅洲河省级河长，茅洲河治理成为广东省"决战水体污染"的一个典范之作，是"全流域"治理理念在国内的首次实践。

关于茅洲河治理，赵川足足追踪了二十年。从1999年3月进入深圳报业集团的第一天，他就跑环保线，跟随执法人员夜半突查工厂偷排污水是常事。在国家积极倡导生态文明建设的今天，如何真正避免和杜绝"先污染后治理"错误，深度挖掘这一重大题材？

赵川用脚步丈量了茅洲河四十千米的主干线，以及密如蛛网的数十条支流，溯源历史上沿岸居民同这条母亲河的久远过往，寻访与河流有关的历史遗迹、掌故与传说，还原人与河的血脉关联。同时，深入一线，了解高难挑战及破解难题的科学探索，最终以人文发现为"经"，以普通"治水人"的故事为"纬"，写成了《茅洲河：流淌的深圳记忆》一书，记录下发生在南粤大地上的这场"治水大战"中的诸多难忘瞬间及生动细节。

这本书从立意到表达，对赵川近三十年写作生涯来说，都是一次全新挑战和跨越。他说，为了写这本书，他遍寻方志及档案史料，共翻阅中西方环境哲学及水环境生态等方面的著作百余部；围绕茅洲河干支流已从事田野调查三年多，从源头到中下游，遍访沿河街道巷陌，专访治水专家、"治水人"及沿河社区"有故事"者两百余人。

中国工程院王浩院士、深圳报业集团总编辑丁时照分别为该书作序，肯定了该书人文生态题旨及文学探索。广东省作协相关权威人士认为，"本书不仅是一次另辟蹊径的文化发掘,更是在大湾区背景下,完成了生态人文领域非虚构题材的一块拼图"。

作为比赵川年长很多的安师大校友,作为对在学校开展环境教育一直比较用心的我,对他取得的成绩深感佩服,所以想写写他,于是约他见个面,当面"采访"(斗胆!),但那天晚上我收到的回信却是:

太晚了,休息吧。写书就是个苦行僧干的事。但趣味所在,苦中有乐。

"特区缘"之十七:

教育理论专家嵇成中

图6-17　教育理论专家嵇成中

　　一个教育工作者要成为教育家是很难很难的事。事实上,得到大家认可的教育家并不多,大概就是这个原因吧!

　　出于好奇我查了一下网络,网上倒是列举了诸如顾明远、魏书生等十数名改革开放以来的教育家,从上海调来深圳工作的程红兵校长也在其中。但长期在深圳本土工作的教育工作者,包括鼎鼎有名的实验中学校长金式如,也未列入其中。这也难怪,中国大地上那么多顶尖的教育界专家学者,那么多在一线工作成绩卓著的名校长,但网上认可的教育家不也就只有那不多的几个人吗? 更何况,改革开放才四十多年,怕是沉淀还来不及吧!

但我觉得如果要评在深圳本土的、有名气的教育理论专家的话,嵇成中上榜应该是没有问题的。

令人欣慰的是,这三十年与这些教育家,如顾明远、魏书生等多有接触,也从他们那学到不少东西。但因嵇成中毕竟在深圳,又是安徽师范大学(以下简称"安师大")校友,我们接触更多更频繁,多次一起出差,去北京开会,去安徽考察……多年来,在深圳和他参加活动,听他讲课,回味无穷,从他那里学到的东西很多。

嵇成中,全国新学校研究会副会长、北京师范大学中国教育创新研究院副院长、未来学校研究中心主任兼首席专家以及中小学教师国家级培训计划培训专家。

2021年9月23日,长沙市雨花区教育局在砂子塘魅力之城小学举行"雨花学术论坛"。论坛上嵇成中做了一场生动实用、发人深省的专题报告,解读了教育如何"从教走向学"。红网时刻长沙记者胡芳做了如下报道:

"双减"之下,课堂如何改? 教育怎样变? 9月23日,长沙市雨花区教育局在砂子塘魅力之城小学举行"雨花学术论坛"。全国新学校研究会副会长、北京师范大学中国教育创新研究院副院长嵇成中做了一场生动实用、发人深省的专题报告,解读了"双减"之下,教育如何"从教走向学"。

雨花区近200名校长、老师参与,长沙雨花区、株洲石峰区、湘潭岳塘区各中小学校教师观看了现场直播。

讲座以组诗《鸟笼》开场,嵇成中一针见血地指出教育的本质——让人获得更大的自由。他认为教育分为"好教育"和"坏教育"。"好教育"是面向未来的教育,有效面对不确定性的教育。他提出教育需要来一场颠覆性创新的鲜明观点和整体思考,阐释了基层教育科研在结构、评价、目标、载体、观念、工具六个层面的转型取向和迭代需求,明确了新时期教研转型的五大方向。

教研活动中如何落实学科核心素养? 嵇成中提出了"五个转变":教师应该把教学目标转换为学习目标、从基于课本转向基于标准、从课时备课转变为单元备课、使学生从事实识记转变为观念聚合、从考查学生知晓什么到考查学生能做什么。

嵇成中认为"素养时代"的学习就是让课程回归生活,让教育回归自然,让知识之鱼回归生活之水。而处在"素养时代"的教师也须具备学会整合、学会设计、学会评价、学用工具的四要素能力。

全体参培人员认真聆听了培训,种种先进前瞻的教育理念,每一个观点均能引发一场头脑风暴,字字珠玑、发人深省……

2015年8月30日,深圳市福田区百花小学在开展校本研修活动时,特地邀请嵇老师去学校做了专题报告。他报告的题目是"教育的颠覆性创新"。

学校网站上的报道如下:

嵇主任(时任福田区教研室副主任)以"教育的颠覆性创新"为主题,为我校教师们带来了一场关于新技术引领下教育发展趋势的视听盛宴。

嵇主任从数字狂飙如何席卷全球、技术与教育的深度融合、技术何以改变未来教育、如何应对技术时代挑战这四个方面,为我们揭示技术与未来教育的关系。从纸本走入历史,到大众传媒的新时代,嵇主任表示,教育的基本问题不再仅仅是为何教、教什么、怎么教,而是要更深入地思考用什么教。与教育内容、方法、目的同样重要的还有教育的载体。嵇主任用真实的案例、精确的数据、丰富的视频影音资料,向我们描绘教育的无限可能性。从智慧教室、数码笔、自适应测试,到翻转课堂、微课程、指尖上的学习,嵇主任指出,在未来的教育里,教、学、评的工具要转变,学习情境、课堂结构、课程形态也要转变。嵇主任全面阐述了科技进步对中国当前教育和未来课改方向的影响,他智慧风趣的语言、精彩深刻的演讲获得了教师们的一致好评。

新的教育革命,并不是将传统的课堂搬到线上,而是技术解放了人们原有的天分。让我们用真诚和执着去构建理想的教育,用先进的技术解放未来的教育,用教育的颠覆性创新浇灌人类的智慧之花。

嵇成中之所以有今天这样的教育理论和实践水平,居然和围棋有关,看看他的重要的人生经历,想想现在的"双减",你也许会悟出一些道理。他曾当面对我谈起他的这段经历:

他在1974年参加安徽省围棋选拔赛获得第三名，这是他人生得到的第一张奖状。得了第三名后他就到安徽省棋队集训，参加了一段时间相对专业的围棋训练和比赛，直到1976年围棋队解散。1978年考上大学以后，他在大学里推广围棋，还代表安徽省参加了第一届全国大学生围棋赛。后来他读了安徽师范大学，走上了教育之路。之所以一路走到今天，为教育做了很多事情，留下了值得回忆的过去，他觉得跟下围棋有非常大的关系。

第七辑

深圳梦

"深圳梦"之一:

学会工作十八载

图7-1　2019年,我第二次退休了(前排依次为时任深圳市教育局副局长许建领、深圳市教育学会第六届理事会会长杨柏生、我、深圳市教育学会第七届会长金依俚)

　　我退休前,就已经想过,退休后再找点事儿干几年,决不在家闲居。

　　不过,我做梦也没有想到,2002年退休后,于2003年被聘到深圳市教育学会工作,一干就是十八个年头,直到2020年6月1日才完全退了下来。要知道,我在深圳学校也仅仅工作了十二个年头。

会长点将

　　深圳市教育学会是由市教育局和市民政局指导、监督、管理的社团组织,法人单位。本来,深圳市教育局也像其他省、市教育部门一样,有多个甚至数十个社团组织。不过在20世纪初,经过整顿,像深圳市成人教育协会也被不小心注销了;原有的学科性协会可能因为手续不齐全等原因,也已不再存在了;一直努力试办并开展申办工作的深圳市民办教育协会，也因未得到批准而停办了。结果那段时间，深圳市教育系统尚存的社团组织只有深圳市教育学会和深圳市教育国际交流协会。后来，又新成立了深圳市教育发展基金会，整个深圳市教育系统在长时间内只有这三个社会团体存在。

在组织架构上，经市教育局研究，市组织部门批准，深圳市教育学会一开始还是由刚从市教育局局长位置退下来，但仍担任深圳市人民政府教育督导室主任的杨柏生担任会长，2005年杨局(以后人们对他的尊称)退休了，继续当会长。

2003年初，杨局突然找到我，让我担任学会的副秘书长，驻会工作。当时，我实际上还是有事可做的，一是罗湖区教育局已安排我去筹建罗湖区教育发展大厦，罗湖区教育局当时还许诺，在大厦建成后，让我担任负责人。此外，已退休的深圳市电教馆原馆长王道隆组建了一个与教育相关的公司，有些工作想让我帮忙打理。但到市教育学会工作，重归我熟悉而又喜欢的教育工作，即使给的补贴很少，我还是非常乐意的，于是很快接受了邀请。这以后，有人高薪请我去民办学校当校长，我都没有去。

学会还有当时市教科所所长、著名学者张彦玲任秘书长；但驻会并坚持上班的办事人员只有我一人，我是副秘书长，但手下无一工作人员，包括打扫卫生、接听电话、起草文件、外出联系等所有学会工作，都得我一人去干。学会开头就我们五个人，后来按当时政策要求，张彦玲所长也退出学会。后来，我们学会还是五个人，多了教科院规划办原副主任学者张波。我们这些人同心协力，努力工作，在一起战斗，直到2020年顺利交班。

首战告捷

深圳市教育学会虽然成立于1982年11月，但在深圳市民政局的网站上查到的成立时间是1987年，估计是1987年民政局才完善我们学会的正式手续吧。

我们社团是干什么的？民政局发给我们的营业执照上写得很清楚"教育理论研讨、人才培训"。

不巧的是，2003年有了非典疫情，我们的起步工作受阻。2004年，疫情一消失，我们就接到了广东教育学会的一项开会任务：让深圳市教育学会承办第九期"十城市教育研讨会"。市教育局还拨了经费，以示支持。

这次活动最成功之处有两点：一是把会务交给市迎宾馆，工作人员无须从学校借调，从而避免了许多麻烦，确保会议成功。二是我们在办会过程中得到锻炼，办会水平迅速提高。按照会议的要求，我们要向其他九个城市的代表团赠送礼品。由于事先缺乏经验，考虑不周，订什么礼品，在哪儿订，在赠送礼品仪式的前三天才定下来。那时，快递业务尚未起步，生怕延误，我立刻与福建厂商取得联系，成功在第三天开会前收到订购的礼品，赢得与会省教育学会领导的赞誉。

为了让与会的代表感受深圳的接待水平，会长在会议结束那天，组织了一场晚会，让深圳教育界的艺术家用歌声、舞姿表达深圳教师的热情，赢得与会者的一致称赞。通过这次会议的成功举办，我会在省教育学会的重要性大大提高。

突出主线

我们人虽少，但事未少做。会长杨柏生对学会的定位把握得很准，始终要求我们抓住教育教学科研这根主线，把它列为每年工作计划之首。

张波部长为此做了大量工作：制订"十一五""十二五""十三五"教育教学科研指南；还制订每年的教育教学科研论文指南。无论是课题的立项，课题的中期评估及课题的结题，还是每年一次的论文评选、颁奖和交流活动的安排，他都付出了难以想象的心血。一些老师因为参加活动，科研水平得到提高，对我们非常感谢，还成为我们的好朋友。学会有事，他们都会主动来帮忙，这可能也是学会人少仍能办许多事的原因吧！

多彩活动

这么多年除了坚持不懈抓主线工作外，我们还做了以下几项工作：

一是举办各种竞赛活动。我们曾举办了一年一度的深圳市校际管乐节；深港澳读书随笔比赛；"华罗庚杯"数学竞赛；中国儿童计算机表演赛深圳赛区比赛。

二是举办各种学术活动。只说特别典型的一个事例吧。我会在2014年承办了全国中小学音乐课观摩活动。这项活动吸引了全国各地六千名中小学音乐教师来深学习观摩，展示了四十一节精彩的现场课，包括小学二十一节、中学二十节，呈现了近年来我国中小学音乐教育发展及课程理念的最新成果。当时，我们在深大体育馆举办这项人流如潮的活动时，为了加强安全，还动用了安检措施。那场活动爆发出来的全国音乐教师的巨大学习热情永远留在中国教育学会的史册上。

三是我们还尝试过一些有创意的工作。如牵头举办深圳"奥斯卡"校园微电影大赛；与青少年报社、特区教育杂志社及相关职能部门在中小学广泛开展"媒介素养与素质教育"活动。

四是我们积极配合市教育局的工作。我们先是在深圳成功举办终身学习城市(区)国际研讨会；以后又接受中国成人教育协会邀请，随同市教育局一起参加全国十城市"全民终身学习活动周"活动，并成为深圳市政府的品牌项目，延续至今。

我们下属的深圳市教育学会学前教育专委会的工作干得也特别出色。多年来，在实验幼儿园原园长王琪琪(该专委会主任)的带领下，做了大量工作，为市、区教育局出了不少力。学前教育专委会每年都举行丰富多彩的活动，受到社会各界赞誉。

终生遗憾

深圳市教育学会一直是广东教育学会理事单位，也是中国教育学会的理事单位。由于深圳是特区，所以无论在广东教育学会还是中国教育学会的地位都比较高，作用也比较大。我们深圳市教育学会的会长杨柏生曾是广东教育学会的副会长，中国教育学会常务理事；而我也是广东教育学会的副秘书长。

令人高兴的是，我们学会曾被中国教育学会和广东教育学会评为先进单位。这是对我会工作的充分肯定。回顾这些往事，我感到很欣慰。

我的工作轨迹有两条平行线，一条是从1968年分配到学校当老师开始，后来当校长，到2002年退下来，整整三十四年；另一条是1987年在芜湖一中当校长时参加了教育方面的民间团体，即高级中学校长委员会(中国教育学会高中教育专业委员会的前身)，1987年发起组织了"江南十校"组织，2003年进入深圳市教育学会工作。从1987年到2020年在(重叠的、不重叠；兼职的、专职的)社会团体工作整整三十四个年头。没想到都是三十四年，我的欣慰感和幸福感油然而生。但还是有一个大遗憾留了下来，每每想起，我都觉得不能释怀。

什么憾事?

1990年,我感觉已不宜在芜湖一中工作了,想挪一挪。随即提出,到南方考察和到北京参加第二届高级中学校长委员会换届会。两件事都得到了组织批准。当年十月份,我去了满山红叶的香山开会,当时,委员会里的那些校长,已得知芜湖一中的事,仍选我担任第二届理事会理事,让我十分感动。后来,我即使到深圳工作,最后几年还是在仅有初中的笋岗中学担任校长,但还是荣任二、三、四、五届理事会理事,一直到2011年正式退下。在中国教育学会高中校长专委会任职的二十多年时间里,我已记不起参加过多少次国际、国内学术及其他活动,参观过多少全国各地的著名学校,见到过全国多少著名高中校长,这一切都丰富了我的人生,还让我学到课本上学不到的东西……因此,我对这个专委会的感情非常之深。我到深圳之后,也为这个专委会做过一些力所能及的工作。2004年,中国教育学会时任常务副会长郭永福来深时,告知我们:将举办首届全国高中校长大会,举办者正是那个专委会。一听到这个消息,我可来劲了,立即报告会长,经会长同意后,正式提出,由我会承办这次会议。郭副会长回京与中国教育学会及专委会商量后同意了我们的意见。但后来,我们却反悔了,推翻了原来的决定。据我所知,这让郭副会长很为难。

什么原因没办成? 想来想去,可能是因为这次会议将有六百人规模……

如果这次会议成功,深圳市的高中会早早地融入全国高中的行列,相互交流、相互帮助、相互促进,这也能让深圳展示快速发展的深圳高中教育。然而,这个良机却失去了,怎么能不让我感到遗憾!

展望未来

在我们交班之际,我觉得有必要把学会过往的历史做一个交代。在我们第六届理事会之前的五届,坦率地说,没有留下什么资料。我接手时,收到的较为完整的纸质材料就是当时举行换届选举的两本会议资料,还有上级部门关于第五届理事会会长批复的复印件。有一份手写的语文研究会的总结,另有一张纸上随手写的关于学会的材料,我都珍藏起来,转给第七届理事会。至于电子件则多一些,章程和理事单位名单都有,完整地保留至今。

在我们第六届理事会工作期间,我们也开始重视档案工作。但因为种种原因,没有及时换届，所以在档案工作上，也留下遗憾。但从第七届理事会筹备过程中，我看到这一届学会的希望。

一个社会团体的工作要想做得好，在换届时，就应该在确定好新一届班子的候选人物后，让他们参加整个换届工作。第七届理事会做到了，可以肯定，他们的工作将比我们做得更好！

2019年12月28日，深圳市教育学会成功举行了第七次代表大会，选举出第七届理事会成员，至此，第六届理事会退出了学会的历史舞台。从2003年初进入学会工作，一直到换届，再到交接手续办完的2020年6月初，我终于第二次退休了，正式告别了为之服务的深圳市教育学会。

"深圳梦"之二:

参与打造"校际管乐节"

图7-2　2019年深圳市教育学会和管乐协会成功联合举办第二十一届深圳校际管乐节

　　以前,我认为,一所学校想打造一个音乐平台,只要有心,不难。但要在一个城市打造一个全市性的音乐平台,那可不是件容易的事。

　　我在芜湖一中当学生的时候(六十年前),学校曾有一个响当当的音乐平台,每周末定期举办《唱片欣赏音乐会》,虽自愿参加,但可容纳几百人的音乐教室座无虚席。活动的主持人是中国著名音乐家马思聪的学生,我们的音乐老师崔思愚先生。这项活动经久不衰,给我们老一辈的校友留下了难忘的回忆。经他培养,芜湖一中也向国家输送了音乐人才,安徽省著名作曲家,我的同学谢国华便是其中一人。他告诉我,在当时的中国,(这个平台)是校中的翘楚无疑,《唱片欣赏音乐会》对学生的影响是终生的。

　　如今的学校,在建设音乐平台上,可以说是八仙过海,各显神通。特别是深圳,学校特别重视音乐教育,合唱团、管乐团、民乐团……应有尽有。深圳中学的管乐团、深圳高级中学的合唱团都办得特别出色。深圳中学交响管乐团,于1999年3月正式成立。在伏虎老师的引导和指挥下,由初期三十余名初涉音乐的中学生带着一些陈旧的国产乐器开始,一直追逐管乐艺术的足迹,创造了一个又一个令世人瞩目的成绩:从1999到2014年的十五年间,单是国际比赛就荣获金奖四个、银奖一个,全国比赛金奖、一等奖六个,银奖一个。

深圳中学毕业生古恋霜同学回忆在深中乐团的日子,感慨地说,幸运地成为乐团的第一批成员,跟着乐团一起成长,仿佛瞥见自己羽翼渐丰。那些年,那些回不去的最好的时光,大大的欢喜与小小的哀愁,模糊清浅,却也浓墨重彩,终究让人念念不忘。

深圳中学管乐队的创始人、深圳中学音乐高级教师、高等院校客座教授伏虎,不只是把精力用于教学,不只是精心打造本校的管乐团,还在1999年和其他三位同志一起发起打造了一个市级音乐平台:深圳市校际管乐节。为了更好地帮助其他学校成立管乐团并参加校际管乐节,发起人还邀请深圳市教育学会,共同组织这项面向全市学校的管乐活动。邀请一经提出,我们学会的会长、市教育局原局长杨柏生立即表示大力支持。于是从2003年开始,我们深圳市教育学会作为主办单位,牵头举办深圳市校际管乐节。

2019年底,深圳市教育学会换届。换届前,正好举办第二十一届深圳市校际管乐节。我们第六届理事会交班前,当然会参加任内的最后一次管乐节活动。不巧的是,按惯例,管乐节总是在12月的第一个星期六开幕,为期一周,这次当然也不例外。而我却受令周五去参加中国教育学会换届会议,为了参加这次管乐节,我硬是按照会长的要求,头天去北京,第二天投票后,就立刻返回深圳。

这次开幕式,有些新情况。首先,深圳市管乐协会新会长陶然已经上任(首任会长伏虎老师,现任终身荣誉会长),他是深圳艺术学校管弦乐学科主任。其次,二十年前,首届管乐节是在深圳市第一职业技术学校(当时是深圳市电子技术学校)举行的,那时学校条件十分简陋,比赛场地也小得可怜,好在只有个位数队伍参赛,算是勉强过得去。这所学校后来推倒重建,20多层高楼的条件在全国中学中恐怕都是少有的,宽敞且设备精良的会场(演出场地)在现在的学校里可能也是首屈一指的,今非昔比;再次,稍加注意,你还会发现,原来单一的"校际管乐节"的会标已变成深圳管乐艺术节暨深圳市校际管乐节。此外,除了管乐团参赛外,还有打击乐团参赛。眼前的一切使我相信,换了届的深圳市管乐协会及深圳市教育学会不仅一定会把这项活动办下去,而且一定会办得更好!

一场来势凶猛的新冠疫情打破了原来的秩序,许多活动也因此受到很大的影响,深圳市校际管乐节也不可幸免!但在第七届深圳市教育学会和第二届深圳市管乐协会的共同努力下,在2020年采用线上形式成功地举办了第22届比赛后,2021年继续采用线上的形式举行赛事,又取得成功,使我们很宽慰。

许多媒体对活动做了报道,下面是其中一份。

2021年12月4日,"深圳管乐艺术节暨第二十三届深圳市校际管乐节"圆满举行。本届管乐节以管乐、打击乐独特的艺术形式,展示深圳特区自改革开放以来,在艺术教育方面所取得的卓越成果,彰显先行示范区文化自信。由于疫情原因,展演采用线上上传视频,评委线下评审的形式进行,活动当天已在网络平台同步播放各乐团展演视频。

本届管乐节参与乐团共103支,其中深圳本市88支,来自北京、浙江、江苏、山东、湖南、湖北、陕西、辽宁、河南等9省市乐团15支,参与本届展演演奏总人数5351人。

展演中,多支乐团演奏了《我的祖国》《唱支山歌给党听》《我和我的祖国》等作品,弘扬了中华传统文化,以管乐之声奏响对中国共产党百年生日的祝福。

回顾深圳市校际管乐节,我们感到自豪的是,在深圳市教育局的大力支持下,我们成功地举办了全国首届校际管乐节。

那时的媒体是这样报道的:

2008年10月2日,"全国首届校际管乐节暨深圳市第十届校际管乐节"在深圳大剧院隆重举行,来自北京、辽宁、甘肃、浙江、江西以及香港、广州、深圳等地的24支大中小学管乐团相聚一堂,展示全国校际管乐的魅力。

全国首届校际管乐节源于深圳的校际管乐节。深圳市校际管乐节始于1999

年，当时，深圳中学的伏虎、深圳信息职业技术学院的陈正学、深圳电子技术学校的魏慕文三位老师，在深圳市学校艺术教育委员会徐沛然秘书长大力支持下，联合发起并创办每年12月第一个周末举办展演活动。管乐节极大推动了我市校际管乐团队的发展，全市管乐团队已由首届的20余支发展到2008年的80余支。与此同时，各管乐团队的演奏水平也迅速提高，到那时，已有10余支管乐团在国际、国内重大管乐赛事中荣获大奖。值得一提的是，深圳市校际管乐节是在经费自筹的情况下，成为全国唯一连续成功举办了九年的管乐展演活动。

2003年底，全国第一届中小学管乐联谊会在深圳召开，来自美国的管乐专家玛瑞博士与北京、西安、成都、沈阳等地的管乐教师50余人，全程观摩了第五届深圳市校际管乐节，并给予高度评价。2006年底，中国管乐学会会长于海、人民音乐出版社社长吴斌、教育部艺术教育委员会副主任周荫昌莅临第八届深圳市校际管乐节指导，当即建议在深圳举办全国首届校际管乐节。全国首届校际管乐节暨第十届深圳市校际管乐节由中国教育学会音乐教育专业委员会、中国音乐家协会管乐学会、中国乐器学会、深圳市教育学会联合主办。

来自美国、日本、新加坡及中国香港和澳门的管乐专家评委，对本届管乐节各团队的演奏水平给予了较高的评价。

回顾深圳市校际管乐节，我们感到骄傲的是，经过二十多年的努力，它已形成三大亮点：

一是运行机制新。宣传、教育、文化部门指导，社团举办，社会支持，学校参加。新机制充满活力，保证了管乐节的可持续发展。

二是以展演促发展，每届管乐节都组织优秀队集中展演，推动学校管乐活动的开展和管乐队伍的建设。截至2019年，学校管乐队伍数量已从最初的20余支增加到200余支，管乐节影响辐射社区，一些学校的管乐队伍应邀参加社区文化活动，丰富了社区文化建设；管乐节的影响还辐射到其他城市，参加管乐节的城市不断增加，包括广州、香港、澳门等。

三是演出交流和现场点评相结合，管乐节艺术水平不断提升。每届管乐节，各学校管乐队伍相互观摩学习、切磋技艺，共同提高。专家们现场高水平的点评，起到画龙点睛的作用,乐队教练、队员们常有顿悟之感。管乐节强调艺术性和思想性统一,演奏内容也从单一的国内外经典曲目发展到演奏自编曲目,演奏形式也由单一的"奏",发展到还要注重"演",管乐队综合素质得到提高。

经过多年的努力和坚持,校际管乐节的艺术水准得到整体性提升,成为深圳市青少年艺术教育的一件盛事。教育部艺术教育委员会原常务副主任、资深音乐评论家周荫昌就此评论说,深圳市校际管乐节以民间的形式连续举办多年,为全国罕见,"管乐活动领跑全国"。

回顾二十年管乐节的经历,我们感到欣慰的是:作为深圳市教育学会的一员,有幸参与了深圳市校际管乐节的建设、发展,见证了活动初创时的艰辛,见证了成千上万人团结一心、共同努力,二十年如一日,为打造这个平台所付出的聪明才智和辛勤劳动。见证了深圳市这一改革开放前沿的发展,打造了深圳市管乐节这样平台并取得辉煌的奇迹。

对于所走过的路,为之奋斗过的人们无怨无悔。他们写下:"……青葱岁月,留痕万千。不曾抛弃理想,不曾恐惧跌倒。哭泣的时候依旧微笑,寂寞的时候依然乐观,辉煌背后有痛苦,追求和付出换来今日的成功。遥远的地平线见证着我们此刻的幸福。足迹延绵,记录着我们每个人。"

现在我终于明白:一所学校想打造一个音乐平台,不难,但要办得好,形成学校品牌,还是不容易的。一个城市要想打造一个全市性的音乐平台,并且形成全市的一个品牌,并不容易。但只要坚持不懈地努力,就一定能成功,特别是在深圳!

"深圳梦"之三：
打造"全民终身学习活动周"

图7-3　2011年深圳市全民终身学习活动周活动在全市开展

  人要"活到老，学到老"。事实上，在当前"互联网+"时代，知识的传播速度呈几何倍数发展，凭一招干到老已经不可能，这就促使人们不断学习新的知识技能，这既是社会的需求，也是国家建设的需要。总之，学习应该伴随着人们终生。

  而当我步入老年后，对终身学习有了更进一步的认识。我在芜湖、深圳工作，特别是退休之后仍在深圳市教育学会工作，之所以还能比较圆满地结束，是不断学习的自然结果。其实，谁都知道，作为一个老人，离开了学习，会寸步难行，那可是不争的事实，如果不坚持继续学习，安度晚年岂不成了空话。巧合的是，从2005年开始，深圳市参加了全国十城市全民终身学习活动周活动，大大加强了对终身学习意义的宣传,从而激发出深圳市民终身学习的热情。刚好,我有幸参与了打造深圳市全民终身学习活动周工作,前两天,一则报道更激起了我对这件往事的回忆。

报载:以"庆建党百年华诞,谱终身学习新篇"为主题的2021年深圳市全民终身学习活动周开幕式在盐田举行。

开幕式上表彰了2021年深圳市"百姓学习之星""终身学习品牌项目"获奖单位和个人,并启动了"深i学"全民终身学习平台。

据悉,自2005年起,深圳市已连续举办了16届全民终身学习活动周,系统形成了全民终身学习体制机制,实现了婴幼儿教育、老年教育、家庭教育、社区教育全覆盖,进一步打造民生幸福高地。为适应未来教育个性化、智能化、融合化发展趋势,更好满足"人人、时时、处处"的全民终身学习需求,深圳市依托深圳开放大学建设的"深圳全民终身学习"平台,在仪式上正式启动。

活动周期间,各部门、各区、街道及社区将按照各自实际和特色举办各类免费专题讲座、免费教育和技能培训等丰富多样的学习活动,其中免费培训课程预计超过500场。

新冠疫情期间,我在家里搜索到这则信息,非常兴奋。因为这简短的信息把在深圳举办了十六年的"全民终身学习活动周"淋漓尽致地展现在人们面前。看到这儿,我会心地笑了。十七年前,我们参与打造这一平台时的情景,一幕幕浮现在眼前。

2005年的10月初,我们学会突然收到中国成人教育协会的来函,他们在教育部的支持下,拟举办包括北京、上海、深圳在内的十个城市全民终身学习活动周活动。发函给我们深圳市教育学会,是希望我们能牵头在深圳开展这一活动。

让我们学会在深圳牵头这项重要活动,理由也确实很足。

一是深圳市没有成人教育协会,但我们学会下属的十三个专委会中恰好有成人教育专委会,而且每个区推荐给我们的会员单位中总有好几所成人学校。

二是早在2004年,市教育局就支持我们学会和香港有关方面合作,举办过一次探讨成人教育方面的研讨会,当时的刘颖处长还参加部署,使活动圆满举办,会后还编印了会刊,给中国成人教育协会留下了深刻的印象。我会的办事能力也得到市教育局职成教处的充分肯定。

学会接到通知的时间已经很晚，离活动开幕仅有不到一个月，于是我们马不停蹄地开始工作。我们明白，中国成人教育协会是按教育部的部署举办这一活动的，于是我们立即向主管部门教育局汇报，并根据教育局的意见，迅速开展工作。

2005年，我进学会工作快三年了。由于以前在学校工作，许多具体的工作都无须我做。我的办公桌上有电脑(从1997年开始，都有配置)，但说实话，那基本上是闲着的。那时的电脑，对一般人来说，只有打字功能能用得上，而我最怕写文章，即使写文章，自己不会拼音，又懒于学五笔，电脑对我来说，唯一的打字功能也不用。

那时，我已经快退休了，想都没有想过，退休后自己能用电脑打字，能用电脑办公。哪知道，刚退下来就进入学会工作，而且不配工作人员，这下可惨了，什么事都得亲力亲为，写材料得打字，发信件也得打字，没有办法，只得配个手写板，勉强办公。后来才体会到，自己在职时，就缺少终身学习概念，早就该补补这一课了！

可能就是因为吃一堑长一智，虽然是醒悟得迟了点，但在学会工作时，开始注意补课，对于需要学习的事，我也会学起来，即使遇到困难，也会坚持。记得刚到学会工作时，常常需要写通知、报告之类的稿件，会用手写板写了，但不会编辑，有时好不容易写好的一段文字莫名其妙就丢失了，让我哭笑不得……还有更怕的事是每年一度的年审，需要填很多表，而且随着时间的推移，填表工作更智能化了，这让我很不适应，一份表常常要填好多天才能填好，报上去一查，不合要求，被打回来重填，让人伤心。

正品尝着再学习的成果，对于交给学会牵头打造深圳终身学习品牌的我，在市教育局职成教处的总体部署下，立即全身心地投入首届活动的准备工作中去。

我发挥民间团体与众多民间机构联系的优势，与准备参加活动的机构反复联系，落实会议精神，全力以赴地筹备首次宣传周的准备工作，力争打好第一仗。与他们的往来，主要通过网络，来往的信息空前增多，但因通过学习，掌握的信息技术已能应付，那活动周前面的紧张期居然很顺利地度过了！

此外，我还几次去印刷厂，联系印刷活动手册、宣传资料等。那时还没有微信，印刷厂的高级软件，我们普通客户又不可能装，就算装了也不会用，送稿和审稿都得亲临现场，只得多次往返印刷厂。材料印好了，我开着自己的小车，去印刷厂取货，既当司机又当搬运工，虽累，但感觉很充实。确实，为打造这样一个有重大意义的平台，做这么一件微不足道的小事也很值啊！

经过大家的共同努力，首届全民终身学习活动周活动终于于2005年10月29日拉开序幕，当天的《深圳商报》记者作了报道：

从今天开始的一个星期里，好学的读者可以免费充电，15家培训机构提供的155个免费课程任你选择，可登录深圳教育网www.sz.edu.cn查询详细的课程安排。记者昨日从市教育局举办的新闻发布会上获悉，从10月29日至11月4日的7天里，"全民终身学习活动周"将在我市开展。据了解，我市的"全民终身学习活动周"是由市教育学会主办，深圳市教育局、市总工会、市妇联、团市委等协办的。活动周期间，来自全市的约50家各类教育培训机构将举行成人教育成果展，展示我市成人教育的培训成果和各单位所开展的各类特色培训项目；举办免费培训，为市民提供就业指导、人才测评、教育咨询等服务；举办终身学习专题讨论会，总结并表彰一批最佳组织活动单位和个人。课程时间安排从10月29日开始一直到12月初，让市民可以根据自己的爱好和需求选择免费的教育大餐。但由于场地等因素制约，每项课程都有一定的人数限制，参与者可提前与课程主办机构联系报名。另外，宝安、南山、盐田、龙岗等区也将开展相应活动。

这之前，尽管深圳市创市时间不长，但市政府在花大力气抓好学校教育的同时，一直十分重视深圳市成人教育乃至于各个层次深圳人的教育，还搭建了许多教育平台。其中最耀眼的是2000年深圳搭建了读书月平台。深圳读书月秉承营造书香社会、实现市民文化权利的宗旨，以"阅读·进步·和谐"为总主题，着力于提升市民素质，建设学习型城市。在2005年举办全民终身学习活动周活动后，读月书也越办越好，年度参与人次逐年上升，由首届的约一百七十万人次上升至逾千万人次。此外，这些年来，政府也通过全民终身学习活动周和其他种种措施，把终身学习活动引入社区，不断取得丰硕成果。

由于在全民终身学习活动中的突出表现，深圳多次得到教育部表扬，我们学会也备受信任，我们的会长还被选为中国成人教育协会常务理事。深圳市教育学会在搭建全民终身学习平台中的付出，得到了充分肯定，我们工作人员也感到十分欣慰！

"深圳梦"之四:

学会科研有声有色

图7-4 2018年深圳市教育学会工作会议上,给科研论文获奖者颁奖

在深圳市教育学会干了十七八年,最让我高兴的是,参与打造了好几个市级与教育相关的平台:深圳市校际管乐节、深港澳读书随笔比赛、深圳市全民终身学习活动周……然而我们学会并不是打造这些平台的唯一单位。

其实,我们学会是有纯属于自己的工作,那就是学会许可证上所写的:教育理论研究、人才培训。这就是说,搭建教育教学科研平台应该是我们义不容辞的责任。

杨柏生会长对学会的定位把握得很准,始终要求我会抓住教育教学科研这根主线,把组织广大教师参加这项活动列为每年工作计划之首。也就是说,把打造教育教学科研平台作为学会最重要的任务。

当时，万事俱备，只欠东风：学会缺少一个教育教学科研专家。正在我们一筹莫展的时候，当时市教育局教科院张波老师退休，他在教科院负责全市中小学教育教学科研工作，水平很高，我们立即请他担任科研部部长。说是部长，部里只有一个人，但不必担心，许多学校的教研室人员是我们的坚强后盾。

后来，学会在这个项目上做了大量工作，张波部长更是不辞劳苦，翻资料、搞调研，曾制订"十一五""十二五""十三五"教育教学科研指南；还曾制订十多次教育教学科研论文指南。无论是课题的立项，课题中期评估及课题的结题，还是几乎每年一次的论文评选、颁奖和交流活动的安排，他付出的心血都是难以想象的。经过十七年的努力，一个植根于大、中、小、幼学校的民间科研平台终于搭建起来，我们感到无限喜悦！

关于打造这一平台的经历，学会在换届会上的报告是这样说的："学会始终重视课题研究和组织广大教师撰写论文并进行研讨。不论是课题研究还是年度论文评选，没有教育行政部门的要求，没有专项研究经费资助，三百六十一个立项课题，十届主题论文评选、十次学术交流会，近万篇应征论文，充分体现了深圳教师队伍具有高尚的学术精神和教育情怀，也反映了学会的凝聚力和对深圳教育的期盼。"

提到打造教育教学科研平台，不能不说的是，我们学会学前教育专委会的贡献。

在深圳，不仅大、中、小学都注重科研兴校，幼儿园对教育、教学的科研也十分重视。其时，深圳市教育学会学前教育专委会，在第六届深圳市教育学会的十三个专委会中，工作最出彩。无论是民办园居多时，还是2019年后，公办园占比超过50%以后，学前专委会都不忘自己的使命，在工作中紧紧抓住科研这条生命线，从而使深圳学前教育水平走在全国前列，赢得大家的称赞！

确实，那十几年时间里，我们曾经组织过规划课题研究，每次申报，幼儿园都十分踊跃。他们还积极参加全国、全省教育学会论文评审和课题研究工作，结题率、结题通过率都很高，成为深圳教育的一道亮丽的风景线。

在第六届深圳市教育学会理事会离任前所作的2018年工作总结中，再一次用大篇幅的笔墨提到科研，文中这样写道，注重提高学术研究水平,注重增强科研的群众性和有效性,不断扩大研究领域,不断深化教育科研。

1.把握学会的学术研究方向,坚持教育科研的正确导向,努力为各级各类学校的教育科研服务。教育科研是深圳教育发展不竭的动力,也是团结广大教师的专业平台。学会多年来,注重加大科研服务力度,以课题研究和主题论文评选为主要形式,开辟多种途径,带领广大教师积极参与科研,推动学校工作。主要工作有:

(1)召开论文交流与颁奖大会,完成当年优秀论文评选,布置来年科研任务。主题论文活动开始于2009年,多年来,论文数量在500—800之间徘徊。本次论文数量达到1 800余篇,是历年论文总数之最,可谓十年磨一剑。65%论文涉及学科研究,22%是学校管理和立德树人研究,剩余的为民办学校发展和教师专业发展。学科论文中,理科论文占到三分之一,基本扭转了以往文科过多,理科寥寥的现象。论文作者覆盖全市各级各类学校,其中,高中教师论文数量占论文总数的23%,也是历史高峰。评选出一、二、三等奖共640余篇,占全部论文的36%。论文学术水平显著提高,主要表现在选题加强了针对性,文章的观点表达更鲜明和准确,部分作者注重调研,数据搜集及其应用明显增加。与以往最大的不同,是文献研究进步很大,权威性和认同感得到较大提升。与多年前比较,教育科研的学术性、规范性、实效性都有了很大提高。高中、初中、幼儿园的获奖代表在交流会上作了发言。市区教育局有关领导参加了会议并作讲话,充分肯定了教师们在教育科研上取得的成果,并期望能有更好的研究成果不断涌现,支持全市的教育改革。

(2)部署了2019年优秀主题论文征集与评选工作。2019年教育研究以"不断深化教育改革,创造新时代的新教育"为主题,拟定了8个研究方向,提出了25个中观性课题,35个微观性课题。现在正在收稿期间。

(3)加大培训力度,引导教师提高科研水平。2018年5月10日,由深圳大学学前教育系、深圳市学前教育专委会牵头组织,特别邀请东北师范大学教育学部教授、博士生导师姚伟教授,在深圳大学作了"幼儿学习品质的培养"专题讲座,约300人参加。该讲座为幼儿园课程建设、师资队伍建设、教育教学质量提升提供了理论支持和实践指导,深受大家的认同。

为了进一步树立教师的问题意识、研究意识和成长意识,于2018年4月20日至21日,学前专委会邀请了中国学前教育研究会副秘书长张晖等一批中国知名专家面向广大教师组织了课题研究培训,目的是进一步规范与加强"十三五"课题的管理,为新立项的14个"十三五"滚动课题提供了研究思路。

专委会、市教科院、各区教研中心、各园对课题的顺利开题、研究提供了支持与帮助,让"田野式研究"真正规范、落地,提升了课题研究的有效性。各园课题研究以点带面、进一步促进了课程发展,提升了办园质量,为促进教师专业发展提供了平台。

(4)加大课题研究指导力度,引导学校应用课题研究成果。我们在指导学校开展课题研究时,特别注意引导学校及时应用课题研究成果。深圳市第二外国语学校建校八年来基于办学理念,在高中课程改革的新形势下,探索全面反映学生高中阶段发展状况的综合素质评价,不仅有利于及时解决评价过程中出现的各种问题,提高评价的科学性和有效性,还有利于促进学生认识自我、规划人生,积极主动地发展;有利于促进教师把握学生成长规律,有利于促进学校的内涵发展,转变人才培养模式,进一步践行学校的办学理念。为此,他们向我会申报了"深圳第二外国语学校学生综合素质评价的研究与实践"的课题,并被立为重点课题。在专家的指导和帮助下,他们成功地开发了综合素质评价方案,建立了学生综合素质评价电子平台。这一成果在今年的高考中发挥了很大作用。

2.抓好重点,树立区域性的科研先进。在2017年建立科研基地的基础上,重点抓了坪山和光明两个区的教师科研。

一是与该区分管教育科研的领导建立日常联系,二是为科研开展较好的学校推送科研服务,三是为结题做引导。一年来,这三项都取得理想效果,提升了教师们的科研信心,为学校发展贡献了学术力量,取得区域性研究成果,在全市产生了积极影响。学会立项课题,按教师总数,这两个区的比例超过老行政区,论文获奖数的比例超过此前的先进区。

3.坚持组织广大教师参加各级教育学会课题研究、论文征集及其他教育活动,并取得很好的成绩。在广东教育学会组织的"十三五"课题申报中,我市宋雪、蔡衡两位老师的课题被评为重点课题,余丽华等六位老师的课题被评为一般课题。中国学前教育研究会2018论文评选活动中,深圳获得佳绩。全市有两人论文获得了全国一等奖,二等奖一篇,三等奖十三篇。广东省学前教育研究会微视频比赛中,深圳也获好评。在2018年广东省学前教育宣传月活动评选中,深圳共有二十六个作品获奖,其中一等奖六个、二等奖十一个、三等奖九个。广东省学前教育研究会论文评选,也硕果累累,其中一等奖十六篇、二等奖九十篇、三等奖一百九十一篇。

"深圳梦"之五：

"深港澳读书随笔"比赛

图7-5　在香港举办2017年深港澳读书随笔大赛颁奖典礼

2000年深圳市文化界干成了一件大事，那就是策划已久的深圳市读书月活动拉开了序幕。到2021年，这项活动在深圳已举办22届。即便是受新冠疫情影响的2020，2021两年，也坚持了下来！

深圳读书月，是由深圳市委市政府于2000年创立并举办的一项大型综合性群众读书文化活动，时间为每年的11月1日至30日。深圳读书月秉承营造书香社会、实现市民文化权利的宗旨，以"阅读·进步·和谐"为总主题，着力于提升市民素质，建设学习型城市，每年举办如深圳读书论坛、经典诗文朗诵会、年度十大好书等数百项读书活动。

年度参与人次逐年上升，由首届的约一百七十万人次上升至逾千万人次，成为深圳市民的文化庆典，城市的文化名片和实现市民文化权利的重要载体，影响遍及全国各地区。2013年10月，联合国教科文组织特别授予深圳"全球全民阅读典范城市"光荣称号，以表彰深圳坚持不懈推动国际化建设和全球文化交流合作，尤其在推广书籍和阅读方面为全球树立了典范。

2003年我到深圳市教育学会任职时，便开始在杨会长的带领下，按照学会章程的要求，根据各方面需要，在深圳成功举办了一些会议和活动。然而最让人高兴的是，一次偶然的机会，接触到当时读书月组委会办公室主任助理邱建华，闻讯我们学会正在寻找可行的项目，他便帮我们引见对此项目有兴趣的益田书局罗定东经理，然后和香港一些单位和学校合作创办了"深港读书随笔写作比赛"。

从2006年开始，除了两年因故停办外，关于这项赛事的基本情况，从以下三则新闻报道可见一斑。

第一则消息是：

2006年11月26日，"深港中学生读书随笔写作比赛"之"1+1"读书交流活动计划走进深圳外国语学校龙岗分校。香港九龙塘学校中学部师生代表访问团参观了学校，两校师生举行了轻松愉快的阅读交流座谈会。

"深港中学生读书随笔写作比赛"由深圳读书月组委会办公室和深圳市教育局主办，深圳市益文图书进出口公司、深圳市教育学会和香港教育评议会等多家单位联合承办，是深圳读书月走进香港、实现读书月对外宣传推广而量身打造的读书交流活动。活动得到了深港两地文化教育界的高度重视与支持，两地师生踊跃参加，为促进深港两地文化交流起到了积极作用。2012年"深港中学生读书随笔写作比赛"自10月开始接受投稿，共征集到投稿四千份。

为丰富读书随笔大赛内容和进一步提高该活动在深港两地读书交流的影响力，"1+1"读书交流活动计划2010年在香港启动。"1+1"是指深港两地一家学校与另一家学校，或一个家庭与另一个家庭、一个学生与另一个学生进行的读书交流活动。通过"1+1"的形式，将"读书随笔"所倡导的快乐读书风气传播到更多的"1+1"读书交流活动之中，从而达到更好的深港两地文化、教育交流目的。

第二则消息是:

2017"深港澳读书随笔大赛(第十届)"落下帷幕,今天在香港中华基督教会协和书院举行颁奖仪式,来自三地数百名获奖学生和他们指导老师,荣获组织奖的学校代表还有家长参加了活动,深圳市读书月组委会办公室副主任陈新亮,香港教育局副局长蔡若莲女士出席了活动。深圳市读书月一共有700多项活动,我们这项活动是五十八项重点活动之一,受到读书月组委会的高度重视!

第三则消息是2021年。从以下的报道中可以看出,这项活动虽然受新冠疫情的影响,但在深圳市教育学会第七届理事会接手后,继续认真举办。

"深港澳中小学生读书随笔征文活动"颁奖典礼于11月27日晚在深圳书城中心城益文书局举办。受疫情影响,今年的颁奖典礼改为线上举行。……活动旨在全面推广经典阅读,帮助学生树立文化自信,引导学生修身立德。本届征文活动年度主题为:经典阅读+未来畅想。年度主题未来畅想以"天问一号"探测器、神舟十二号载人飞船为引,见证国家科技飞速发展,并以此引导学生们畅想未来。

在我过去的教育生涯中,能参与打造这么一个为深、港、澳青少年服务的读书平台,我感到特别欣慰。至今,每当我回忆这些年与之相关的一幕幕往事,我都感到无比亲切。

芜湖起步,深圳发展

这个项目确实是我要来的。那么你一定会问,是什么原因让我对这个项目产生了兴趣? 回答是源于芜湖。我1984年到芜湖一中工作后,学校积极开展了一系列第二课堂活动,其中一项就是组织了荟萃文字社。在改革开放不久的年代里,成立这样的社团,我敢说,我们是走在其他学校前面的。

1985年10月19日,芜湖一中荟萃文学社成立,之后短短的几年内,文学社取得了全国瞩目的成绩。1989年文学社被评为全国中学生文学社先进单位,负责这项工

作的刘人云主任(当时的芜湖一中教育科学研究室主任,20世纪90年代初也来到深圳,后担任翠园中学副校长)被评为全国优秀指导教师,并任全国中学生文学社联谊会常务理事。文学社工作总结在《安徽教育》杂志发表,并被收入专书出版。学生在全国各级报刊发表文章共三百余篇,获全国省市各类作文大赛奖三百多次,在全国产生较大影响。当时,学生文章被陆续编成三本书,即《芜湖一中学生报刊作品选》《芜湖一中荟萃文学社报刊作品选》和《春梦永驻——中学生佳作荟萃》)。

文学社的活动,有力地促进了一些语文尖子和写作尖子的成长,学校因此形成了"届届有人才,长江后浪赶前浪"的大好局面。文学社每年都涌现出一些令全校学生瞩目的明星人物。

如1985届高中毕业生黄娟娟同学,其议论文《狂妄与自信》获得《作文报》1985年全国比赛一等奖第一名,作品被多家报刊转载,该生后保送清华大学,时任校报主编。

何冬梅,1990年毕业于芜湖一中。曾任一中荟萃文学社社长的她从小学就痴迷于儿童文学,爱读《少年文艺》等报刊,在一中期间所写文章在《中国青年报》发表后,在全国引起很大反响。她的文学梦正是启蒙于在一中读初中的那段时间。

必须要说的是,刘人云率领一群深圳各学校的语文学科专家,年复一年地工作,为"深港澳中学生读书随笔写作比赛"做出贡献,一直持续至2018年。

益文统筹,学会操办

当时我们学会工作人员很少,我是唯一坐班的工作人员。但我们的资源却无比雄厚,老师中的各个学科的专家、学者应有尽有,都乐意为学会参加的公益事业服务。读书随笔写作比赛的宣传、收集整理稿件、组织评审工作乃至于后来出专辑时,获奖作品的点评工作,自然都由我们负责。

而整个工作的统筹、深港澳三方面的联系协调工作,乃至特别烦琐但又非常有价值的颁奖活动的组织工作则大部分由益文书局承担。还要说的是,活动经费是由益文书局负责,多少年如一日,这也是难能可贵的事。益文书局的罗总特地委派陈奕鹏主任做协调工作,那工作认真、负责、谦和的态度使我们深感钦佩。

对于益文书局的贡献,北京大学文学博士、国务院政府特殊津贴专家、深圳市政协文史委主任、深圳市阅读联合会创会会长尹昌龙在香港出版的《读书杂志》上这样写道："随着读书月活动影响力越来越大,益文书局和深圳市教育学会,香港教育评议会,香港优质图书馆网络等共同策划,将买书与读书相结合,读书与写作相结合,办深圳深港中学生读书随笔大赛。"

在这里特别要提到的是,我国著名文化学者胡野秋对这个平台的打造所给予的付出。其实,他是读书月组委会聘请的专家成员,要对整个深圳市读书月的工作负责。而我们自己看得很重的平台仅仅是读书月的数百个平台中的一个。但他却情有独钟,对我们这个平台倍加关心,甚至亲力亲为:亲自参加策划、亲自到评审现场指导、几乎作为嘉宾参加每次颁奖大会,而且每次他都会发表精彩讲话。他这样做,绝不仅是因为他有芜湖一中情节,更是出自对深港澳学生的大爱。

深圳启动,港深颁奖

由于这个项目的特殊性,需要先在深港两地(后来增加了澳门)征集稿件,并加以评审;此外,每年都要事先由专家精选并公布与当年主题相符的书目,让学生自行阅读、自行撰稿,活动的启动时间总是需要提前。然而通过益田书局和深圳市教育学会的紧密配合,多年来工作一直井井有条。

此项活动的高潮则在颁奖活动上,这是深港两地参与活动师生乃至于家长相聚交流的时刻,因此,对每次颁奖活动我们都做了精心的安排和仔细的组织工作。颁奖活动的地点在香港或深圳,为扩大活动在香港的影响,这些年来,更多的是安排在香港。颁奖大会有时在学校,有时在大商场。

尹昌龙在《读书杂志》上撰文时谈到活动的盛况:"活动越办越有知名度,从中学生扩展到小学生,从深圳、香港又扩大到澳门,成了三座城市文化交流的品牌活动。尤其是每年的颁奖礼,三地孩子带来各自不同的文艺表演,有唱京剧的,有表演小品的,有演讲的,完全成了文化的嘉年华。"尹昌龙作为当时读书月组委会的领导,几乎参加了在香港和深圳举行的每次颁奖活动,还给出版的《读书随笔》撰写了序言,可见他对这个活动是何等重视。

作为活动组织者的一方,我几乎参加了所有在两地举办的颁奖仪式。当我一次又一次地登上香港讲台讲话时,荣誉感和责任感都会油然而生。记得活动开始不久,在香港讲台上的一次发言中，我把"深港中学生读书随笔写作比赛"比作一颗撒在深港两地的土地上的种子，它已经破土而出，急需两地的师生浇水、施肥，让小苗快快长大。那天，香港教育局一位年轻的女副局长听了我这话，记了下来，第二年颁奖大会时，她还提起此事，让我非常感动。

在深圳颁奖，香港的学生也很开心，他们能到深圳书城淘宝，到学校和深圳的学生面对面交流……没有到过深圳的孩子看到日新月异发展着的、与香港相比毫不逊色的深圳，流连忘返。

局会合作，再创辉煌

我在深圳市教育学会工作时，和益文书局合作，为深港澳学生共同打造了这么一个读书平台，感到非常荣幸。但毕竟这项活动曾经中断过两年，留下了遗憾，相信以后这样的事不会再发生。我更相信，已经长出的"深港澳读书随笔写作比赛"的这棵小苗，在大家的呵护下，会更加健康地成长，最后成为参天大树！

"深圳梦"之六：
主持"华杯赛"深圳赛区比赛

图7-6　"华杯赛"组委会深圳赛区的领导在视察考场

  2018年初，教育部办公厅等四部门联合印发了《关于切实减轻中小学生课外负担开展校外培训机构专项治理行动的通知》，将对校外培训机构开展全面摸底排查。受《通知》影响，当年2月28日开始，广州、深圳等多地培训机构发出暂缓小学数学联赛等竞赛报名工作的通知。原定于3月10日举行的第二十三届"华杯赛"决赛突然暂停，是否还赛，等候通知。最终"华杯赛"组委会发出正式通知，不举办决赛了。其实，停办第二十三届"华杯赛"决赛只是个信号，不久，"华杯赛"组委会决定，遵照教育部的意见，停办"华杯赛"。从1986年开始举办，曾经取得过辉煌的华杯赛降下了帷幕，成为历史，载入史册。

由于种种原因，我对"华杯赛"的感情实在是太深太深了，因为"华杯赛"是以我心目中的偶像——数学家华罗庚的名字命名的。

我上初中时，就知道这位中国著名的数学家，那时就立志要当他的研究生。记得有一次在学校举行的数学竞赛中，我得了奖。那个年代，没有数学竞赛的辅导材料，更没有辅导班，一切得靠自己，竞赛能得个奖，还是很不容易的事，这更坚定了我要当华罗庚研究生的决心。我当时拿出一本只值几分钱但却舍不得用的练习本，把决心庄重地写在扉页上留存！

上高三时，我被调去参加安徽省航模队集训，为1959年参加全国首届运动会做准备。禁不住诱惑的我，还是"依依不舍"地离开学校去省会合肥。一年后，我回到学校继续上高三，没上一个月学，就在程敦谆老师(班主任)和吕莲葆老师(校团委书记)赞成和反对意见僵持的情况下，又禁不住诱惑怀揣省体委发的巨额参观费100元去了北京。在北京做了三件事：一是看了开幕式，看了一场有四川队参加的足球赛，用望远镜看到坐在主席台上的国家领导人；二是到航模比赛现场——良乡机场看了比赛；三是与已考上中科大的原来班同学何心虔联系上，去中科大参观。那天，我借了一辆自行车，穿行三十里地，一鼓作气赶到学校。见到分别一年的老同学，别提有多激动。听他说："上华老的课，一堂课翻了一二十张讲义。"我更是激动不已……回来的路上，看到有人在邮局门口买国庆十周年的首日封，我立即凑上去买了一张，准备在第二年考上中科大时，从北京寄回！

第二年高考，我得了高分，但没有被中科大录取，而是被安师大录取，那封信始终没有寄出……但对数学的喜爱，对华老的崇拜始终留在我的心头。

尽管如此，我对华老的热爱丝毫不减。虽然一辈子没有见到过华老，没有成为他的学生，更没有成为他的研究生，但比我大三届的芜湖一中校友钟家庆却成了他的研究生，成为那一代与杨乐、张广厚齐名的数学家，也让我分享到成为华老研究生的喜悦，也更增加了我对华老，以及对以华老命名的"华杯赛"的热爱！

我对"华杯赛"的感情还在于对这项赛事举办历史的认知。

这项赛事1986年刚举办时，我已经到芜湖一中当校长。作为一名数学老师出身的校长，我对数学竞赛当然非常重视。其实，我在1984年5月进入芜湖一中后，打的第一仗就是组织学生参加安徽省数学竞赛，并取得了良好成绩。这以后我和中科大单墫、严镇军、苏淳等一批数学家建立了较好的关系，1985年我还被聘为首批国家级奥林匹克数学竞赛高级教练员。但不知什么原因，一直到1991年离开芜湖，我却对"华杯赛"已成功举办的信息全然不知晓，因此未能组织学生参加比赛，也失去一开始就能为纪念华老做点实事的机会，实在又是一件憾事。

到了深圳，一直在普通中学和职业学校当校长，因此有什么比赛，相关人员未把我们放在心上也是很自然的事，因此在职时，与"华杯赛"无缘。

说实话，对"华杯赛"（第一届到第十一届赛事）的认识是从2004年开始的。那一年，我已在深圳市教育学会工作了好几年，正好学会的会长、原市教育局局长杨柏生也是数学老师出身，得知有这项赛事之后，对这项赛事也很有兴趣。我们第一时间找来了相关资料进行研究。对这赛事有了更多的认识，并很快拿到"华杯赛"深圳赛区的申办权。

在网络及"华杯赛"组委会的宣传材料上，可以清楚地看到：从一开始，"华杯赛"就受到中央领导和老一辈革命家的重视与关怀。1986年中共中央总书记胡耀邦亲自为"华罗庚金杯"题写杯名。方毅、卢嘉锡等一批国家领导都曾亲临赛场视察，为获奖选手颁奖。

中国数学界的权威人士也对"华杯赛"给予极大的关注与支持。著名数学家、中国科学院院士王元、杨乐等一批著名教授学者都曾出任主试委员会顾问，并亲自参与审题。世界著名数学大师陈省身先生曾出任"华杯赛"的名誉主任，并为"华杯赛"题词。

各省、市的领导都曾对"华杯赛"给予了积极的支持，广东省原省长卢瑞华先生连续六届担任"华杯赛"组委会主任。澳门原行政长官何厚铧先生多次为本赛事提供帮助。广东省惠州市还申请了永久申办权。全国各界人士对"华杯赛"给予越来越多的关注和支持。

"华杯赛"的成功举办，得到了新闻单位的密切配合和支持。新华社、中央电视台、中国教育电视台等一批我国重要新闻媒体均相继报道"华杯赛"的消息，把"华杯赛"的发展与青少年素质教育紧密地结合起来，从而吸引成千上万的青少年投入学科学、爱科学的行列中来。经过不懈地努力，"华杯赛"还开始迈向国际舞台。

这时，我们才知道，深圳市在1989年就举办过第二届"华杯赛"总决赛。2002

年尚强接任深圳市教研室(后为深圳市教科院)主任工作后,十分重视"华杯赛",还曾经组织深圳市代表队参加第九届和第十届比赛。第十届"华杯赛"由华富小学(一所区属小学)数学老师周升武担任领队兼教练,取得了团体总分第五名的好成绩;周佳青同学荣获小学组金牌,艾辛、杨伦同学荣获初中组金牌。

那时,各地行政部门已不便组织学生参加民间的一些竞赛,包括"华杯赛"。于是我们找教科院商量,在他们的配合下,深圳市教育学会终于拿下了深圳赛区的申办权。在深圳,"华杯赛"终于真正走向民间。

对"华杯赛"的感情归根结底是对教育、对数学无法割舍的爱。

在职时,没能带领自己的学生参加这项赛事,到学会工作,有机会成为"华怀赛"深圳赛区的主要负责人,既感到光荣,更感到责任重大。

自从我接手这项工作,从第十二届赛事开始到第二十三届初赛结束,劲没有少花,力没有少出,辛苦没有少吃,委屈没有少受。每次考试,别的且不说,单是保密工作就要耗费大量精力。我和市教育局原副局级领导周延光既是保密工作负责人,又是制卷等具体事务的工作人员;既要负责陪会长巡视考场,又要负责阅卷、统计工作。我敢说我们这两个都是数学老师出身,又都当过校长的人,在漫长的学校工作生涯中,谁都没有像每次"华杯赛"考前这两天那么累过,但我们硬是都挺住了!为啥? 就是因为看着这么多"喜欢数学、数学学得好而又富有余力"的学生参加"华杯赛"!

对我来说,在每次初赛成绩公布后的一个多月时间,是我到深圳工作以来最繁忙的日子。成绩一公布(只公布入围与否,获奖等次),我的手机就响个不停,都是家长打来询问分数线、要求查分的。不管分数线怎么划,低一等级的学生家长总要提出查分的要求,总希望能找出几分,提高一个等级。这也难怪,随着时间的推移,"华杯赛"虽然还是原来的"华杯赛",但"华杯赛"在家长的心目中不仅是孩子数学成绩好的象征,而且还成为进入想去的学校的敲门砖。随之而来的是参加考试的人数越来越多,奥数培训越来越火。

对我来说,考试后查分要求的人越来越多,那将近一个多月的压力非常大,常有喘不过气的感觉! 但值得庆幸的是,我们为数不多的几个办事人员,并没有被拖垮,而且由于我们的耐心和认真,一次又一次闯过这艰难的时光,最终赢得了广大家长的信赖和支持。

我和一直信赖、支持我的家长，和曾给我们投下不信任票的家长，虽然至今未曾见过面，但到现在还保持着联系。对我来说，这是对我的最大的奖励。

在那些岁月，我经常作为领队带领深圳市代表队的学生去各地参加"华杯赛"总决赛，那段经历也让我刻骨铭心，难以忘怀。每次带队去比赛，因为是领队，我和学生一起住学生宿舍，有的学校，手机充电都得和其他学生一样，在指定的地点集中充；有的学校学生宿舍，空调居然也很强劲，冻得我睡不好觉……我自豪的是，虽然我老了，却因为"华杯赛"返老还童。

提到打造深圳赛区"华杯赛"，我要感谢"华杯赛"发起人、"华杯赛"组委会秘书长肖承运和实际操刀人、"华杯赛"组委会办公室主任唐保玲，因为他们的远见卓识和百折不挠，才有了"华杯赛"。当然还要感谢"华杯赛"组委会对深圳赛区无微不至的关心和支持。

提到深圳的"华杯赛"，我也要感谢深圳市教育局艺术委员会原秘书长、退休后进入学会担任体卫艺专委会主任的徐沛然，那年我们学会要办一次展览，正在为展出地点一筹莫展时，她提到深圳耀华实验学校，使我们学会找到了开展深圳市"华杯赛"这一活动的场所。有人说耀华实验学校的发展也有"华杯赛"的功劳，这说得对！但有谁想到，这样一所民办学校在为数学竞赛无偿投入时，也收获满满。在他们学校仅仅读过三年书，参加"华杯赛"得过奖，而后考入中科大少年班的曹原，在二十多岁已成为世界著名的科学家！

对"华杯赛"，我曾想入非非。

在组织深圳"华杯赛"赛事时，我就曾想做一件事，保留好所有深圳市参加"华杯赛"考试的学生的试卷，在方便的时候组织一批学者对试卷进行分析，或者组织力量对"华杯赛"参与者进行跟踪研究，也许会有许多许多意外的惊喜！

"深圳梦"之七：

创办国际学校

图7-7　在参加创建的第二所国际学校大门口

  二十年前，在我尚未退休时，宣绍镛校长来我办公室，邀我退休后参加他先期已经介入的项目：在深圳办一所国际学校，并且当时已确定校名为"深美国际学校"。宣校长还告诉我，将邀请深圳名校长、育才学校陈难先校长参加其中。出于由来已久的对国际教育的热爱，也出于对退休以后归宿的憧憬，连考虑都未考虑，我就接受了邀请，于是开始了退休以后长达十多年、参与创建深美国际学校，并在其中做一些工作的征程(第二条战线，主战场是深圳市教育学会的工作)。在我们三位参与工作的校长退出深美国际学校后，我又参与了昆山加拿大国际学校的创建。这两所都是招收外国人子女的学校，在那时是我国规定可以使用国际头衔的学校。

确实没想到,在深圳教育工作的三十年也是我参与国际学校建设的三十年。

其实,我曾于1985年随安徽省教育考察团去日本访问,又曾送芜湖一中老师去澳大利亚当访问学者,还多次接待国外教育代表团来访,从那时起我就关注国际教育。开始,只是特别关心如何把国外的、比较先进的做法引进国内。那时,和我校一起出国的宣城中学老师(去的是美国),在美国和欧洲考察了国际文凭组织,1987年回国后写了十几页的考察报告,他知道芜湖一中的力量,知道我对国际教育比较关心,所以把报告送给我。我仔细阅读后,才知道国际文凭组织是怎么回事:原来是20世纪60年代在瑞士的美国外交官为了让他们的子女接受美国国内教育而兴办的,后来发展成成员学校分布在世界上百个国家和地区的国际教育基金会。在宣中那位老师的帮助下,我与联盟总部取得联系,并向国家教委作了汇报,本说好在1989年4月在芜湖接待总部代表,恰谈一些事宜,但未获成功。

1991年,我调入深圳工作,还想着在深圳继续引进国际文凭组织。为此,在1994年还把材料送交当时一位分管副区长,并当面做了简要汇报,后续一直没有结果。没结果,我倒没觉得遗憾,遗憾的是当时找不到复印的地方,我失去了这份宝贵的材料。后来,"9·11"恐怖袭击事件前,我随团出访美国。除了欣赏迷人的夏威夷风光,登上不久便被炸毁的双子塔参观,还去美国学校参观,参观时我还特别留意国际文凭组织的情况。多少年后,我去深圳东方英文书院,碧桂园的学校,发现国际文凭组织已在他们那里"落户",我终于释怀了。

真没想到创建一所国际学校会那么难。深美国际学校虽然是政府的招标项目,但接盘的只有房地产商,那个时候,好多民办学校都是房地产商投资的。我们三位退休老校长的主要任务当然是准备报批材料,有需要的话也报送材料。从区教育局跑起,到市教育局、省教育厅,再跑北京教育部。一直跑了三四年,终于在2005年拿到盖有教育部公章的批文。

有了我国教育部批的牌,而且是深圳市已开办国际学校的第一块由教育部批的牌,我们高兴极了。当时还有三件事,也让我们特别兴奋。一是《深圳特区报》对我和深中当时的校长,还有深大的专家,进行访谈,谈的就是国际教育;二是我们的项目申报深圳市重大项目成功,要知道在深圳能立项的重大项目需要亿元以上投资,才可被考虑;三是为表示对在盐田建设国际学校的支持,报纸对围绕国际学校用地周边的道路，发出命名征集，这些事给了我们很大鼓舞。

但后来，购买地皮的事迟迟没有下文，我们分外焦虑。一天，我们来到插有国际学校标志的场地，绕场一周，又兴致勃勃地登上旁边的万科高楼俯视那块场地，喜悦之情溢于言表。突然，"陪"我们上楼的保安说了一句话，那块地好像不是办学校的啊！听了他的话，我们并不介意，笑着反问他，你没有看到下面插的牌上标明的是国际学校用地吗？他笑了：插上的去的牌不是可以拔掉吗？当时反倒是我们瞪目结舌，说不出话了……

结果验证了那位保安的话，由于拿牌时间过长，各方面情况都在变化，原定地皮另有用途，于是市政府开始协调。从盐田迁到南山，再从南山移到福田，等到了招拍挂牌的时候，又出了事，于是划拨地皮一事告吹。最后，学校只好租借校舍，于2009年在南山文心二路开学。从开始办手续到开学，花了近十年时间。但不管怎么说，我们还是办起了货真价实的国际学校，我们这三位参与工作的校长，打心眼里笑了起来！

但毕竟开学了。在中国的土地上，按中国的要求，对外国的孩子进行管理和教学工作，这对当了一辈子的老师和校长、一直教中国孩子的我们来说，一切都很新鲜，我们也感到自豪。以后还发现，这里还能承担一些考察任务，让那些不能出国的教师来考察国外的教学。

这些年来我国为了便利各国人民学习汉语，设立了国家汉办。国家汉办在许多国家设立了名为"孔子学院"的学校，以便利外国人学汉语。国家汉办为让在中国学习的外国人接受汉语水平检测，在一些大城市设立了汉语考点，进行等级考试。这从某种意义上来说，也相当于美国的托福和英国的雅思吧！

为了便利在深圳的外国人进行汉语水平检测，深美国际学校也申办了第一间深圳的汉语考点，借用南山的学校组织考试。很荣幸，我担任了深圳考点的负责人。

有趣的是，高考是我们国家的国考，而"汉考"却是我国组织的国际考试，考试要求当然很高，管理也很严格。所有管理人员都要参加国家汉办在北京组织的管理人员培训，并在培训后参加严格的考试，考试成绩在95分以上才能上岗。那年，我去汉办参加培训，也参加了资格考试，和我一同去的年轻人轻松地拿到资格证书,而我的考试成绩居然未达到要求,未拿到资格证书,只好从考点的领导岗位上下来。

2012年昆山加拿大国际学校经江苏省教育厅批准开办了,当时是在租借的一个地方开学的。之后,我们抓紧工作,在占地200亩的土地上,由加拿大的设计院设计,如期完成了新校址建设,并于2016年3月31日举行新校址使用典礼。这是我参与开办的第二所国际学校,我感到非常欣慰!

"深圳梦"之八：

马山头学校

图7-8　薛校长陪我们参观学校的屋顶菜园

　　近年来，我国教育政策发生深刻变化，全国人民都十分关注。在整治教育问题的同时，加强普通中小学劳动技术教育的消息再次引起全社会关注，深圳市、区教育部门也加大了工作力度。

　　8月初，一位一直负责这项工作的朋友，和我谈起此事，引起我的兴趣。我自告奋勇地给他出主意，介绍我所经历过的或者知道的有关劳动技术教育的情况，还自告奋勇地帮助联系学校并陪同参观。

我的目光首先投向光明区。不仅是因为光明区早已定位为深圳科技城，更因为其迅猛的发展使看惯深圳高速发展的深圳人也叹为观止！舒适的人文及绿色环境吸引着许多深圳人，特别是深圳年轻人的目光。

其次，对光明区的注意，还因为在深圳教育学会工作时，我发现光明区早就重视劳动技术教育。一些学校在这方面早早做了大量工作，区里还把光明欢乐田园作为华侨城集团打造的首个以世界级大湾区生态文旅为驱动的主题休闲都市田园综合体，规划面积约五千六百亩，其中基本农田面积约三千一百亩，为深圳建设中国特色社会主义先行示范区提供了农文旅示范样本。不仅如此，他们正在打造的另一劳动教育基地：国家现代农业科技展示中心正在紧锣密鼓建设中，预计今年开放！使人不得不感慨，好有眼光的光明区啊！相信光明区一定会为深圳市中小学生的劳动技术教育做出巨大的贡献！

根据光明区领导的推荐，我们参观了马山头学校（现已更名为深圳市光明区理创实验学校）。去了一看，暑假期间，几个工程队都在抓紧施工。到处堆放着材料，到处迷漫着灰尘，但我们看到的却是一派生机。马山头学校的薛森强校长自豪地告诉我们，假期工程完成后，学校将增加多个功能室，他们的学生在科技、技术教育方面会得到更大的收获。

按照我联系时的要求，我们立即进入主题，随薛校长去看他们学校的无土栽培园地。然而使我们扫兴的是，那块不大的园地上，只剩下据说是无土栽培时使用的水管，没见到一株植物。薛校长忙给我们解释，这里确实就是无土栽培的园地，但假期维修，影响到这块地方，所以看不到我们想看的东西了。但通过他的介绍，那郁郁葱葱的无土栽培的园地或隐或现地展现在我们眼前……

从市里到光明区这所学校有几十千米，跑这么远的路参观这所由光明区领导安排的学校，就是想考察他们学校开展劳动教育的情况，想学到一点真材实料。为此，为了这次参观，我事先与学校的校长通了电话，薛校长在电话里明确告诉我，已接到通知，我也相信薛校长不会让我们失望的。

在电话里我知道了我和薛校长早已认识的事。原来薛校长和我都是学数学和教数学的。十八年前他在公明中学当副校长时，我作为广东省创建绿色学校专家组的成员,曾到他所在学校评审绿色学校的创建工作。他们学校经过严格评审,于2003年被评上省绿色学校,2004年被评为国家级绿色学校。

评估绿色学校时,我去过许多学校,见过许多校长,似乎悟出一个道理:绿色学校创建不是教育系统规定要达标的项目,因此对于这个项目有兴趣的校长一定是充满激情的,干什么都会干得好。当时三十多岁热情的薛校长,就给我留下过好的印象。因此,我相信他现在所在的马山头学校一定有值得看的亮点。

果不其然,薛校长带我们上楼顶,看他们学校的屋顶花园。在屋顶种东西,我不陌生。二十年前,我在罗湖区笋岗中学(今为深圳市罗湖实验学校)当校长时,就曾在学校的楼顶建屋顶花园,使之成为一道亮丽的风景线。然而建校仅仅三年的马山头学校却建了有三千平方米的楼顶种植园。

被木制地板分割成的一块块土地上,凡是这个季节能种的植物都种上了,萝卜、茄子、西红柿、南瓜……林林总总,实实在在,郁郁葱葱,除了木制田埂,与农家菜园没有一点差别。

只是每块地上都竖着名牌,写明这块地所属的班级。楼顶种菜,又是学生种,除了屋顶的承重要经专家严格把关之外,孩子们在上面活动的安全是更值得操心的问题。有趣的是,由于这里的楼顶本来就很高,即使围墙上种有南瓜之类的植物,从外面看也基本上什么都看不到,使这么大的园地犹如地面园地……

在这里,薛校长如数家珍地介绍了他开辟这块园地和搞无土栽培的想法,介绍了开展劳动技术教育的情况。他又提到把无土栽培这个项目列入劳动技术教育,可以引导孩子们爱上现代科学,让我觉得他颇有匠心。

其实这所学校的每一处都在传播科学知识,大门口两边的墙上涂着像雕刻上去的数学公式;大厅里和蔼可亲、能说会道的机器人每天迎接着学生;进了大厅,墙上挂有多组像西洋镜的洞门,可让学生边摇动把手边观看科技现象,供学生放学时玩耍;在通往楼顶植物园的楼梯的墙面上贴满了学生在植物园劳作的照片,撰写的作文,琳琅满目。我问薛校长:"你还有什么法宝,拿出来让我们欣赏。"他笑着说:"开学后再来看吧!"

这所建校仅仅三年的九年一贯制学校,现有四十五个班,两千零九十七名学生,学生中非深户占90％。今年第一次有初中毕业班，约一百七十名学生参加中考。薛校长淡淡地告诉我们："今年中考，我们在全区综合成绩名列前茅。"对于他能取得这样的成绩，我觉得顺理成章。

但我还是问了他一个问题："学校周边有培训机构吗？"他笑着回答："没有！"

他的回答，犹如让我们品尝了一道很难吃到的"特色菜"：没有上过培训学校的学生却考出这么好的成绩，这真让我们激动不已。

"深圳梦"之九：
中科硅谷幼儿园

图7-9　2020年随第七届深圳市教育学会领导班子参加中科硅谷幼儿园科研项目结题会

　　2020年，深圳市的学前教育发生了一个巨大变化：公办幼儿园的比例，从原来的不到4%一下子超过50%。其实，尽管以前深圳市的幼儿园基本上都是民办的，但数量之多，入园率之高，学校设施之好，办学水平之优在国内都是名列前茅的。特别值得一提的是，在深圳，不仅大、中、小学都注重科研兴校，幼儿园对教育、教学的科研也十分重视。我在深圳市教育学会任职的那十几年时间里，曾经组织过"十一五""十二五""十三五"规划课题研究，每次研究课题申报，幼儿园都十分踊跃，而且研究工作做得十分认真，无论是结题率、结题通过率，还是研究水平都很高，成为深圳学前教育的一道亮丽风景线。

去年底，深圳市南山区中科硅谷幼儿园邀请我参加他们园的课题结题会，这是三年前他们申报的一个"十三五"课题。三年前，我还在学会任职，曾经接受过他们的开题申请，在组织专家审查过他们的科研项目后，还去幼儿园参加了开题会。现在结题了，学会已于2019年底换届，我也于2020年6月完全退出学会工作，结束了近十八年的学会工作，成为一个完全自由人。但这次结题时，他们的黎园长，虽然知道我已离开学会，却还是亲自邀请了我，让我很是感动。其实，二次退休，加上疫情的原因，我几乎一年没有去学校看过，对于一个与学校打了半个多世纪交道的人来说，还真有点不大习惯呢！无论如何，对这所幼儿园，我有强烈的印象。

深圳市南山区中科硅谷幼儿园创办于2015年9月，由南山区教育局、中科院深圳先进技术研究院指导，是深圳市教育学会学前教育专业委员会理事单位，中国科学院学前教育联盟单位幼儿园。2015年9月开始，该幼儿园先后被评为深圳市规范化幼儿园、深圳市一级幼儿园、深圳市平安校园、广东省文明校园。2017、2019年获"南山区先进办学单位"称号。

三年前，看到这所幼儿园科研项目申报书时，我首先是对他们的校名感兴趣。南山区中科硅谷幼儿园，感觉校名含金量好高啊！幼儿园申报的科研项目居然是：生活中科学教育的探索与研究。这表明他们从办园开始，就已确定要把科学教育作为幼儿园的办学特色来抓。真了不起，他们是要办名副（南山中科硅谷）其实（科学教育特色）的品牌幼儿园啊！

那时，我受邀到幼儿园参加开题会，看了幼儿园精心的布置，听了他们的办学宗旨及开题报告中的想法，我对他们更加敬佩了。

他们说，"幼儿园坚持教育家陶行知先生生活即教育的思想，秉承一日生活皆课程的理念，以《幼儿园教育指导纲要（试行）》和《3-6岁儿童学习发展指南》为指导，以生活中的教育科学教育为方向，打造幼儿园科学特色教育，尊重幼儿爱玩好动的天性，以游戏为基础贯穿一日活动，培养幼儿善于观察、乐于思考，勤于动手、勇于表达的良好习惯和坚持与专注、好奇与兴趣、积极与主动、创造与发明、反思与总结的学习品质。"

"三岁看小，七岁看老"，这是谁说的，已经并不重要，重要的是，这已经成为人们的共识。既然如此，学前教育的重要性便凸显出来。多年来，由于评绿色幼儿园，又在市教育学会工作，我到过深圳市乃至于广东省的许多幼儿园，关于幼儿园的教育工作，知道最重要的是避免小学化，知道要按《幼儿园教育指导纲要(试行)》(以下简称《纲要》)精神进行。《纲要》中要求，支持幼儿的游戏和各种探索活动；支持幼儿与周围环境之间的积极相互作用；积极支持、帮助家长提高教育能力。显然，中科硅谷幼儿园的领导和老师们，对《纲要》精神领会得很深刻。他们充分利用中国科学院及其家长的优势，把学校、家长、社区有机地结合起来，大胆有效地开展科研，推动幼儿园工作，终于取得成果，从而把校名的品牌效应发挥得淋漓尽致。他们编撰的七八本反映科研成果的书本材料、他们老师写的一篇篇论文，也清楚地证明了这一切。不妨在这里摘录书上的几段内容，以便对他们所做的工作有些了解。

老师写的案例：

康康妈妈带来了关于果蝇的科学观察项目。活动开始前，我们分享了《好饿的毛毛虫》这一绘本。孩子们对毛毛虫长大后变成蝴蝶的事情，充满了好奇。等果蝇培养皿的试管发给孩子们观察的时候，情况却出乎大家的意料。比起观察果蝇的幼虫，有的孩子更乐于琢磨怎样把封闭试管里的那块海绵倒腾出来，而有的孩子直接把试管放在一边玩起了放大镜。孩子们对果蝇幼虫的认识好像提不起什么兴趣，又或者等待着，以为幼虫会立即变成果蝇？……

家长们一起参加了幼儿园的科研项目，一位家长撰文写道："现在女儿放学回家经常会跟我们说，她在幼儿园做了什么样的科学小实验，从书包里拿出她的那些做小实验的宝贝，然后展示给妹妹看，一脸的兴奋与自豪。她会追着我们问，为什么现在是晚上？为什么戴着游泳圈就不会沉下去？为什么磁铁会吸引铁的东西？为什么辣椒会变成红色？她开始会观察和思考，有时甚至会自己动手去探索……

而我们在家也会去强化她的这种意识，爸爸带回来一些做实验的仪器和材料，让她自己做一些安全的小实验……

中科硅谷幼儿园从幼儿开始狠抓科学教育，希望科学的种子在每个受熏陶的孩子心里开出美丽的花朵，为我们祖国输送更多的科学人才，感谢中科硅谷幼儿园为孩子做出的努力,感谢老师们的辛勤汗水。"

中科硅谷幼儿园黎永安园长创建了这所幼儿园,这所幼儿园改制后,热爱幼儿教育工作的他又主动留下来当园长。这些活动正体现他对科研工作的重视。

对于这项课题,新任第七届深圳市教育学会会长,原深圳市人民政府教育督导室主任金依俚肯定了课题选题与幼儿园自身教育理念的高度一致,目标定位适切、明确、准确,教师自觉形成"工作即研究"理念,建议该园以生活中科学教育为内容基础、进一步深化研究,从而构建园本课程体系。

"深圳梦"之十：
一位出自文学社的作家

图7-10　出自于荟萃文学社的作家何冬梅

　　真没想到,懒于动笔写字的我,会突然被卷入芜湖一中京津校友群的一次有趣的"讨论会"。

　　第一次在芜湖一中校友群发表了即兴写的好几条意见,真好像穿越了一样,直接违反了自己在网络群上只看不评论的信条。现在想来,确实有一种不小心踩了雷的感觉,但是又觉得言犹未尽,话没有说清楚。于是和何冬梅同学商量,借此机会,把我一直想写但未写的真实想法写出来!

　　事情是这样的:芜湖一中京津校友会的群友给我发了一条信息,说芜湖一中的在校学生采访了在北京工作的校友何冬梅,采访后写成的文章已在校友群里转发。

他知道我很关心何冬梅同学,在新冠疫情前去北京开会,和老校友聚会时,还常邀他和何冬梅作为年轻有为的代表,介绍给老一辈校友,所以特地让我看看这篇文章,并希望我能在深圳及其他芜湖一中的校友群里转发。

何冬梅同学是我在芜湖一中工作时在读的一位学生。我在芜湖一中当校长时,何冬梅同学写过几篇文章,寄给《中国青年报》。文章发表后,引起了轰动,当时全国各地的信件,像雪花一样寄给她,这才引起我的注意。不过在我们这所名校,从我在这所学校当学生时,到当校长后,学生出名的事情屡见不鲜(一会儿我还会介绍她学姐的故事),所以当时也并没有太在意。只是怕何冬梅同学在学习上受到干扰,影响她考大学,于是我们的副校长找她谈了一次话,勉励她继续努力,提醒她不要影响学业。从这时起,她的名字,和她文章发表后引起全国轰动的事深深植根于我的脑海中,而且到深圳工作后我还时时想起、回味、思考、反省……总想从中找到一些值得借鉴的、有价值的东西,用于深圳的教育工作之中,弥补在芜湖一中时处理此类事的"不足"。说实话,这也是我离开学校二十多年、去北京开会、听到她的名字后,才特地邀请并不熟悉的她参加芜湖一中老校友聚会的真正原因。

在何冬梅同学之前,芜湖一中确实出过与她类似的人。一位比她高几届的学姐,也曾引起过全国的关注,信件也像雪花般飞来。请原谅,我不写出她的名字,因为我的原则是,即使在多媒体上,或者在我即将出版的书上,我如果要写人名,就一定要将文字发给他(她)审阅,经过本人同意才发稿,既防止出错,也算是对别人的尊敬。

这位女同学参加全国普通话比赛,获得第二名,曾得到中央领导人的接见,自然成为学校的名人,比后来的何冬梅还有名。她曾写过一篇文章,说是想当国家领导人,也不知怎么在学校里传了出来,更引人注意。1985年,我校的一位高三学生参加全国作文竞赛,把她想当国家领导人的事写出来并加以评论。这位同学的文章得了一等奖,那一年正好国家开始推行保送进大学制度,这位同学被清华大学接收。实话实说,就是这篇获奖作品起了临门一脚的作用。

不久,举办比赛的单位公布了获奖名单和获一等奖的文章。有趣的是,公布那篇获奖文章时,引起了争论。争论的焦点是,是否能将文章中提到的想当国家领导人的学生的名字写出来? 结果是写了出来。文章发表后,在全国青少年中引起了很大的反响,全国学生写信给这位同学,这个说想当什么,那个说想当什么,好不热闹!

这时，我才当一中校长不久，面对这件事，还真有点不知所措，只能淡化处理。这位在学校比较出名的优秀学生，在学业上还是受到了影响，后来几经周折，虽然还是作为保送生被名牌大学接收了，但过程中的曲折引起相关部门的关注、调查，以至于这件事，虽然没有任何违纪问题，但对学校的影响，在几年后也显现出来……正是出现过这件事，因此几年后发生何冬梅这件事时，学校会淡化处理，也是很自然的事。现在回过头来看，学校对她的关注远不及与她类似的学姐，她在升学方面完全靠她自己的努力拼搏，虽然她在本地读了大学，但从现在看，她后来的发展之好，引人注目，而且必将越来越引起世人关注。这里，我不妨把采访文章中的一段录于后，相信你会从中悟出点什么！

1992年，芜湖电大财会专业毕业后，她被分配到芜湖建设银行工作。看似专业对口的这份工作，每天面对的却是枯燥的数字和账册。1995年，怀揣着文学梦的她毅然决然地放弃了多少人羡慕的金饭碗，辗转来到北京，开始了她文学创作的寻梦之旅。1995年3月8日的《北京青年报》刊登了她的文章和照片，那篇文章里充满了她对未来的未知与迷茫。

但世事弄人、阴差阳错，她进入了后来红了半边天的北京房地产行业。在文学创作和房地产开发行业之间如何选择，确实需要做一番思考。

在采访中她向我们说了这样一段话："因缘际会从事了房地产行业，亦无怨无悔，因为这份工作得以让我在时代大潮里邂逅了各色人等，让我对社会、对生活、对人性、对文学有了更深层次的理解，同时也给予我更多的创作素材。况且，喜爱文学并能够把它当作一份终生的事业，当然是人生一大幸事，但如果真把理想当作职业，也未必幸福。而当拥有了相对丰富的人生经验，再去从事文学创作，显然更有底气和厚度。"

现在看起来当年的选择与文学并不矛盾，在努力工作的同时，她继续保持对写作的爱好，每日坚持练笔、随写随拍，一是保持对文字的敏感、敏锐，二是对得起自己儿时的文学梦想。这也是她迄今为止坚持每日写作的原因与动力。

在这个原因与动力的驱使下，工作期间她也不忘给《三联生活周刊》的"生活圆桌"撰稿,还在作家出版社出版了地产类长篇小说《光鲜生活》(曾获全国小说一等奖,笔名芜非)。2019年完成第二部地产类长篇小说,五十余万字的《没有逻辑的生活》,这些都已经由中国版权保护中心审核并存档。

　　说实话,在芜湖一中发生这些名人现象和其他更多的好(坏)事情,不管当时处理得好坏与否,都成了我带到深圳的宝贵财富。吸取在芜湖一中的成功经验与失败教训后,我在学校的德育工作中,除了大力加强爱国主义教育,还注意自觉地发掘学校自身的德育素材,用这些学生熟悉的事来教育学生,取得了意想不到的效果,而最终形成自己"绿色、数字、生本"的办学理念!

"深圳梦"之十一：

北京十二中校长李有毅

图7-11　李有毅校长(左二)与清华大学教授卢强(左一)、单德启(右一)

2019年12月6日，中国教育学会换届选举，我们深圳市教育学会也将于2019年12月28日换届，在退休后又"超期服役"的十七年后，最后一次到北京出差参加中国教育学会的会议，也算是对深圳市教育学会工作的圆满交代。

这次到北京，尚有两个心愿，一是去开航不久的大兴机场看看；再就是北京十二中看看。北京十二中校长李有毅也说，大兴机场离她们学校很近，已多次邀请我去她们学校看看，于是我毫不犹豫地买了到大兴机场的机票。

只有一班航班在白天飞往北京大兴机场，是早上十点半飞，我连是什么航班也不看就买了票。到了机场才知道是联航航班的，飞机要到下午四点多才能到北京。

不过我还是没多想，觉得能看到北京新机场，再有时间去看看北京十二中就满足了。两点多钟，飞机降落了，我喜出望外，以为出了什么奇迹，提前一个多小时到了北京。我迫不及待地冲了下去，一看就傻了眼，这里哪有心目中大兴机场的样子？问了一下才知道还没到，要马上重新登机！

终于到了北京十二中，见到李校长。由于走时匆忙，又准备第二天返回，衣服穿得少了些，到了她办公室，还真觉得冷，身体不由自主地抖了一下，被细心的有毅校长发现了。她立即从衣架上取下她穿的棉背心，让我穿上身，顿时一股暖流涌上心头……

驱"机"几千里，在当天我既欣赏了世界一流的、灿烂且令人舒心的北京航站楼，又享受了国内一流的、辉煌且和谐的北京十二中的晚自习的热情，让我心旷神怡，流连忘返！

北京十二中之所以有名，不只是因为他的第五任校长陶西平曾经当过北京市教育局局长，还因为陶校长是我们公认的中国教育家。一方水土养一方人，这所学校为北京培养了很多优秀人才。更难得的是，作为中国教育学会高中校长专委会的发起单位，它还和深圳一直有着千丝万缕的联系。其第六任校长方军燕到深圳和我们在一起聊天时，还曾讲过这么一件趣事：20世纪90年代初期，北京十二中的勤工俭学工作做得非常好，深圳某名校校长还为此向北京十二中取经。

李有毅担任校长后，她对深圳的关心不减，常应邀参加深圳的活动，为深圳的教育出谋划策。还曾应邀参加华为、腾讯等一批优秀企业举办的全国名校教育论坛……

北京十二中的名气大，从其师资队伍的情况可见一斑。仅以2015年为例，学校共有教职员工四百余名。其中有三名教育部国培计划专家库专家，三名享受国务院政府特殊津贴专家，十八名在职特级教师，二十四名北京市学科带头人和北京市骨干教师，五十四名区级骨干教师，三十多名北京市"十佳"班主任和"紫禁杯"优秀班主任。高级教师占62.3%，博士及硕士占32.6%。

李有毅是现任校长，也正好是第十任校长。她和我是安徽师范大学的校友。只不过我于1964年毕业，她于1982年毕业，但学的都是数学。我是1978年从安徽省芜湖市第三中学调入安徽省芜湖市第十二中学任教，连续五届担任高中毕业班班主任及任课老师。而有毅是在1982年被分配到安徽省芜湖市第十二中学工作,担任初中班主任和任课老师,1984年起担任高中班主任和任课老师,一直干到1996年,后调入北京十二中工作。

她在芜湖十二中工作时,我是数学教研组负责业务的组长,后担任教务副主任。但我在1984年便被调入芜湖一中担任校长,和她一起在芜湖十二中共事不到两年时间。期间,我们数学组的老师都知道,她是一个学生、同事和领导都十分喜欢的年轻老师。

我到芜湖一中工作后,她和我分别被芜湖一中、芜湖十二中推荐为市政协委员。前些时候在整理材料时找到当时我们政协委员开会的照片。记得开会是在3月8日,我的朋友在芜湖政协旁边的景点镜湖公园,为与会的文教代表拍了集体照。那天清理照片时,我还特地用手机拍下来发给她。在电话里,我们回忆起开会时的情景,唤起了共同的一段记忆,倍感亲切。

不用说,她在芜湖十二中的工作,干得很出色。那个时代,作为一所市重点学校的数学教师,要想取得令人瞩目的成绩,不是件容易的事。然而,她就是用对教学的热情、对学生的关爱、对教育的执着,对工作的负责,赢得各方重视。1986年她就被推荐为市政协委员,不久后就担任了市政协常委。我曾和她开玩笑说:"她可是我的领导。"她一听就急了,忙打断我的话说:"到芜湖十二中,就认了你这个师傅,我们师徒关系是永远不会变的。"我们芜湖十二中,一所在芜湖排第三,仅仅是市属重点的中学,但通过全体师生的共同努力,当时的办学成绩也很显著。这给包括有毅和我在内的一批人未来的发展,奠定了坚实的基础。正因为如此,有毅和我都十分感谢芜湖十二中。

李有毅调到北京十二中工作,至今已有二十多年了,可以肯定,她一辈子都会献给十二中(芜湖和北京)了。2000年后的一天,她随当时北京十二中的方军燕校长来深圳、也来笋岗中学看我。这时我才知道有毅已是北京十二中的副校长。从方校那里得知,短短的六七年,有毅在北京十二中,一步一个脚印,踏踏实实做人,认认真真教书,赢得了学生、同事、领导的一致好评。书教得好,教育教学科研有成绩,为人师表做得好,工作出了成绩,让她实现了一个又一个飞跃:2004年她被评为"北京市中学市级教学学科带头人";2005年被评为"北京市特级教师";2007年被评为北京市杰出校长，获得"全国五一劳动奖章"称号；还曾被评为北京市"巾帼建功"标兵、北京市"三八"红旗奖章、"全国十大教育杰出贡献校长""全国创新型校长""改革开放30年北京教育功勋人物"、全国劳动模范，享受国务院政府特殊津贴。

在她被任命为校长，肩上压上更重的担子、承担更重的责任以后，她马不停蹄，继续前行。她坚持学术与管理融会共生，学术功底扎实，教学经验丰富，教学成绩优异，在管理上勇于创新，领导学校在人才培养、学科建设、文化建设特别是在奥运教育等方面均取得突出成果。后担任北京市第十三届、第十四届人民代表大会常委、第十五届人民代表大会代表，政协第十三届全国委员会提案委员会委员。

2002年，我虽然退休了，但因进入深圳市教育学会工作，还要参与一些全国赛事，每年都要去北京开会。只要去北京，和教育界的朋友相见，总少不了邀请李有毅，她有活动也少不了邀我。我曾多次去她的学校参观，看到学校日新月异的发展变化，欢欣鼓舞。教育部门的朋友、北京的一些接触多的校长，知道我和李校长是老乡，也是大学校友，还是芜湖十二中的同事，都投来羡慕的眼光！

其实，还有一层关系，是他们不知道的：我们两家是世交。她的父亲是芜湖有名的中医，母亲是芜湖十中的体育教师；而我的父母都是教师，父亲是芜湖一中的体育教师，母亲是音乐老师，那时两家就来往甚密。说到这还得插播一点儿事。在家庭的影响下，李有毅从小就喜欢读书。1973年，机会来了。记得那年，芜湖市由于急需补充教师，举办了一次公开招聘活动，全市招收一百五十名代课教师。在过五关、斩六将后，李有毅终于入选了。当时，我在芜湖市东方红中学工作，作为工作人员，参与并见证了这一历史上罕见、盛况空前的招聘活动，认识了不少"考生"。在恢复高考后，这些人一个不漏地考上大学，成为各行各业的栋梁之材，但选择考师范、当中学老师的人却凤毛麟角。李有毅选择报考师范大学继续当老师，如不能出成绩，反倒不可思议。

这些年来，我对李有毅校长更加关注了，尤为关注她作为教育界的代表在全国政协会议期间的发言。结果让我很放心，李有毅校长在历次的发言中都把全国家长关心的热点问题说得一清二楚。

在2022年3月4日，人民网对全国政协十三届五次会议举行首场"委员通道"集体采访活动中，全国政协委员、北京市第十二中学联合学校总校校长李有毅回应社会关切，她深感"双减"的重要和它背后深刻的社会变迁。

"新时代的青少年仅仅获取知识已远远不够，更要保持好奇心，学会独立思考，学会解决问题，才能担负起时代的重任。"李有毅表示，在她教师生涯的前半程，她一直以为学知识，学校就是主渠道。而如今，她认为"双减"实施的目的就是推动教育回归本质，让学生有时间、有动力全面发展，把基础教育引向培养德才兼备、创新人才的正确轨道。

李有毅发现，"双减"后校园里很多变化正在悄悄地发生。她所在学校的一组调查数据显示，学生人均图书借阅量由不足两本增加到五本，体测优秀率增加近10%，视力不良率下降8.63%，超重率下降1.81%，学生笑声多了，腰板直了，脚下有根了，自主时间多了，学习效率高了。

李有毅呼吁："双减"减去的是不必要的、机械的、重复的学业负担，而个性、创造、责任、梦想和爱不会减，"双减"不是突击战，老师、家长和社会要拧成一股绳，共同帮助学生去开发自己、成就自己。

李有毅平常对媒体采访的回答也常常令人感到亲切。一次，她曾从三个角度谈了她对人生出彩的看法："第一，要将育人的目标回归到人本身，教育要开发人的潜能，唤醒个体的正能量，为个体的人生出彩创造机会；第二，需要公平而有质量的教育；第三，要尊重学生的个性化发展，推进学校特色化发展路径越走越广。学生在学校获得的是精神层面和智慧层面的双成长。"她还指出，学校要教育学生形成积极向上的人生观和价值观，从个人层面看，要善良、有同情心和同理心；而在更高的层面，要有感恩国家的心，要做对社会有用的人。

在20世纪80年代我刚当校长时，虽说见识很少，经验不足，但还是贸然写过一篇如何当校长的文章，发表在《安徽教育》这一期刊上。当时，除了选拔干部所必备的条件外，我只从一个维度提出主张，即校长应该是一个学科的学术权威。到了深圳，我逐渐发现一个好校长应该具备的各种能力。正好，2000年去北京参加一个国际教育大会，听了一位英国校长的发言，很受触动。她说的大意是：三年前她是个好校长，是个教育家；三年后的今天，她仍是一个好校长，是集教育家、工程师、设计师、艺术家、社会活动家于一体的人。其实,明眼人知道,她讲的这种校长是不好当的,但应该肯定的是,她的极富理想的提法对大家还是有所启发的,即对校长应该有更多更高的要求。其实这时,我早已从原来设定的框子里跳了出来,在办学实践中不断摸索,在摸索中不断总结,终于找到一条自己挺满意的办学理念:绿色、数字、生本。当时撰写的这方面文章被编入北京出版社出版的《今日做校长》中。但是,现在想来,作为一个校长找到适合自己的办学理念还不是问题的关键,更重要的是校长必须具备什么素质才能实现这样或者那样的办学理念! 从此以后,我更注意收集、研究怎么当一个好校长的文章。前不久,李有毅谈当校长的文章,提到校长要"修好八气",看了以后,我久久不能平静,只觉得这篇文章说到我心里去了! 为此,我把她的文章转发至微信朋友圈,还全文在此录下!

以一所学校的底蕴或者说可持续发展,离不开师生的精气神。同样,对于校长角色定位和能力发展的认识,我也一直坚持"修好校长八气,胜任教育改革"这一理念。

树正气,做生涯领航人。

校长应该是一个学校的灵魂,深邃、正义非常重要,校长是可以影响每位师生的灵魂的。对校长而言,正气就是正确的世界观、价值观、科学磊落的处事作风,能够以正能量感召学生。

涵雅气,做团队的影响者。

新时代校长应该具有赋能团队的强大力量,要成为使众人前行的团队领袖。我认为是否在任职期内为后任校长留下可持续发展的基础,以及一种积聚生命力的思想痕迹是评价一任校长是否能够胜任的重要标尺。

展大气,做全局战略家。

校长对学校的领导首先是教育思想的领导。在教育改革风起云涌的今天,校长走在前面,学校才可能出类拔萃。校长要能与时俱进,能够始终做先行者。研判未来人才需求,澄清学校发展议题,推行教育改革主张中能够形成牢不可破的思想力,这体现就是大气,做人的气魄和雄劲。

蕴灵气,做课程规划师。

校长的课程领导力是衡量校长实力最重要的指标，当下校长应该聚焦学生的核心素养和学科素养，推进课程教材教学评价一体化的改革。校长也要激发教师团队的灵气，有突破传统的改革力。

筑底气，做科研带头人。

随着教育改革的深化，通过科研引领学校系列改革和发展已经成为常态，这要求校长向专家型校长转变，深入课堂教学一线，不仅自身要具有一定的科研能力，还应该成为学校整体科研的推动者和支持者。新时代校长做科研要有两种底气：一种是源于自身深厚的学养和终身学习的理念，朝着专业智慧方向发展；一种来自进课堂、下活动、问学生、访家长的成竹在胸。

讲和气，做资源整合者。

学校要获得更好的发展，往往得益于校内外优质教育资源的完美融合，校长不能仅仅是闷头抓教研的管理者，也要有参与跨界、熟练外交的功夫。不仅要发挥全体教师的专业优势与特长，也要积极搭建校、社、企、家四位一体的立体资源网络。

立志气，做质量督导人。

在强调教育均衡和优质发展的当下，校长要怀有追求完美、缔造一流的信心，也要担起构建高中学生综合素质平台体系的大任，以评促改、以评提质。

鼓勇气，做改革的实干家。

改革之路任务繁重，最不可缺的是昂扬向上的精气神。首先需要有改的志，其次需要有拼劲，改革是建立在苦干的基础上，有勇气，方能风雨无阻、勇往直前。

"深圳梦"之十二：

从哈佛回国的唐克扬教授

图7-12　与两位芜湖一中校友：唐克扬教授(右一)、文化学者胡野秋(左一)在深圳相见

　　1978年以后，改革开放的春风也吹进校园。各类学校培养出大批国家建设者，为国家输送了大批优秀的人才。那时，作为安徽省名列前茅的名校芜湖一中，也没有辜负时代的期望，先后培养出"著名文化学者"胡野秋、"著名建筑艺术家"唐克扬、"罗辑思维创始人"罗振宇等人。他们先后进入芜湖一中，如饥似渴地学习，顺利进入各自理想的大学，工作后继续拼搏，终于获得成功。一个偶然的机会，唐克扬在深圳巧遇老学长胡野秋，才让我有机会关注我的学生唐克扬。

　　十年前的一个晚上，我正在深圳罗湖区和一些朋友相聚，突然接到著名学者胡野秋的电话。他说，他刚参加完一场活动：为深圳又一座标志性建筑——平安大厦封顶举办的论坛。这次活动只邀请了三位嘉宾，一位是深圳市分管建设的局长，一位是他，还有一位是从北京请来，专门参加这次活动的唐克扬博士。他还问我，认识唐博士吗？我顿时被问得一头雾水，野秋却突然笑出声来，然后把电话交给唐博士。

这时，我才知道，两位校友，一位于1979年毕业，一位于1991年毕业，八竿子打不到一起，却在这次论坛上相识。而且搞笑的是，乡音是他俩相识的媒介。原来，他们都作为专家在会上发了言，唐克扬浓浓的芜湖乡音立即引起胡野秋的注意。待唐讲完坐下，野秋便向他展开"攻势"："你是芜湖人！你是芜湖哪个中学毕业的？你是……"唐博士"见招拆招"，忙"反击"："你认识汪继威校长吗？"很快大家相视而笑，又很快给我打来电话……

只要是我当班主任带过的学生，哪怕过去十年、二十年，甚至几十年，我几乎都能想得起来，不止学生的名字、学生的特点，甚至学生的衣着，我都能想起。说实话，师生在朝夕相处间建立的印象和感情是终生难忘的！我总觉得这种师生情正是乡情中的重要组成部分，这种情将伴随我们终生！正因为如此，一听到我的学生来深，不管以前熟悉与否，总有种想见的冲动。

一般人都会认为，学校的校长，对自己学校的大部分学生都不熟悉似乎应该是顺理成章的事。但我不敢公开赞成这个观点，不少芜湖一中的我那一辈的老校友也不会认同这个论点。因为曾在这个学校当过多年主任、副校长，后来当了芜湖市教育局局长，1990退休后还一直担任中国陶行知研究会秘书长的管德明，在芜湖一中当领导时，几乎认得全校每位学生，与他相比，我只能感到汗颜。

和唐克扬在深圳相见后，我们便有了较多的接触。那时，他在人民大学建筑系任教，我去北京的机会很多，一去就邀他和一些芜湖一中的老校友相聚。但当时，我除了知道他曾是美国哈佛大学的博士，曾是中央电视台形如大裤衩的大楼的设计师的学生之外，其他的情况，所知甚少。当然，从他的学历和他在人民大学当教授的身份，就知道他很有料，但对他在国内行业中的地位并没有什么认识，因此并没有觉得他有什么了不起！但我发觉，他也有着浓浓的乡情，因此，我们走得更近。随着交往，慢慢地，我终于揭开了他不露声色的名人面纱！

一是发现唐克扬撰写和翻译了大量艺术、建筑方面的著作和文章，包括《从废园到燕园》《长安的烟火》（入选《长留篇什继风诗——中国人民大学80年散文选》）、《树》《夜》《美术馆十讲》《十城画记》《癫狂的纽约》《中国近代建筑史》（获2017第四届中国出版政府图书奖）。经原作者授权的译著《癫狂的纽约》被誉为20世纪最著名的建筑理论著作之一。

二是帮我找到一个久久未见的朋友。那时，一位著名画家告诉过我，"失踪"了十多年的画家童红生露面了，他一露面，一鸣惊人，惊动画界！童红生是芜湖人，中学入读安师大附中，大学在中央美术学院学习，20世纪90年代初也来深圳闯荡，我们常在一起，但后来突然音信全无了。得知他露面的消息，我四处托人寻找。听说他已皈依佛门，我还曾托在援藏的新华社记者打听，也没结果。后来，我把找童红生的事告诉了唐克扬，他很快通过北京的艺术圈朋友，找到了。通过这件事，我才知道，作为一个建筑艺术家，他在艺术圈内有广泛的人脉。后来更进一步知道，唐克扬参加过不少重要的展览策划，包括美术馆、博物馆研究和设计项目，将艺术创意、学术研究和城市实践融于一体。他是2010年第12届威尼斯建筑双年展中国馆策展人，在2010年策划过故宫博物院举办的"典藏文明之光"展，在2008年与德累斯顿国家艺术收藏馆合作，在位于萨克森州的皮尔内茨宫举办"活的中国园林"展，还在今日美术馆、苏州博物馆、博鳌亚洲论坛等重要场馆进行过策划、设计、举办展览。

三是他用丰富的学识参与艺术博物馆设计，撰写了许多这方面的学术论文。唐克扬曾经主持中国美术馆一系列与建筑、艺术相关研究项目，并且作为博物馆建筑的专家，是包括广州美术馆、浦东美术馆在内的多个博物馆、美术馆项目的专家组成员、评审人或评议人，还是国家美术馆新馆项目的主要专业负责人。他还撰写了大量学术水平很高的论文。

四是他在前两年受邀到位于深圳的南方科技大学任职。南方科大在其网站上这样介绍他：

唐克扬，安徽芜湖人，南方科技大学人文科学中心教授，现代媒体与跨学科教研室主任。南方科技大学教授，深圳市"孔雀人才"（B类），陕西省"三秦学者"，教育部"新世纪人才"，曾任教于中国人民大学、上海纽约大学，是深圳大学建筑学院、西安建筑科技大学兼任硕士导师。同时也是著名策展人，艺术批评家和建筑设计师，先后于北京大学学习比较文学，芝加哥大学学习艺术史，哈佛大学学习建筑学，于哈佛大学获设计学博士学位。

五是，在2022年他又去了清华大学任职。那天，我看到一则网站上关于他活动的报道，说的是："近日，清华大学未来实验室（Future Lab）首席研究员唐克扬做客北京大学'对话全球创新大师'课堂，以'日常空间的创新'为题，向大家阐述了关于'创新'的理念。"

　　一个在芜湖长大，在芜湖一中默默无闻地学习，到从国外大学毕业后归来，并在国内几所顶尖级大学创造性地工作并倾心研究，取得丰硕成果并精心培养博士生、赢得学生尊重的唐克扬博士，令人欣慰！但更使我感到兴奋的还不止这些，请你猜猜看，我更满意的是什么？

　　你猜对了，是他对家乡芜湖始终不渝的眷恋。

　　在他撰写的书《访古名城》中，写了世界十二个城市和地方，意大利的罗马，日本的奈良，中国有四个城市也在书中，但你可能想不到的是，芜湖也在其中。他还专门另外写了一篇文章，介绍芜湖的地理、人文……

　　我们在一起，谈着谈着，就会谈到如何为家乡多做一点事。他甚至还曾尝试做过，但没有做成，大概是当时条件不成熟吧！那天，我们又谈到芜湖一中，我知道芜湖一中老校址的校史园已年久失修，学校想找人重新设计。当时我就建议克扬去做，他立即答应，我们当即与当时的查校长电话联系。这以后他还真去校史园考察了一番。

　　后来，我还有点责怪自己，怎么能让顶尖级的专家去设计这个小小的校史园呢？后来在网络上看到他在北京大学创新活动讲座的发言中举的一个例子，我才释然。关于这件事，网上是这样说的："讲座伊始，唐克扬分享了自己的成长经历。作为哈佛大学建筑系毕业的博士，他怀揣着梦想来到深圳，准备建设一所高起点、高定位的校园。而现实是，他在深圳拿到的第一个项目是做一个门牌。应老教授的要求，在办公室门口方寸之间的位置上，排下几十个中英文字符的标牌，每个字都要足够大，以便能够让人看清楚，项目经费200元。几经思考，他运用光学原理排布文字，在平面上形成多层次、多角度的信息，并和装修工人一起用普通的材料尝试新的工艺，最终创造了新的门牌展陈方式。"

　　我期待着，芜湖一中校史园的设计能成为令他自豪的作品，我更期待他能应芜湖的邀请，为重新装扮芜湖，做出贡献。

"深圳梦"之十三：

海水稻，梦想成真

图7-13　海水稻的积极推动者李莉女士

　　深圳真是一个神奇的城市，千千万万从祖国的四面八方，带着各自梦想的人如潮水般地涌向这里。他们为了实现梦想不畏艰苦，不怕挫折，用聪明才智和顽强的精神为实现梦想而拼搏！几十年下来，不但自己的梦想成真，这些梦的水滴汇成小溪，流入大海……仅仅几十年，让这个昔日的小渔村被"托"起来，成为世界瞩目的大城市，成为世界奇迹。

　　在神奇的深圳更使你感到惊奇的是，你不但能感受到自己梦想成真的喜悦，还能亲眼看到你身边朋友们实现梦想的过程，分享到他们取得成功的欢乐。

　　2020年12月31日，一项重大科技成果经科技部委托国家科技成果评价机构评估,顺利通过鉴定,从而圆了为之奋斗多年的一群没有什么名气的人的梦。

《深圳商报》在2020年元月1日只有四个版面,然而海水稻通过鉴定的报道位列其中,充分说明这一成果意义之重大。这篇报道说,北京召开了中农海稻(深圳)生物科技有限公司的"海水稻功能稻米新品种选育与产业化推广项目"和"海水稻高抗性淀粉功能米研发与推广项目"两个项目的科技成果项目评价会。经过评价委员会专家的检测与讨论,两个项目一致通过评审,认为该科技成果已达到国内领先水平,也属国际首创。与会专家给予项目高度评价和共同认可。

2021年新年之夜,我们有幸受邀与刚刚参加了项目鉴定会的几位负责人一道喝茶小聚,有幸最早分享他们圆梦时刻的欢悦,十分难得!当即,在场的一直关心支持这个项目的著名学者胡野秋和他们在一起写下:

海水稻,深智造!
农业芯片出鹏城,
科技创新领风潮。

提到海水稻,不仅要想到它的发现者科学家陈日胜,还应该想到一个积极推进者,安徽省芜湖市三山区的李莉女士!

现在,海水稻领域的发现者和先行者的团队正在李莉女士的领导下,打造"海稻精神",打造高品位的"海稻文化",他们不仅要为彻底解决中国粮食问题做贡献,也为全世界的国家做贡献。

李莉来深圳前,是个民警,这在20世纪90年代初是一份令人羡慕的职业。她工作的地方,是当时的繁昌县三山区。1965年我曾在那里接受基层锻炼,因此对那里有所了解,那里的人们生活一直比较安定,人们也知足常乐。然而李莉却不满现状,毅然决然地辞去民警工作,奔赴深圳,这让当地许多人不理解。

1993年她确实像其他人一样,带着梦想来到深圳的。起初干过一些杂事,随后创办自己的公司。久而久之,她把精力放到广告宣传事业上,在这方面做得越来越好。她本人是个文学爱好者,文学悟性很高,也勤于笔耕,试着写过小说。她第一个梦想便是成为一个受人们喜爱的作家。尽管如此,她在写作上却很严谨,始终停留在练笔上，不肯贸然投稿，她在等什么？也许在等待事业有成、等待有了更多的沉淀、等待一个又一个梦想成真？

李莉是我芜湖的老乡，我们在芜湖不曾相识。在深圳相识后，我知道她的父亲当过校长，我的大哥还曾到她父亲的学校任教。她的小孩当时还在上中学，她对教育自然十分关心，因而我们常常在一起谈起教育问题。

闲谈之中，我发现她不仅有做作家的梦，还发现她对农村、农民的热爱，还有为改变农村、农民做事的梦想。她是用文字、还是实业或是其他方法去圆这个大梦？当时还不得而知。

四五年前她忽然兴奋地告诉我们，她投入到种植海水稻事业，牵头组织中国对海水稻发现、种植的农业科学院专家，开展了规模化种植的研究、实验、推广工作。只是当时海水稻种植还刚刚开始，能有什么实际意义，大家还看不太清楚，所以也就不以为然。

后来发现，她越来越忙，常去新疆、甘肃的一些农村地区。偶尔见到她，见到她身边那些农业科学家，都可以感觉到他们对这项事业的执着和热情，这才意识到她正在做"海水稻的梦"。这时，也只有这时，我突然感觉到，待到她的"海水稻之梦"成真时，就是她圆了改造中国农村、改善农民生活状况、做点实事的大梦之时！我又忽然意识到，待到她的海水稻梦成真后，她成为当代作家的美梦也就指日可待了！

"中农海稻"的海水稻取得阶段性成果，被誉为"科技创新，打造农业芯片"的项目已经引起全国人民的关注。难怪早在2018年，这一项目就被国家列为十项重大科技项目中的第四项。

据中农海稻(深圳)生物科技有限公司董事长杨记磙介绍，海水稻在盐碱地的种植生产基地，是在十八亿亩基本农田之外开发出的新的粮食生产土地资源。我国可供开发利用的盐碱荒地资源达数亿亩，海水稻功能稻米系列产品研发和推广能充分利用荒地，开拓耕地面积。这对确保我国耕地红线、保障国家粮食安全意义重大。公司研发的海水稻在中国北方重点盐碱地区的产业化推广，尤其是在新疆喀什中重度盐碱地区、内蒙古及东北盐碱冻土区、沿黄盐碱地区的规模化种植推广，具有重要的产业价值和社会意义。

"深圳梦"之十四：

"江南十校"联谊会成立三十六周年

图7-14　2023年3月中下旬，"江南十校"联谊会第三十六届年会在庐山举行

　　2022年9月22日，我受"江南十校"联谊会秘书处的邀请，取道芜湖前往合肥参加联谊会的活动。

　　"江南十校"联谊会于1988年成立，由我们芜湖一中发起，和江南其他九所学校协商后组织而成。

　　该联谊会成立之初，仅是各校联合在高考前组织一次模拟考试，并根据联考情况召开年会，对当年的高考进行分析和预测。此后又有学校陆续加入，不断发展壮大。"江南十校"不再局限于联考，还定期举办校长论坛、班主任论坛和教师论坛等活动，成为各校相互交流、共叙友谊、共谋发展的平台。

由于"江南十校"联谊会每年都能成功引领安徽高考复习和备考风向，以至于在国内已形成一定的品牌效应和影响力，是目前安徽省最权威的高考模拟考。

原贵池中学的胡通州校长，曾担任过第三任联谊会的会长，为联谊会的发展做过不小的贡献。他在任校长和会长期间，加强了和其他学校的联系；加强了对十校高考复习工作的研究；还进一步加强了和省教育厅的联系；他还特别注意收集和保存关于联谊会的资料。他在回忆录上，发表了两张当时的照片，一张照片上的说明是"'江南十校'联谊会由皖南九所省属重点中学和芜湖一所市属重点中学在1988年创办，到2021年已举办三十四届。第一任会长是芜湖一中校长汪继威，第二任会长是安师大附中校长徐开琪，我是第三任会长，于1996年接手，2001年卸任，交给了马鞍山二中校长汪延茂。贵池中学在1994年举办第六届年会时，曾邀请省教育厅中教处副处长、后任处长的邓英达前来指导，并将所命试题送往省教科所审核。还安排(非会员学校)安庆一中、淮北一中等多所江北学校测试。2004年在我校举办第二次联谊会会议时，还特地邀请了创办联谊会的一批老校长莅临指导。"

在这之后，在漫长的岁月中，我和芜湖一中始终保持联系，并关心联谊会的发展，联谊会也没有忘记我，曾多次邀请我参加活动。联谊会2022年3月在铜陵举行研讨会，我已答应出席，却因事不得成行。9月底，联谊会秘书处邀请十校的老校长聚会，我终于得以去合肥，还随大家登上庐山，一览众山小。

有人曾问我，你为什么在20世纪80年代想到发起组织"江南十校"联谊会？

这得从1977年恢复高考说起。1977年我在市重点中学芜湖第十二中学当高中毕业班数学老师，兼任班主任。其实，虽然1964年我就从安徽师范大学毕业了，但由于在特殊的历史时期，高考停止了，学校的任务变成学工学农，我根本就没有正儿八经地教过数学。

所幸1977年我被调入刚被评为市重点中学的芜湖十二中。被"恢复高考"激发出来的巨大工作热情，让我和同事们全身心地投入教育教学工作。结果是我连续带的五届高考毕业班的成绩都不错，每次高考班上都会有同学考出高分，还曾有学生考得满分100分的好成绩。数学竞赛也总有经我辅导的学生考出好名次，在深圳我见到当年以高二学生身份参加安徽省数学竞赛获104名的王金成。其实，那时我们最缺少的,不是干活的热情,而是教学资料。那个时候,高考一轮复习后,也像现在这样,让学生做练习,也常组织考试。为此,我们到处收集试卷,试卷上的题目只要难做,就被认为是好题目。几次高考经历使我们越来越认识到,这种判断不但有误,而且有害,在最关键的高考前夕,我们越教越糊涂,学生越学越没有信心。但是,又有什么办法呢? 那时我们无法获得高质量的资料啊!

当我离开高考毕业班,从高一开始教起时,我开始有时间对我以往的教学进行反思。在整理教学材料时,萌生了写总结性文章,也就是论文的想法!

看到我自己撰写的论文在《数学杂志》上发表时,我才开始纠正以前的错误认识。那以前,看到刊物上发表的论文,很欣赏,但当时自己无暇也无能力写文章,反倒错误地认为,当一个教师,只要教好书就行,能不能写文章,写不写文章都无伤大雅!

自己开始写论文了,由于对空间想象能力的重视,又刚好在一次会议期间遇到了安徽师范大学的心理学教授,便一边思考,一边学习请教,花了一个月时间写完了一篇文章,内容是运用心理学提高学生的空间想象能力。这篇文章居然在全国数学研讨会上获奖,并由人民教育出版社汇编成书。从这时开始,我对教育、教学、科研的作用的认识得以大大升华。这也是我在芜湖一中当校长,一开始就重视科学研究,而且在1987年联合其他九所学校成立"江南十校"联谊会的一个重要原因。

其实,我做这件事还真有另一个原因。早在安徽师范大学上学的时候,我就当过班级和学校的学生干部,和学校老师、其他系的同学,常有交往。毕业后,到学校工作,我不喜欢被框在一个学校的圈子内。在芜湖十二中,我就曾带我班的学生和芜湖一中同年级的班级举办篮球比赛;带我班的学生到安徽师范大学计算机房学习……我当了芜湖一中校长之后,先是发现,学校内部高考教师之间的不良竞争态势已经出现,校际高考之间的不良竞争也初见端倪。这让我和我的同事们认识到,靠一个老师的单打独斗,整体提高学校的高考成绩是难以实现的;靠学校封闭办学,不去学习别的学校的经验甚至教训,大幅度提高学校的整体水平也是不可能的。

那时,我们请来特级教师、教育名家魏书生到学校讲学;还请华东师范大学的专家应俊峰来学校指导工作;组织我们的老师到上海的学校参观学习;还参加了全国的教育民间组织,通过和全国名校、名校长接触,提高学校的办学水平。坦率地说,正是为了加强校际之间在高考复习上的合作，我们于1988年发起组织"江南十校"联谊会，组织高考阶段的模拟考试，组织高考研讨会。该想法一经提出，就立即得到其他学校校长的支持，联谊会很快成立起来。

"江南十校"联谊会成立三十六年来，通过参与学校的共同努力，确实取得了安徽省教育界和社会的认可。仅以2019年为例，"江南十校"联考共吸引了216所学校，近20万名学生参加。马鞍山二中在负责此次联考的前期组织、试题命制等方面做了大量严谨、细致的工作，得到参与联考学校的一致好评。不仅如此，这一次联考后，又组织了年会。年会重头戏之一的联考评析阶段，语文、数学、英语、政治、历史、地理、物理、化学、生物各学科教师代表轮番上台，对本次联考试题进行了详细的分析研判，对接下来70多天各学科的复习，提出指导性意见和建议。

"江南十校"联谊会在参与学校的共同努力下，坚持了三十六年，而且不断发展壮大，这本身就足以证明，这种通过民间组织，推动教育教学科研的做法是行之有效的，是有生命力的。

无独有偶，2021年，在深圳市教科院按常规举办了模拟考试后，高考采取"3+1+2"的模式的八个省市：重庆、广东、江苏、河北、福建、湖南、湖北和辽宁，开始在每年高考正式开启时，举办一次八省市联考。大部分家长和老师对八省市联考的成绩和排名都是比较看重的。这是因为八省市联考的成绩具有一定的参考性，也是规模相对比较大的模拟考试。截至2023年，八省市联考已经存在三年的时间，对每年高考分数线的预测和本市考生的水平有非常直观的呈现。这也从另一个侧面证明，"江南十校"联谊会带了一个好头。

"深圳梦"之十五:

开车送孙子上大学

图7-15 我送孙子上大学

　　我的孙子从深圳科学高中毕业,考上了深圳技术大学,成为科学高中实现低进高出的又一例证。不得不佩服的是,科学高中在尚强校长的带领下,各项管理工作非常严格,教学工作特别严谨,孩子们又都住校,在正常情况下,家长非常放心,对孩子们的学习也不用插手。

　　9月10日是深圳技术大学报到的日子。早几天,孙子就给我打电话,和我商量去报到的时间。上大学了,他的事不再让家长做安排,这就对了,他已经是大人了。怕堵车,他提出早上八点半从他家出发,我立即答应。随即,他又让我把健康码下载下来发给他，说是学校要求，原来是他妈妈做的事，现在也全由他自己做了。

从小到大，只要他有事都是我接送。不过他出生之后，深圳有了地铁，之后地铁发展得很快，所以我为他单独开车的次数到他上高三前少之又少。

从他出生第三年开始，每年暑假，我都要带全家外出旅游。2018年暑假，我先和老伴带孙子去承德参加芜湖一中1965届校友聚会，去北京参观清华、北大，还去了天安门。随后，我们全家去了日本游览，我们想让孙子在高中阶段痛痛快快地玩最后一个假期。记得去颐和园游玩，在爬上一座较高的桥时，我抢先爬上去，在上面指挥小孙子向上爬，不时地提醒他抬头向上看，并拍下一段录像，寄寓深意。

但在孙子高二下学期，新冠疫情暴发，学校停课，孙子天天在家上网课，喜欢打游戏的他，学习还是受到了影响。到了高三时，在认真分析了他的学习状况后，我开始对他的个别学科的成绩有点担心，于是帮他找了老师补课。在这一年时间里，我来回接送，并在节假日送他去补课。不单是接送，因为在仅有一天一晚的时间里，常需跑两三个点，怕耽搁时间，在他上课时，我还得在停车场等待。虽说现在有手机，可以上网，我又有每天要走一万步的任务，这个时间我完全可以完成走路的任务，但毕竟要在外面待上一整天的时间，真的感到累。不过说实话，在关键时候陪伴孙子，给予他帮助，是我非常乐意做的事。

9月10日早上，天公作美，我的心情之好，那就更不用说了。一上车，孙子就说，我快拿到车牌了，过些时候，该我开车为爷爷、爸妈服务了，放心吧！简单一句话，再一次让我感到欣慰，孙子终于长大了……

平时在接送孙子时，他系着安全带坐在我身旁，我们之间的距离难得这么近，正是谈心的最好机会。谈些什么？当了一辈子教育工作者，既在重点中学待过，又在普通中学乃至于职业学校任过职。几十年来，接触过数以万计的家长、学生，渐渐知道小孩最不喜欢家长的是什么。是家长的啰唆。为此我在和孙子聊天时，还常常要费些心机。听他说得多，自己说得少；鼓励得多，批评得少；提建议多，定规则少；讨论问题多，争论问题少……

我总觉得，现在的孩子是在蜜糖里泡大的，于是乎，我觉得，把我自己经历过的物资匮乏的生活和农村艰苦的岁月，和经历的过挫折和危险的事，从正面角度，分阶段告诉自己的孙子，让他有所借鉴，是非常必要的。我常常向孙子讲述自己的经历，这引起了孙子的共鸣，他也告诉我许多他的故事。

进入大学的办理入学手续的大厅后，孙子就让我和他妈妈在一旁休息，他要自己去办入学手续，一会儿他就淹没在大厅的人海里。趁这个机会，我开始进一步观察和思考。从1987年送儿子上大学以来，这是我人生中第二次送亲人上大学。

时代变迁，社会发展，现在送孩子上学都是开着汽车来的，偌大的停车场，停满了车，好不容易找到车位。路上和大厅里到处是身穿外套的学生义工，有问必答。问路时，不仅仅回答，还要给你带路，生怕你找不到。大厅里突然响起音乐声，身着整齐服装的数十个学生随之翩翩起舞。哈哈，那在电视里常看到，在机场、商场里偶尔看到的广场舞，却在报到现场让我大饱眼福。不到一个小时，孙子的手续便办完了，他递给我们两张饭票，说是中午请送孩子的家长在学校吃饭用……

手续办完了，我们打算到车库里把行李取出，随孙子去办理入住手续。停车场的工作人员主动告诉我们，要开车去，不然太辛苦，会吃不消。果真，孙子按照学校发的校园地图并根据工作人员指导，指挥我沿学校外围开车跑了一圈，才找到北区的宿舍区。很快，孙子就住进宿舍，并把自己的床位安排好。四人住一间，四张木架床，上面住人，下面有衣橱、杂物箱、书桌。当即，孙子接上台灯和手提电脑……

这时，我把特地带来的一件礼品交给孙子。这是我的母校安徽师范大学八十周年校庆的礼品——一件精美的有机玻璃镇纸，供练字时压纸用。事情是这样的，在他考上大学后，我又建议他继续练字。其实，他小学时候，我没有让他上有名的学科辅导班，却让他拜师学书法和乐器(单簧管)。后来，在两个项目都通过了四级考试后，便停止了学习。现在，我建议他把书法再好好练起来。他接受了我的建议，又拜了著名书法家杨先河为师。其实，杨老师一直以来，非常关心我的孙子的健康成长。在孙子关键时刻，还为孙子题词(发奋图强)勉励，现在又接受拜师，实为孙子的福气。这次来报到前，孙子自己准备了两套笔墨，一套放家里，一套带到大学，打算继续把字练下去！看到他带来的东西中，笔墨纸张样样俱全，我非常开心！更让我高兴的是，在我们即将与他分手时，他要我转告杨老师，谢谢杨老师，他一定做杨老师的好学生，练好字！

"深圳梦"之十六：
我爱"鸿蒙"和"北斗"

图7-16　过去，线上、线下，我们曾努力前行；如今，"鸿蒙""北斗"会引领我们继续
向前

2020年，关于"鸿蒙"和"北斗"的两个大消息的发布让我激动不已。

第一个大消息是：2020年6月初，盼望已久的鸿蒙系统终于发布了。那两天，我迫不及待，先是自己下载这个系统，但没有成功。后来去一家手机店，也不成功。

记得6月8日，2020年高考的第二天，孙子因疫情被封闭在学校参加高考，无须家长陪同。一身轻松的我，再去华侨城的一家华为门店问询。店里的人热情地接待了我，帮我下载成功，使我得以开始使用鸿蒙系统。我敢说，我是我们这一辈人当中最早使用鸿蒙系统的，兴奋至极。

这一整天，我都埋头玩手机，其劲头绝不会输给爱玩而又会玩手机的孙子。一边玩，一边还在完善自己对鸿蒙系统的认知。

别以为对一个新产品的好坏进行评价只是专家的事，更何况，一个新系统的成功与否还要看它能否建立起自己的生态系统。权威人士说，只有全世界16%以上的手机使用鸿蒙系统并且认可这一系统，鸿蒙生态系统才算建成。这时鸿蒙系统才能正式成为与老牌的安卓系统、苹果iOS系统并列的系统，才有可能在中国代替另外两个系统。这也表明，每个拥有手机的国人对鸿蒙系统都有话语权。

这些天，通过反复使用，我对鸿蒙系统的优点也有了点滴认识。

一个感觉是：容易上手。一般来说，换一台不是同一品牌的新手机，即便都使用一个系统，我都得摆弄好几天才能正常使用。这次换了系统，没摆弄几下，就能较好地使用了。

再一个感觉是：鸿蒙系统比安卓系统更流畅。我喜欢走路，在网上认识了一千五百多名走路发烧友，每天网络会自动更新每个人走路的步数。我每天都要走一万步，一走就是十几年。我很喜欢路友为我点赞，而我也为路友点赞。而且我还有个习惯，哪怕他(她)只走了一步路，我也会为他们送上一个赞。我之所以这样做，是为了鼓励路友，也为了每天和这一千多个朋友打个照面。你别笑话，我以为这也是我防止老年痴呆症的好办法之一。说了这么多，别以为我偏离了主题。平时，我上班时，喜欢在从世界之窗去老街的地铁上干点赞的事。用安卓系统，得十站才能点完，用鸿蒙系统只需七站点完，速度快了不少。而且我还注意到，用安卓系统时，每次向下拉六七个名单，向下拉到位时，名单还会向上退回去一点，你不得不再向下拉一下。别小看这多拉一次的动作，其实完成点赞的时间就是这么耽搁的。总之，鸿蒙系统比安卓系统更流畅，我是亲身经历了的。

这些天，我看了网上不少关于"鸿蒙"的报道，逐渐对鸿蒙系统有了更进一步的了解。我原以为鸿蒙系统的竞争对手是苹果iOS系统和安卓系统。现在才知道，鸿蒙系统设计之初的构想是远超于那两个系统的。

基于未来5G时代的万物互联设想，手机不过是其中的一个单体设备，而鸿蒙系统是这些不同设备能够沟通的桥梁，它同时控制多个设备如同控制一个设备一样方便。鸿蒙系统让现在市场上的智能设备更智能，它会让设备记住用户的生活习惯，包括家庭里每个人的生活习惯，还会根据你的身体情况，建议你摄入什么营养物质，会提醒你日常作息，等等。这才是鸿蒙系统真正的强大之处，这本身已经脱离简单的手机操作系统,面向的是未来伟大的互联网时代。

第二个大消息是:2020年7月31日,我们自己的北斗卫星导航系统正式开通。当我得知这个消息时,特别兴奋。

听到手机中的鸿蒙系统告诉我北斗导航启用的消息,我马上根据系统的提示,与北斗卫星建立联系,把我此时此刻所处的位置成功地定格在北斗卫星,也保存到手机上。不仅如此,我还迫不及待地用鸿蒙系统下载北斗导航系统代替全球定位系统(GPS),并立即开车出去尝试使用。

当我使用北斗卫星导航行驶在深圳最美的深南大道上,看到北斗卫星传下的行程图时,兴奋不已。我还让坐在身边的孙子把图像截屏保存下来,留作纪念!

虽然早在1995年我便拿到驾驶证开始开车,但开车记路的本领不强。深圳的路,特区内主干道就那么几条,还容易记。到特区外,特别是到外地,即使去过几次,再去一趟也还是找不到路。即使是老司机,要去广州不熟悉的地方,也常得停车问路。有一次,我开车经过有几条高架桥的地方,不知要上哪一条高架桥,结果凭着想象上错了桥,绕了很多路才回到正确的路上,让人心烦。

有趣的是,在2000年前后,广州有"带路党",他们在高速公路出口处,举着牌子招引要求带路的车。说来也怪,在相当长的一段时间,这个做法行之有效。即便是专门司机开车,也喜欢让他们带路,这样既解决了问路的麻烦,少走冤枉路,又可以避免违反交通规则的情况发生。

终于有一天,可以使用卫星导航了,"带路党"便自然消失了。

但在鸿蒙系统问世前,我们还是出过笑话。那年,我们去北京,住在西直门。北京一友人开车送我们,我正好学了手机定位,而且在深圳试了一次,挺准的。我便让他跟着我的定位走。车子开到天安门,手机报信,说到了,搞得我们丈二和尚摸不着头脑,当我们得知手机误报后,都哈哈大笑。

其实,全球定位系统导航即使出错,对我们老百姓来说,问题并不算大。但是在关键时刻,有些国家可能会把全球定位系统作为制裁别的国家的武器。

当我们研发出"北斗""鸿蒙"后,其他国家在这些方面已无能力卡我们脖子了。相信不久的将来,我们最终会引领这一领域甚至于整个科技事业的世界潮流。

毫无疑问,"鸿蒙"和"北斗"的成功研制是靠成千上万的人的努力而实现的。

研制鸿蒙系统的华为公司总裁任正非高瞻远瞩，特别重视人才的发现、使用和培养，才换得现在震惊世界的成果。任正非的人才观令全国教育界瞩目。我的教育界同仁们也不断地从任正非的发言稿中，考察学习，并努力将学习成果应用到自己的教育实践中。

深圳市桃源居中澳实验学校的校长郭云峰曾分享过"很有价值的一次学习"。他说："在华为总部一天八十分钟与任正非总裁面对面的座谈，大受裨益。任总以一个卓越企业家的丰富阅历，一个思想家的睿智和一位老人的情怀，分别回答了包括北京一零一中学校长，北京市第十二中学校长，衡水中学老校长，西安高新区第一中学校长等名校校长的问题，金句频出，颇为受益。尤其是任总坚持以学生为本，尊重学生个性，为学生释放压力和让有能力的学生优先发展的理念，与现在的教育改革与发展的方向是高度一致的，这是一个非教育人站在教育之外看教育的智慧。"

后记

本书写的是我在深圳三十年做人、做事、做教育的经历，所以，我得先说明一下我在深圳的经历。

我比好多闯荡深圳的人要幸运。当时我虽已近半百，但当我提出要到深圳工作的请求后，芜湖和深圳两地的教育局开始商调程序。1991年3月8日，我借调到深圳，4月16日便被任命为深圳滨河中学校长，以一个"临时工"的身份主持学校工作，堪称特例。

我能调进深圳工作，还得感谢当时罗湖区罗湖中学校长利汉流。他是位土生土长的广东人，到深圳后曾在深圳中学当过主任，为人好，资格老，水平高，在罗湖区校长中是元老级人物。在他的鼓励和帮助下，我的调动和工作都很顺利。所以，至今不忘。

调进深圳工作后，我准备好要为深圳的教育出一份力。深圳人对我的热情，让我感动，更让我下决心为深圳的教育多多"做事"。我是这么想的，也确实这么做了。

在深圳滨河中学（现为深圳市罗湖区滨河实验中学）、深圳理工学校、深圳市笋岗中学（现为深圳市罗湖实验学校）当校长的十二个年头中，我也确实一直努力踏着深圳发展的节拍，随着深圳发展的大潮，努力践行、努力创新，取得了一些有目共睹的成绩。

退休后，我又进入深圳市教育学会工作，继续做教育，一做就是十八个年头，于2020年6月1日完成交接。屈指一算，从1991年来深圳到2020年离开教育岗位，正好三十个年头。可念可庆！

深圳成立仅仅四十年，却取得令全世界瞩目的成就。我有幸在这块热土上，做了三十年教育工作，感到无比的幸福！

从2020年元旦开始，用了两年时间，我这个不善文字的人，终于完成了这本书的初稿。因当年只重视数学不重视文字工作，我在写作中吃尽了苦头。而且不要说写书，连非数学专业的文章也写得太少，发表过的更是寥寥，很是惭愧。

本书的撰写和出版首先要感谢深圳！我从1964年大学毕业以后，在家乡芜湖

仅仅工作了二十八年，而今，我在深圳工作时间却长达三十年，超过芜湖，使我在这个世界上的工作时间几乎达到六十年！这对我这个享受工作的人来说，真是太幸运、太幸福了！而且，要不是来到深圳，就不会有这么多写作的素材，也就不可能有这本书问世。

因篇幅有限，本书中也有大量未提及的人，而他们给我提供了"做人、做事、做教育"的方便，成为我工作的热心支助者，没有他(她)们，我不可能在工作上取得成绩。因此，此书的出版也算是对他(她)们的回报，在此一并谢过。

在这本书上专门写到的人，都曾对我在深圳乃至在芜湖的生活、工作给予过不小的支持和帮助。特别是我知道，写人是要特别谨慎的，为此，所有专门写人的文章都会尽量发给他们本人或亲属审查修改，在此也向他(她)们表示敬意和感谢。

在这本书的出版上，我得到了中华书局编审、深圳大学饶宗颐文化研究院祝安顺副教授的帮助。特别是在新冠疫情时，他还耐心地给我指导，在此向他致意，并表示感谢。

在这里，我还要特别感谢洪其华(深圳市南山区教育局主任督学)。在我校稿感到困难时，他不畏酷暑，一页一页、一句一句、一字一字地帮我校对，仅用十天时间就完成了本书的校正。为此我由衷地向他表示感谢。

此书杀青之际，再次向所有帮助、支持过我的亲人、领导、同事、朋友表示崇高的敬意和衷心的感谢！

请让我借用《早安隆回》的歌词来表达我此刻的心情：

你伴我迎接灿烂的曙光，

迎接崭新的黎明，

是你给我无穷的力量，

勇敢地向前行。

我要对你说声谢谢你，

早安我的深圳！

岁月的"红利"

杨克祺

明天是传统的"重阳节",今天收到汪继威先生的《做人　做事　做教育——我在深圳三十年》,这是他"退而不休、涛声依旧"的退休后的文字集大成。后天又是当代第38个"教师节",作为教师兼校长出身的老教育工作者,一直对我厚爱有加。拥有曾经、葆有天成,根据我俩的交集与文稿的记述,以岁月的"红利"为题,回眸历史片段,反刍文案意趣。

1994年,我从华南师大毕业,下榻鹿丹村2栋501,对面就是滨河中学,在一次德育会议上,有幸结识了汪校长,还有深圳市新洲中学的乐嘉祥,交集最多的是在深圳理工学校的时候。他的"国旗下讲话",每周都带"礼品"给学生。这时时任罗湖区委王顺生书记作序的《爱国主义教育导读》一书已经出版,给理工学校的师生和深圳特区的德育工作者献上了一份厚礼。无意间进一步激发了学校师生的爱国主义热情。爱国主义是民族精神的支柱,就是从那时起,响彻珠江两岸,走向大江南北。不是继威先生对德育工作的"汪洋"垂注和为党育人的"恣肆"给力,那本《爱国主义教育导读》是不可能从罗湖横空出世的。

作为安徽省重点中学(芜湖一中)校长,来深第一站驻足滨河中学,那是他与同仁一起扎实推进"素质教育"的前沿哨所。他让《滨河潮》与《实验路》并驾齐名,使滨河中学与实验学校相继"绽放"在20世纪90年代的特区深圳。他的思想诸如重视劳动、推动公益、加强体育、厚植美育、固本强基、各美其美、各成乃器,在继往开来的征程上,为罗湖乃至深圳的基础教育擦亮了底色,积累了范式,创造了价值,让(理工)学生足球远征欧洲并荣获亚军,让校际艺术节嘹亮祖国南疆山海,让"江南十校"联考(在芜湖一中发起)几十年来历久弥新。他退休后在深圳教育学会的那些岁月,不辍为进步买单,继续燃烧着精神和智慧的"卡路里"……郁达夫讲过:"一个民族出不了伟人，是一个不幸的民族；有了伟人，不知爱戴的民族，是更加不幸的民族。"更何况，吃饱的感觉不能归功于最后一个馒头。深圳从边陲小镇到一线城市，有多少像汪校长这样的"南漂"们，始终秉持"同在一方热土，共创美好明天"的信念，时下的表达是"为了诗和远方，每一步都将铿锵，让梦想来到舞台中央"。

还有对"可持续发展教育"的先声探索，也是汪校长率先在深圳理工豪迈践行与悉心推动的。在学校"可持续教育研究中心"挂牌周围，有香港中文大学李军（现在加拿大）、深圳大学李臣之、张祥云和身在教科所吾辈，从罗湖口岸和深南大道，数次到仙湖南畔，博采众长、凝心聚力，一起成为可持续发展教育研究的"侠客""邂将"，把"在教育上的所作所为要有利于至少是不影响学生以后的发展"写在深圳教育的梧桐山之巅。这就是后来"为进步买单"而不是"为发展买单"的理论初始样态。

笋岗中学成为他在深职业校长的第三站，高举"生本、数字、绿色"的大旗，尤其把绿色定格在巴西《里约热内卢宣言》上——人与人的和谐是关键，人与自然的和谐是保障，人自身内部的和谐是动力，在国内教育理论界，又一次狭路相逢"勇"者胜。写到这里，我想到马克思，"理论在一个国家的实现程度，总是取决于理论满足这个国家的需要的程度"。在深圳基础教育界，像汪继威这样的"两栖（理论与实践）明星"还有很多，老一辈的有陈难先、乔树德、金式如等，他们领衔着、引导着、成就着深圳中小学教育的伟业，为办好人民满意的教育鞠躬尽瘁。值此教师节来临之际，愿大家一起向四方敬礼——"为天地立心，为生民立命，为往圣继绝学，为万世开太平"。

身边无榜样，近处无风景。他的名字正是榜样和风景——汪洋恣肆的侠客，继往开来的顽童，威震遐迩的隐士。用心做事，用情做人，微笑、喜庆、爽朗、豁达，乐于助人，善于积累，勤于写作。学生时是个"好"字，工作时是个"能"字，退休时是个"乐"字，退而不休，涛声依旧，就是从他那里发现的。岁月如歌，时光如梭，人生如梦，天增岁月人增寿，春满乾坤福满门，岁月的这个"红利"对每个人一视同仁，看你"为"什么和"怎么"为，用好时间的边角料，为生命的乐器定好调，唱自己的歌最响亮，走自己的路最宽广。

于深圳教育科学研究院

这是著名歌词作家李维福先生花了一周时间三易其稿,用心创作的一首关于一位老人一生一"事"的"生命赞歌"歌词。

这是一支难忘的歌,一支深情的歌,一支献给广大老教育工作者的生命赞歌!虽没有词作者的歌词《走向复兴》那样雄壮恢宏,但一定有《牵着妈妈的手》的一往情深!

生命的意义

（男通俗演唱）

李维福 词
舒一夫 曲

$1=\flat E$ $\frac{4}{4}$ ♩=72

深情、颂扬地

6 3 3. 1 2. 7 | 5. 5 6 1 2 1 | 7 1 6 - - - | 1 1 1 1 6 2. 2 3
我们都 知道,你深 深爱着这片 土地, 走 过的坎坷路, 成就
你在我 心里,总充 满青春般的 活力, 有 力的步履, 淌过

5 5 6 5 2 5. 6 | 3 - - - | 3 6 6 5 6 - | 6 3 1 2 - | 2. 3 5 3 2 3 1
多少理想和希 冀, 做人做 事 做教育, 你 把汗水尽 洒
多少岁月和风 雨, 一生一 世 为教育, 你 诠释了生命

5 2 1 6 3. 5 | 6 - - - | 6 1 1 6 6 6 6 6 1 | 6. 5 3 -
给的 大地咬 嘿嘿 谁不 衡量人与人 间的距 离,
的意义咬 嘿嘿

6 1 1 6 6 6 6 1 | 5 6 5 3 - | 6 5 5 6 3 1 6 | 1 2 3 2 -
谁 不 期待人生路上好 评语, 每当大 家一起 说到 你,

1.2.3
2. 2 2 2 3 5 3 5 | 7 2 5 6 - : |
都 说几 十年好口碑 了 不起。

结束句
5 5 5 6 7 2. | 5 - 6 - | 6 - - -
好口碑了 不 起。

6 - - - ‖
Fine

图书在版编目（CIP）数据

做人 做事 做教育：我在深圳三十年/汪继威著
. 一上海：上海教育出版社, 2023.10
ISBN 978-7-5720-2332-3

Ⅰ.①做… Ⅱ.①汪… Ⅲ.①中学－办学经验－深圳
Ⅳ.①G639.286.53

中国国家版本馆CIP数据核字(2023)第195267号

策划编辑　庄晓明
责任编辑　李清奇　姜一宁
装帧设计　周　亚

做人 做事 做教育：我在深圳三十年
汪继威　著

出版发行　上海教育出版社有限公司
官　　网　www.seph.com.cn
地　　址　上海市闵行区号景路159弄C座
邮　　编　201101
印　　刷　上海华顿书刊印刷有限公司
开　　本　787×1092　1/16　印张 21.5
字　　数　338 千字
版　　次　2023年10月第1版
印　　次　2023年10月第1次印刷
书　　号　ISBN 978-7-5720-2332-3/G·2065
定　　价　88.00 元

如发现质量问题，读者可向本社调换　电话：021-64373213